Steuer Check-up 2024

Die nachfolgenden Ausführungen zum **Wachstumschancengesetz** (WtChancenG) berücksichtigen den Stand des Bundestagsbeschlusses v. 17.11.2023. Der Bundesrat hat dem Gesetz seine Zustimmung verwehrt, das einberufene Vermittlungsverfahren war bei Drucklegung der Broschur noch nicht abgeschlossen. Die Abstimmungen im Vermittlungsausschuss sowie die nachfolgenden Beschlussfassungen zum Vermittlungsergebnis im Bundestag und im Bundesrat erfolgen voraussichtlich im Januar/Februar 2024. Nicht ausgeschlossen ist, dass Teile dieses Gesetzgebungsverfahrens nochmals aufgerollt werden oder sich noch Änderungen bei den Anwendungsregelungen ergeben. **Hinweise zum weiteren Verlauf** des Gesetzes im Januar/Februar 2024 finden Sie auf der Abrufseite zum PDF dieser Broschur (QR-Code s. Umschlag-Innenseite).

Die Ausführungen zum **Mindestbesteuerungsrichtlinie-Umsetzungsgesetz** (MinBestRL-UmsG), zum **Kreditzweitmarktförderungsgesetz,** zum **Haushaltsfinanzierungsgesetz 2024** sowie zur aktualisierten **Steueroasen-Abwehrverordnung** (StAbwV 2023) berücksichtigen den Stand der Zustimmung durch den Bundesrat am 15.12.2023. Die zum endgültigen Inkrafttreten noch erforderliche Ausfertigung durch den Bundespräsidenten und die Verkündung im Bundesgesetzblatt lagen zum Zeitpunkt der Drucklegung noch nicht vor.

EY

Building a better
working world

Steuer Check-up 2024

Autoren

Daniel Käshammer
Steuerberater, Partner

Dr. Andreas S. Bolik
Steuerberater, Partner

Verona Franke
Rechtsanwältin, Steuerberaterin

Sophia Schuhmann
Steuerberaterin

Haufe Group

Freiburg · München · Stuttgart

Vorwort

Das erste Halbjahr 2023 startete gesetzestechnisch durchaus ambitioniert. Bereits im Frühjahr wurden Vorhaben hinsichtlich der Einführung der umsatzsteuerlichen eRechnung oder das Zukunftsfinanzierungsgesetz angestoßen. Ambitioniert startete auch das Gesetzgebungsverfahren zum Wachstumschancengesetz. Schaut man im Dezember auf die Ergebnislisten des Gesetzgebers, haben sich einige ambitionierte Pläne jedoch nicht erfüllt.

Mit Bundestagsbeschluss und Bundesratszustimmung abgeschlossen wurde das Zukunftsfinanzierungsgesetz, auch wenn der ganz große Wurf etwa bei der Anhebung des Steuerfreibetrags für Vorteile aus der Überlassung von Mitarbeiterbeteiligungen ausblieb. Einige Verbesserungen beim Anwendungsbereich der aufgeschobenen Besteuerung passierten die Ziellinie, diese dürften insbesondere für Start-ups von Bedeutung sein.

Ebenfalls auf der Ziellinie ist die Umsetzung der globalen Mindeststeuer. Nebeneffekt: Mit diesem Verfahren ist die schon länger diskutierte Absenkung der Niedrigsteuergrenze für die Hinzurechnungsbesteuerung auf 15 Prozent beschlossene Sache.

Nicht mehr in 2023 ins Ziel kam dagegen das umfangreiche Wachstumschancengesetz. Das Gesetz steckt vor Jahresende noch im Vermittlungsausschuss. Teile des Gesetzes, wie etwa steuerliche Anpassungen an die Reform des Personengesellschaftsrechts und umfangreiche Anpassungen bei der Zinsschranke wurden kurzfristig separiert, so dass die Zustimmung des Bundesrats dazu noch erreicht wurde.

Die Finanzverwaltung äußerte sich u.a. ausführlich zu grunderwerbsteuerlichen und verrechnungspreisrelevanten Anwendungsfragen und legte Entwürfe für Überarbeitungen ihrer Erlasse zum Außensteuergesetz sowie zum Umwandlungssteuergesetz vor. Wichtig für Umwandlungsfälle in der Praxis sind die aktuellen Urteile des BFH zu den Folgen von Umwandlungen auf die ertragsteuerliche Organschaft.

Einen wichtigen Überblick über in 2023 erfolgte Änderungen, Verlautbarungen der Finanzverwaltung und finanzgerichtliche Entscheidungen liefert der vorliegende Steuer Check-up, auch wenn dieser dabei weder einen Anspruch auf Vollständigkeit erhebt noch eine sorgfältige Beratung im Einzelfall ersetzen kann. Wie in den Vorjahren ist er eine echte Teamleistung – Danke an alle direkt und indirekt Mitwirkenden!

Vor der Lektüre des Steuer Check-up können Sie vorab Ihr Wissen zu ausgewählten Neuerungen in einem **Online-Quiz** testen. Das Quiz steht für Sie unter www.haufe.de/experten-quiz zur Verfügung (für die Nutzung des Quizes verwenden Sie bitte folgenden Code: steuercheckup2024).

Außerdem können Sie sich die elektronische Variante des Steuer Check-up 2024 auch kostenfrei als **PDF** herunterladen. Gehen Sie hierfür auf die Abrufseite https://mybookplus.de (Code: steuercheckup2024). Hinweise zum weiteren Verlauf des Wachstumschancengesetzes im Januar/Februar 2024 s. ebenfalls auf dieser Abrufseite.

Bewahren Sie steuerlich den Überblick mit dem Steuer-Check-up 2024!

Freiburg, Stuttgart, Eschborn — Die Autoren

Inhalt

Steuerrückblick

1 Das betrifft alle Steuerpflichtigen

1.1 Änderungen beim Einkommensteuertarif

Zum **Ausgleich der sog. kalten Progression** wurden mit dem Inflationsausgleichsgesetz v. 8.12.2022 (BGBl 2022 I S. 2230) für die VZ 2023 und 2024 die Eckwerte des Einkommensteuertarifs gem. § 32a Abs. 1 EStG zum 1.1.2023 um 7,2 % und zum 1.1.2024 um 6,3 % nach rechts verschoben (Ausnahme: der Eckwert für den Höchststeuersatz von 45 %), mit den nachfolgenden Auswirkungen auf die Progressionszonen:

	VZ 2023	**VZ 2024**
Grundfreibetrag	10.908 EUR	11.604 EUR
Erste Progressionszone für das zu versteuernde Einkommen (zvE) ab	10.909 EUR	11.605 EUR
Zweite Progressionszone für das zvE ab	16.000 EUR	17.006 EUR
Grenzsteuersatz von 42 % („Spitzensteuersatz") für das zvE ab	62.810 EUR	66.761 EUR
Grenzsteuersatz von 45 % („Reichensteuersatz") für das zvE ab	unverändert	unverändert

Der **Unterhaltshöchstbetrag** nach § 33a Abs. 1 Satz 1 EStG wurde für die Jahre 2022 bis 2024 durch die Aufnahme eines dynamischen Verweises auf § 32a Abs. 1 Satz 2 Nr. 1 EStG an die Höhe des Grundfreibetrags angepasst.

Mit dem Jahressteuergesetz 2022 v. 16.12.2022 (BGBl 2022 I S. 2294) wurde außerdem der **Entlastungsbetrag für Alleinerziehende** zum 1.1.2023 um 252 EUR angehoben. Für den **VZ 2023** gilt damit ein Entlastungsbetrag i.H.v. **4.260 EUR** (§ 24b Abs. 2 Satz 1 EStG).

1.2 Erhöhung Kindergeld und Kinderfreibeträge

Mit dem Inflationsausgleichsgesetz v. 8.12.2022 (BGBl 2022 I S. 2330) wurde das steuerliche und sozialrechtliche Kindergeld ab dem 1.1.2023 erhöht (§ 66 Abs. 1 EStG und § 6 Abs. 1 und 2 BKKG). Seit 2023 beträgt das Kindergeld monatlich **für alle Kinder einheitlich** jeweils **250 EUR** (Aufgabe der bisherigen Kindergeldstaffelung).

Der **Kinderfreibetrag** wurde für den VZ 2023 von 2.810 EUR auf **3.012 EUR erhöht**; mit Wirkung ab dem VZ 2024 wird der Freibetrag auf 3.192 EUR erhöht (§ 32 Abs. 6 Satz 1 EStG).

1.3 Erhöhter Ausbildungsfreibetrag

Zur **Abgeltung eines Sonderbedarfs** für ein volljähriges, auswärtig untergebrachtes Kind, das sich in Berufsausbildung befindet und für das Anspruch auf Kindergeld besteht, können Eltern einen Ausbildungsfreibetrag vom Gesamtbetrag der Einkünfte abziehen. Der Ausbildungsfreibetrag wurde mit dem Jahressteuergesetz 2022 v. 16.12.2022 (BGBl 2022 I S. 2294) ab dem **VZ 2023** von 924 EUR auf **1.200 EUR** angehoben (§ 33a Abs. 2 Satz1 EStG).

1.4 Sonderausgabenabzug für Altersvorsorgeaufwendungen

Vor dem Hintergrund der BFH-Rechtsprechung zur Doppelbesteuerung von Renten (BFH-Urteile v. 19.5.2021, X R 20/19 und X R 33/19, BFH/NV 2021 S. 980 und S. 992) wurde mit dem Jahressteuergesetz 2022 v. 16.12.2022 (BGBl 2022 I S. 2294) der **volle Sonderausgabenabzug** für Altersvorsorgeaufwendungen bereits auf den Veranlagungszeitraum 2023 vorgezogen. Gem. § 10 Abs. 3 Satz 6 EStG erhöht sich der bisher anzuwendende Prozentsatz statt um 2 % jährlich ab dem Kalenderjahr 2023 direkt auf 100 % der nach § 10 Abs. 3 Satz 1 bis 3 EStG ermittelten Vorsorgeaufwendungen.

Hinweis
Aufgrund der Änderung wurde auch die **Übergangsregelung** in § 39b Abs. 4 EStG zum Ansatz der Rentenversicherungsbeiträge bei der Vorsorgepauschale im Rahmen des Lohnsteuerabzugsverfahrens in den Kalenderjahren bis 2024 **gestrichen**.

Mit dem Wachstumschancengesetz (Stand Bundestagsbeschluss v. 17.11.2023) soll als weiterer Schritt vor dem Hintergrund der Vermeidung der Doppelbesteuerung von Renten auch der **Anstieg bis zur vollen Steuerpflicht** der Renten **verlangsamt** werden (§ 22 Nr. 1 Satz 3 Buchst. a, Doppelbuchst. aa Satz 3 EStG; vergleichbare Anpassungen in § 19 Abs. 2 Satz 3 EStG (Versorgungsbezüge) und § 24a Satz 5 EStG (Altersentlastungsbetrag)).

Hinweis
U.a. vor dem Hintergrund der Änderungen durch das Jahressteuergesetz 2022 passt das BMF mit BMF-Schreiben v. 5.10.2023 (BStBl 2023 I S. 1726) sein umfangreiches Anwendungsschreiben zur steuerlichen Förderung der privaten Altersvorsorge an.

1.5 Verlustrücktrag

Die schon durch frühere Corona-Steuergesetzgebung erhöhten **Höchstbeträge** beim Verlustrücktrag von 10 Mio. EUR (bzw. bei Zusammenveranlagung 20 Mio. EUR) wurden durch das 4. Corona-StHG (BGBl 2022 I S. 911) für VZ 2022 und **VZ 2023** verlängert (§ 10d Abs. 1 Satz 1 EStG).

Ebenfalls durch das 4. Corona-StHG wurde der **Verlustrücktragszeitraum** (§ 10d Abs. 1 Satz 2 EStG) ab dem VZ 2022 auf zwei Jahre erweitert. Das **Wahlrecht auf Nichtanwendung** des Verlustrücktrags (zugunsten der Anwendung des Verlustvortrags) wurde dahingehend eingeschränkt, dass dieses ab dem VZ 2022 nur noch **einheitlich ausgeübt** werden kann (§ 10d Abs. 1 Satz 6 EStG).

Hinweis
D.h. Steuerpflichtige müssen sich entweder für einen vollständigen Verlustrücktrag entscheiden oder dafür, den Verlust auf die kommenden Veranlagungszeiträume vollständig vorzutragen. Eine betragsmäßige Aufteilung ist nicht mehr möglich. Durch das Wachstumschancengesetz (Stand Bundestagsbeschluss v. 17.11.2023) sollen die Höchstbeträge bis einschließlich VZ 2025 verlängert und der Verlustrücktragszeitraum ab dem VZ 2024 um ein weiteres Jahr auf dann drei Jahre verlängert werden (vgl. Kapitel Ausblick Tz. 7.1.1).

1.6 Unterstützung der Erdbebenopfer in der Türkei und in Syrien

Für v. 6.2.2023 bis zum 31.12.2023 durchgeführte Maßnahmen zur Unterstützung der Opfer des Erdbebens in der Türkei und in Syrien gewährt das BMF steuerliche Erleichterungen (BMF, Schreiben v. 27.2.2023, BStBl 2023 S. 335). Das betrifft u.a.

Erleichterungen beim **Zuwendungsnachweis** und bei Maßnahmen steuerbegünstigter Körperschaften (etwa Spendenaktionen).

Zur Behandlung von **Zuwendungen aus dem Betriebsvermögen** zur Unterstützung der Betroffenen verweist das BMF zunächst auf den Sponsoringerlass v. 18.2.1998 (BStBl 1998 I S. 212), unter dessen Voraussetzungen Aufwendungen zum Betriebsausgabenabzug zuzulassen sind. Für bestimmte Zuwendungen, die danach nicht zum Betriebsausgabenabzug berechtigen, soll bei Vorliegen weiterer Voraussetzungen der **Betriebsausgabenabzug** aus Billigkeitsgründen gewährt werden (Rdnr. 15ff.). Daneben erläutert das BMF die Voraussetzungen, unter denen Unterstützungsleistungen des Arbeitgebers an betroffene Arbeitnehmer lohnsteuerfrei sind, und äußert sich zur Möglichkeit einer **Arbeitslohnspende** (Rdnr. 19ff.) und zur Behandlung eines **Verzichts auf Aufsichtsratsvergütungen** (Rdnr. 32).

Hinweis

Umsatzsteuerliche Erleichterungen gelten hinsichtlich der unentgeltlichen Bereitstellung von Gegenständen und Personal für humanitäre Zwecke (etwa an Hilfsorganisationen, Rdnr. 33f.). Ebenso vorgesehen sind **schenkungsteuerliche Erleichterungen** (hinsichtlich der Voraussetzungen des § 13 Abs. 1 Nr. 16 und 17 ErbStG, Rdnr. 35).

1.7 Maßnahmen aufgrund des Ukraine-Kriegs

Mit BMF-Schreiben v. 24.10.2023 (BStBl 2023 I S. 1869) hat das BMF den zeitlichen Anwendungsbereich der Billigkeitsmaßnahmen in Bezug auf Unterstützungsleistungen im Zusammenhang mit dem Ukraine-Krieg (vgl. dazu die im BMF-Schreiben v. 24.10.2023 genannten Schreiben) bis 31.12.2024 verlängert. Umfasst sind danach u.a. Spendenerleichterungen sowie Steuerbegünstigungen für unentgeltliche Leistungen zur Reparatur kriegsbeschädigter Infrastruktur und Beihilfen des Arbeitgebers an vom Krieg geschädigte Arbeitnehmer.

Mit BMF-Schreiben v. 17.10.2023 (BStBl 2023 I S. 1792:1) wurden steuerliche Maßnahmen hinsichtlich der Unterbringung von Kriegsflüchtlingen durch steuerbefreite Körperschaften verlängert. Vgl. auch die gleich lautenden Erlasse v. 17.10.2023 (BStBl 2023 I S. 1791) zu Billigkeitsmaßnahmen im Zusammenhang mit der Unterbringung von Kriegsflüchtlingen aus der Ukraine bei Anwendung der erweiterten Kürzung nach § 9 Nr. 1 Satz 2ff. GewStG.

1.8 Erleichterungen für bestimmte Photovoltaikanlagen

Betreiber bestimmter kleiner Photovoltaikanlagen profitieren seit 2022 von einer ertragsteuerlichen Steuerbefreiung (§ 3 Nr. 72 EStG). Seit 2023 greift unter bestimmten Voraussetzungen ein umsatzsteuerlicher Nullsteuersatz (§ 12 Abs. 3 UStG), jeweils eingeführt durch das Jahressteuergesetz 2022 v. 16.12.2022 (BGBl 2022 I S. 2294). Mit BMF-Schreiben v. 17.7.2023 (BStBl 2023 I S. 1494) äußert sich das BMF zu Anwendungsfragen der Steuerbefreiung des § 3 Nr. 72 EStG, u.a. zu den **begünstigten Anlagen** im Sinne der Vorschrift (etwa Erläuterung der maximalen Bruttoleistung in Abhängigkeit von der Art des Gebäudes, auf dem sich die Anlage befindet, Rn. 3ff.). Des Weiteren wird die Vorgehensweise für die **zweistufige Prüfung der Höchstgrenzen** festgelegt. In einem ersten Schritt ist laut BMF zu prüfen, ob die maßgeblichen Leistungen für die jeweilige Gebäudeart eingehalten werden (objektbezogene Prüfung). In einem zweiten Schritt wird geprüft, ob die absolute Höchstgrenze von 100 kw (peak) pro Steuerpflichtigem bzw. Mitunternehmerschaft nicht überschritten wird (subjektbezogene Prüfung, Rn. 13ff.). Zudem führt das BMF aus, dass die Höchstgrenze nicht als Freibetrag, sondern als **Freigrenze** zu verstehen sein soll (Rn. 17). Ebenfalls erläutert werden u.a. die Folgen eines unterjährig erstmaligen bzw. letztmaligen Erfüllens der Voraussetzungen, die Folgen des **Verbrauchs von Strom in einem anderen Betrieb** des Steuerpflichtigen sowie die Auswirkungen der Steuerbefreiung auf das **Betriebsausgabenabzugsverbot** nach § 3c Abs. 1 EStG oder die Inanspruchnahme von **Investitionsabzugsbeträgen** nach § 7g EStG.

Hinweis

Die Grundsätze des BMF-Schreibens gelten für alle Einnahmen und Entnahmen, die nach dem 31.12.2021 erzielt oder getätigt werden (auch in Fällen eines vom Kalenderjahr abweichenden Wirtschaftsjahres). Für PV-Anlagen, die bis zum 31.12.2021 in Betrieb genommen wurden, wurde die im BMF-Schreiben v. 29.10.2021 (BStBl 2021 I S. 2202) geregelte Frist für die Antragstellung auf Anwendung der Vereinfachungsregelung (**Antrag auf Liebhaberei**) bis zum 31.12.2023 verlängert. Steuerpflichtigen, die nach dem 31.12.2022 einen Antrag für Photovoltaikanlagen, die bis zum 31.12.2021 in Betrieb genommen worden sind, gestellt haben und deren Antrag bereits bestandskräftig wegen Verfristung abgelehnt worden ist, steht es frei, einen erneuten Antrag auf Anwendung der Vereinfachungsregelung nach dem BMF-Schreiben v. 29.10.2021 zu stellen (vgl. Rn. 29ff.).

Hinweis

Für Zwecke der Geltendmachung von **Handwerkerleistungen** (z.B. für Montage oder Reparatur) gem. § 35a EStG (ausschließlich) unterstellt das BMF bei Photovoltaikanlagen, die die Voraussetzungen des § 3 Nr. 72 Satz 1 EStG erfüllen und die auf, an oder in zu eigenen Wohnzwecken genutzten Gebäuden montiert sind, dass diese bereits ohne Gewinnerzielungsabsicht betrieben werden. Folglich könne bei Vorliegen der allgemeinen Anspruchsvoraussetzungen des § 35a EStG dessen Steuerermäßigung gewährt werden (Rn. 28).

Hinweis

Mit BMF-Schreiben v. 27.2.2023 (BStBl 2023 I S. 351) und v. 30.11.2023 (III C 2 – S 7220/22/10002 :013) äußerte sich das BMF zu Anwendungsfragen hinsichtlich des **umsatzsteuerlichen Null-Prozent-Steuersatzes** bei bestimmten Photovoltaikanlagen (vgl. Kapitel Rückblick Tz. 2.9.19).

Mit BMF-Schreiben v. 12.6.2023 (BStBl 2023 I S. 990) veröffentlichte das BMF eine Nichtbeanstandungsregelung hinsichtlich der **Anzeige der Erwerbstätigkeit** und der steuerlichen Erfassung.

1.9 Keine Besteuerung der „Dezemberhilfe"

Die im Erdgas-Wärme-Soforthilfegesetz benannten und grundsätzlich im Dezember 2022 ausgezahlten einmaligen Entlastungen bei den hohen Energiepreisen (sog. Dezemberhilfe) waren ursprünglich im Jahressteuergesetz 2022 v. 16.12.2022 (BGBl 2022 I S. 2294) als steuerbare Leistungen normiert worden (§§ 123 bis 126 EStG). Die Normen der §§ 123 bis 126 EStG werden durch das Kreditzweitmarktförderungsgesetz (Bundesratsbeschluss v. 15.12.2023; ursprünglich enthalten im Wachstumschancengesetz) rückwirkend aufgehoben – auf die Besteuerung der Dezember-Soforthilfe für Erdgaskosten wird verzichtet.

1.10 Häusliches Arbeitszimmer und Homeoffice-Pauschale

Für nach dem 31.12.2022 in der häuslichen Wohnung ausgeübte Tätigkeiten wurden durch das Jahressteuergesetz 2022 v. 16.12.2022 (BGBl 2022 I S. 2294) die Regelungen zur Abzugsfähigkeit für ein häusliches Arbeitszimmer und für eine Homeoffice-

Pauschale (§ 52 Abs. 6 Satz 12 EStG) geändert. Liegt der Mittelpunkt der gesamten betrieblichen und beruflichen Betätigung im häuslichen Arbeitszimmer (**Mittelpunktfall**), können die Aufwendungen für ein häusliches Arbeitszimmer **in voller Höhe** oder anstelle der tatsächlichen Kosten durch Ansatz einer **Jahrespauschale** von **1.260 EUR** abgezogen werden (§ 4 Abs. 5 Satz 1 Nr. 6b EStG).

In den Fällen, in denen die gesetzlichen Tatbestandsvoraussetzungen für den Abzug eines häuslichen Arbeitszimmers nicht vorliegen oder kein entsprechender Raum vorhanden ist, kann die sog. **Homeoffice-Pauschale** in Anspruch genommen werden. Diese sieht für Tage, an denen der beruflichen Tätigkeit von der häuslichen Wohnung aus nachgegangen wird und keine außerhalb der häuslichen Wohnung belegene erste Tätigkeitsstätte aufgesucht wird, den Abzug einer **Tagespauschale** von **6 EUR** (maximal 1.260 EUR pro Wirtschafts- oder Kalenderjahr) vor (§ 4 Abs. 5 Satz 1 Nr. 6c Satz 1 EStG).

Hinweis

Der Höchstbetrag von 1.260 EUR wird erreicht, wenn die Steuerpflichtigen die betriebliche oder berufliche Tätigkeit an 210 Tagen im Jahr am häuslichen Arbeitsplatz ausüben.

Steht für die betriebliche oder berufliche Tätigkeit dauerhaft kein anderer Arbeitsplatz zur Verfügung, ist ein Abzug der Tagespauschale zulässig, auch wenn die Tätigkeit am selben Kalendertag auswärts oder an der ersten Tätigkeitsstätte ausgeübt wird (§ 4 Abs. 5 Satz 1 Nr. 6c Satz 2 EStG).

Mit BMF-Schreiben v. 15.8.2023 (BStBl 2023 I S. 1551) äußert sich das BMF umfassend zu Anwendungsfragen. So weist das BMF darauf hin, dass **Arbeitsmittel** und betrieblich oder beruflich veranlasste Aufwendungen für **Telefon und Internet** keine Aufwendungen für ein häusliches Arbeitszimmer darstellen und daher auch nicht von der Jahrespauschale umfasst sind. Von der Pauschale umfasst sind dagegen z.B. die Miete, Gebäude-Afa, Grundsteuer sowie Müllgebühren. Das BMF äußert sich zum Verhältnis der Tagespauschale zu dem tatsächlichen Abzug von Aufwendungen für ein häusliches Arbeitszimmer und der Jahrespauschale untereinander. Danach ist ein Abzug der Tagespauschale für solche Zeiträume nicht zulässig, für die Aufwendungen oder die Jahrespauschale für ein häusliches Arbeitszimmer nach § 4 Abs. 5 Satz 1 Nr. 6b EStG abgezogen werden oder soweit Unterkunftskosten im Rahmen einer doppelten Haushaltsführung abgezogen werden können. Liegen jedoch für einen Teilzeitraum die Abzugsvoraussetzungen nach § 4 Abs. 5 Satz 1 Nr. 6b EStG nicht vor, kann für diesen Zeitraum der Abzug der Tagespauschale in Betracht kommen (§ 4 Abs. 5 Satz 1 Nr. 6c Satz 3 EStG).

Hinweis
Das BMF-Schreiben behandelt u. a. auch die Fälle, in denen das häusliche Arbeitszimmer zur **Erzielung unterschiedlicher Einkünfte** genutzt wird (Möglichkeit zur Zuordnung der Aufwendungen zu einer Tätigkeit) oder durch mehrere Steuerpflichtige genutzt wird (personenbezogene Betrachtung).

1.11 Zurückgezahlte Erstattungszinsen als negative Einnahmen aus Kapitalvermögen

Erstattungszinsen nach § 233a AO sind steuerpflichtige Erträge aus sonstigen Kapitalforderungen (§ 20 Abs. 1 Nr. 7 Satz 3 EStG), während Nachzahlungszinsen das steuerliche Einkommen nicht mindern (§ 12 Nr. 3 Halbsatz 2 EStG). Werden Erstattungszinsen ausgezahlt und im Zuge einer **später geänderten Steuerfestsetzung** aufgrund einer erneuten Zinsfestsetzung nach § 233a Abs. 5 Satz 1 AO wieder zurückgezahlt, kann es sich um negative Einnahmen aus Kapitalvermögen handeln. Das setzt laut BFH voraus, dass die vom Steuerpflichtigen aufgrund der **erneuten Zinsfestsetzung** zu zahlenden Zinsen auf denselben Unterschiedsbetrag und denselben Verzinsungszeitraum entfallen wie die aufgrund der früheren Zinsfestsetzung erhaltenen Erstattungszinsen (BFH, Beschluss v. 1.8.2023, VIII R 8/21, BStBl 2023 II S. 1043). Besteht keine zeitliche und betragsmäßige Überschneidung der gegenläufigen Zinsberechnung, handele es sich dagegen nicht um eine Rückzahlung von Erstattungszinsen, sondern um eine erstmalige Zahlung von Nachzahlungszinsen. Eine Berücksichtigung als negativer Kapitalertrag sei insoweit ausgeschlossen.

Hinweis
Verfassungsrechtliche Bedenken, dass der Steuerpflichtige damit **nur einen Teil** der zurückgezahlten Zinsen als negative Einnahmen berücksichtigen konnte und der andere Teil der Rückzahlung steuerlich nicht abzugsfähig war, hatte der BFH nicht. Eine gegen das BFH-Urteil v. 15.4.2015 (VIII R 30/13, NV) eingelegte Verfassungsbeschwerde hat das BVerfG nicht zur Entscheidung

angenommen (vgl. BVerfG, Beschluss v. 12.7.2023, 2 BvR 1711/15). Der BFH sah in diesem Urteil die unterschiedliche Behandlung von Nachzahlungs- und Erstattungszinsen als verfassungsgemäß an.

Zur Frage, ob es sich bei **Erstattungszinsen zur Gewerbesteuer** um steuerpflichtige Betriebseinnahmen handelt, ist Revision beim BFH anhängig (Az. IV R 16/23).

Hinweis

Steuerpflichtige Erstattungszinsen, die zu den Einkünften aus Gewerbebetrieb gehören, können laut BFH mit der sog. **Fünftelregelung** (Tarifermäßigung für eine mehrjährige Tätigkeit i. S. des § 34 Abs. 2 Nr. 4 EStG) ermäßigt besteuert werden, wenn die zugrunde liegende Steuererstattung als Vergütung für mehrjährige Tätigkeiten nach § 34 Abs. 2 Nr. 4 EStG tarifbegünstigt ist (BFH, Urteil v. 30.8.2023, X R 2/22). Aus § 34 Abs. 2 Nr. 3 EStG folge keine umfassende Sperrwirkung. In diesem Punkt änderte der BFH seine bisherige Sichtweise. Beim Zufluss von Steuererstattungen für mehrere Veranlagungszeiträume und dementsprechenden Erstattungszinsen sollte daher geprüft werden, ob eine Tarifermäßigung in Betracht kommt.

1.12 Solidaritätszuschlag

Durch das Gesetz zur Rückführung des Solidaritätszuschlags 1995 v. 10.12.2019 (BGBl 2019 I S. 2115) wurden ab dem Jahr 2021 ca. 90 % der zuvor mit Solidaritätszuschlag belasteten Steuerpflichtigen durch eine deutliche Anhebung der bestehenden Freigrenze ab 1.1.2021 auf 16.956 EUR bzw. 33.912 EUR bei Zusammenveranlagung vollständig von der Ergänzungsabgabe entlastet.

Mit dem Inflationsausgleichsgesetz v. 8.12.2022 (BGBl 2022 I S. 2330) wurde diese Freigrenze für das Jahr **2023** auf **17.543 EUR** bzw. 35.086 EUR bei Zusammenveranlagung und ab dem Jahr 2024 auf 18.130 EUR bzw. 36.260 EUR bei Zusammenveranlagung angehoben. Die für die Veranlagung und den Lohnsteuerabzug im Einzelnen geregelten Beträge in § 3 Abs. 3 bis 5 SolZG 1995 werden entsprechend fortgeschrieben.

1.13 Weitergeltung des Solidaritätszuschlags

Der BFH hält die (Weiter-)Erhebung des Solidaritätszuschlags in den Jahren 2020 und 2021 für noch nicht verfassungswidrig (BFH, Urteil v. 17.1.2023, IX R 15/20, BStBl 2023 II S. 351). Da der IX. BFH-Senat nicht zu der erforderlichen Überzeugung gelangt, dass der Solidaritätszuschlag in den Streitjahren 2020 und 2021 als nicht mehr verfassungsrechtlich zulässige Ergänzungsabgabe zur Einkommensteuer und zur Körperschaftsteuer i.S. von Art. 106 Abs. 1 Nr. 6 GG anzusehen ist, legte er die Frage auch nicht dem BVerfG vor.

Laut BFH darf der Solidaritätszuschlag als Ergänzungsabgabe trotz des im Jahr 2019 ausgelaufenen Solidarpakts II und der Neuordnung der Bund-Länder-Finanzbeziehungen auch ab dem Jahr 2020 weiter erhoben werden. Der wiedervereinigungsbedingte zusätzliche Finanzierungsbedarf des Bundes bestehe in den Jahren 2020 und 2021 fort (z.B. im Bereich der Rentenversicherung). Da der ursprüngliche Zweck damit für 2020 und 2021 noch nicht entfallen war, kommt es für den BFH auch nicht auf eine mögliche Umwidmung des Solidaritätszuschlags für die Finanzierung der Corona-Pandemie oder des Ukraine-Kriegs an. Aus dem Gesetz zur Rückführung des Solidaritätszuschlags 1995 v. 10.12.2019 (BGBl I 2019 S. 2115) werde deutlich, dass der Gesetzgeber den Solidaritätszuschlag nicht dauerhaft, sondern nur für eine Übergangszeit (die für den BFH jedenfalls 26 bzw. 27 Jahre nach dessen Einführung noch nicht abgelaufen ist), erheben will. Es sei verfassungsrechtlich nicht geboten, eine Ergänzungsabgabe von vornherein zu befristen oder sie nur für einen kurzen Zeitraum zu erheben. Die sich daraus ergebende Ungleichbehandlung, dass ab dem Jahr 2021 aufgrund erhöhter Freigrenzen nur noch die Bezieher höherer Einkommen mit Solidaritätszuschlag belastet werden, sieht der BFH als gerechtfertigt an.

Hinweis

Hinsichtlich der verfassungsrechtlichen Frage der Weitergeltung des Solidaritätszuschlags bleibt die Positionierung des BVerfG zu der Verfassungsbeschwerde unter 2 BvR 1505/20 abzuwarten. Eine Richtervorlage des Niedersächsischen FG zum SolZG 1995 betreffend den VZ 2007 (Beschluss v. 21.8.2013, 7 K 143/08) hat das BVerfG als unzulässig erklärt (BVerfG, Beschluss v. 7.6.2023, 2 BvL 6/14).

Die bisher beim BFH anhängigen Revisionsverfahren unter IX R 9/22 (Vorinstanz: FG Baden-Württemberg, Urteil v. 16.5.2022, 10 K 1693/21) und unter IX R 16/22 (Vorinstanz: FG München, Urteil v. 12.10.2022, 2 K 330/22) hat der BFH als unbegründet zurückgewiesen (BFH, Urteile v. 26.9.2023, IX R 9/22 und IX R 16/22, NV). In beiden Fällen sah der BFH für eine Klage, mit der die Verfassungswidrigkeit des Solidaritätszuschlags ab dem (bzw. für das) Jahr 2020 geltend gemacht wurde, kein Rechtsschutzbedürfnis, wenn die Steuerfestsetzung wegen dieses Punktes vorläufig ist und beim BVerfG bereits ein einschlägiges Musterverfahren (hier: 2 BvR 1505/20) anhängig ist. Vgl. zum Vorläufigkeitsvermerk BMF, Schreiben v. 28.3.2022, BStBl 2022 I S. 203.

1.14 Aktuelle Verfahren zur neuen Grundsteuer

Die in Reaktion auf die BVerfG-Beschlüsse zur Verfassungswidrigkeit des alten Grundsteuerrechts (BVerfG, Urteil v. 10.4.2018, 1 BvL 11/14, 1 BvL 12/14, 1 BvL 1/15, 1 BvR 639/11, 1 BvR 889/12, BFH/NV 2018 S. 703) verabschiedeten Gesetze zur Reform des Grundsteuer- und Bewertungsrechts (GrStRefG) v. 26.11.2019 (BGBl 2019 I S. 1794) sowie zur erleichterten Umsetzung der Reform der Grundsteuer (GrStRefUG v. 16.7.2021, BGBl 2021 I S. 2931) sehen eine Neubewertung der Grundstücke zum 1.1.2022 und die erstmalige Erhebung der neuen Grundsteuer zum 1.1.2025 vor.

Das Grundsteuerreformgesetz sieht neben dem sog. Bundesmodell zur Berechnung der neuen Grundsteuer u.a. eine **Länderöffnungsklausel** vor, nach der die einzelnen Bundesländer eigene Landesgrundsteuergesetze entwickeln konnten, die an die Belange und Strukturen des jeweiligen Bundeslands angepasst sind. Insbesondere aufgrund der erheblichen Unterschiede zwischen den eingesetzten Landesmodellen werden auch an den neuen Regelungen Zweifel an ihrer Verfassungsmäßigkeit geäußert. So steht bspw. das baden-württembergische Modell in der Kritik, da es lediglich die Bodenrichtwerte (und nicht die konkrete Bebauung) berücksichtigt (sog. **Bodenwertmodell**; Klage anhängig beim FG Baden-Württemberg unter 8 K 2368/22, 8 K 2491/22). Andere Bundesländer mit eigenem Landesmodell berücksichtigen dagegen neben der Grundstücksfläche auch die Gebäudefläche und Lage des Grundstücks (sog. **Flächen-Lage-Modell**). Auch dieses Modell sowie das bayerische **Flächenmodell** stehen in der Kritik hinsichtlich einer möglichen Verfassungswidrigkeit (anhängig beim Bayerischen VGH), jedoch hat das FG Nürnberg in einem Verfahren zur Aussetzung der Vollziehung die Regelungen des Bayerischen Grundsteuergesetzes als verfassungsgemäß beurteilt (FG Nürnberg, Beschluss v. 8.8.2023 (8 V 300/23).

Zum **Bundesmodell**, das in neun Bundesländern und mit Abweichungen in weiteren zwei Bundesländern angewandt wird, sind ebenfalls bereits Verfahren beim FG Berlin-Brandenburg (3 K 3026/23, 3 K 3170/22, 3 K 3018/23) anhängig. Das FG Rheinland-Pfalz hat in zwei Verfahren des vorläufigen Rechtsschutzes die Vollziehung der konkret betroffenen Grundsteuerwertbescheide wegen ernstlicher Zweifel an der Rechtmäßigkeit des neuen Grundsteuer- und Bewertungsrechts ausgesetzt. Das FG hat die Beschwerde zum BFH zugelassen (Beschlüsse v. 23.11.2023, 4 V 1295/23 und 4 V 1429/23, Pressemitteilung des FG v. 27.11.2023). Beim FG Rheinland-Pfalz sind weitere Verfahren (u.a. 4 K 1189/23, 4 K 1190/23, 4 K 1217/23) anhängig.

Hingegen hat das Sächsische FG mit Urteil v. 24.10.2023 (2 K 574/23) die Regelungen des neuen Grundsteuergesetzes sowie die Sächsischen Sonderregelungen zur Feststellung der Grundsteuerwerte auf den 1.1.2022 und zur Festsetzung des Grundsteuermessbetrags auf den 1.1.2025 als rechtmäßig eingestuft.

Hinweis

Bisher ist u.E. noch kein anhängiges Hauptsacheverfahren bei einem obersten Bundesgericht und insbesondere nicht beim BVerfG bekannt. Dennoch sollte geprüft werden, ob Verfahren ggfs. über einen Einspruch gegen den Grundsteuerwertbescheid verbunden mit einem Antrag auf Verfahrensruhe offengehalten werden, um von einer für die Steuerpflichtigen günstigen und u.U. rückwirkenden etwaigen Entscheidung des BVerfG profitieren zu können.

1.15 Neue Pflichten für Plattformbetreiber (DAC7)

Mit dem Gesetz zur Umsetzung der DAC7 und zur Modernisierung des Steuerverfahrensrechts v. 20.12.2022 (BGBl 2022 I S. 2730) hat Deutschland die letzte Ergänzung der EU-Amtshilferichtlinie 2011/16/EU („DAC7"), die die Einführung neuer **Sorgfalts- und Meldepflichten** für Plattformbetreiber sowie Erweiterungen des steuerlichen Informationsaustausches zwischen den EU-Mitgliedstaaten enthält, in nationales Recht umgesetzt. Dazu wurde das „Gesetz über die Meldepflicht und den automatischen Austausch von Informationen meldender Plattformbetreiber in Steuersachen" (**Plattformen-Steuertransparenzgesetz** – PStTG) geschaffen.

Regelungsgegenstand des PStTG sind ausschließlich digitale Plattformen. Die funktionale Beschreibung, dass Plattformen ermöglichen, „über das Internet mittels einer Software miteinander in Kontakt zu treten und Rechtsgeschäfte abzuschließen" (§ 3 Abs. 1 PStTG), zielt auf einen vom Geschäftsmodell abhängigen Leistungsaustausch zwischen Teilnehmenden der Plattform ab. Auch der indirekte Austausch von Leistungen zwischen Anbietern und anderen Nutzern fällt in den sachlichen Anwendungsbereich des PStTG (§ 3 Abs. 1 Satz 2).

Meldende Plattformbetreiber sind Plattformbetreiber, die einen Nexus zum Inland oder einem anderen EU-Mitgliedstaat besitzen. Folglich ist ein inländischer Plattformbetreiber meldepflichtig, wenn er im Inland seinen Sitz oder seine Geschäftsleitung hat, er nach inländischem Recht eingetragen ist, oder eine Betriebsstätte im Inland unterhält (§ 3 Abs. 4 Nr. 1 PStTG). Einzelne Vorgaben zu den Meldepflichten regelt § 13 PStTG, meldepflichtige Anbieter bzw. Nutzer der Plattform definiert § 4 PStTG. Nach § 4 Abs. 5 Satz 1 Nr. 4 PStTG gelten Anbieter als freigestellt, die im Meldezeitraum **weniger als 30 relevante Transaktionen** tätigen und dadurch insgesamt **weniger als 2.000 EUR Vergütung** erhalten.

Hinweis

Für die diese Grenze überschreitenden meldepflichtigen Anbieter haben die Plattformbetreiber daher grundsätzlich entsprechende Meldungen zu tätigen (vgl. § 14 Abs. 2 PStTG, § 4 Abs. 6 PStTG). Über diese Meldung hat der Plattformbetreiber den Anbieter zu informieren (vgl. § 22 PStG).

Zur Unterstützung der sachgerechten Umsetzung des PStTG hat das BMF im Schreiben v. 2.2.2023 (BStBl 2023 I S. 241) Anwendungshinweise zu praxisrelevanten Fragen veröffentlicht.

Die Veröffentlichung einer Notifikation gem. § 9 Abs. 6 Nr. 1 Satz 2 PStTG bezüglich der Angabe zur Kennung des Finanzkontos erfolgte mit BMF-Schreiben v. 27.6.2023 (BStBl 2023 I S. 1121).

Hinweis

Der erste Meldezeitraum ist grundsätzlich das Kalenderjahr 2023 (§ 29 PStTG). Plattformbetreiber müssen die Daten, die vom 1.1.2023 bis 31.12.2023 erhoben wurden, elektronisch im Wege der Datenfernübertragung an das Bundeszentralamt für Steuern (BZSt) grundsätzlich bis zum 31.1.2024 übermitteln.

Die Meldung an das BZSt muss nach amtlich vorgeschriebenem Datensatz über amtlich bestimmte Schnittstellen erfolgen (§ 15 Abs. 1 Satz 1 PStTG). Mit BMF-Schreiben v. 15.11.2023 (BStBl 2023 I S. 1918) hat die Finanzverwaltung den amtlich vorgeschriebene Datensatz gemäß § 15 Abs. 1 Satz 2 PStTG bekanntgegeben.

2 Das betrifft Unternehmen

2.1 Steuerbilanzrecht

2.1.1 Aktualisierte Taxonomien für E-Bilanz

Mit BMF-Schreiben v. 9.6.2023 (BStBl 2023 I S. 994) hat das BMF die aktualisierte Taxonomie für die E-Bilanz in der Version 6.7 veröffentlicht. Die aktualisierte Version berücksichtigt u.a. die neuen gesetzlichen Erleichterungen für bestimmte Photovoltaikanlagen (vgl. Kapitel Rückblick Tz. 1.8) sowie u.a. Ausführungen zu zeitlichen Begrenzungen betreffend Pensionsrückstellungen (vgl. den unter www.esteuer.de verfügbaren Änderungsnachweis).

Hinweis

Nach § 5b EStG sind bilanzierende Unternehmen verpflichtet, den Inhalt ihrer Bilanzen und Gewinn- und Verlustrechnungen elektronisch nach amtlich vorgeschriebenem Datensatz zu übermitteln, für den das BMF die Taxonomien vorgibt.

Die aktualisierten Taxonomien sind grundsätzlich für die Bilanzen der Wirtschaftsjahre zu verwenden, die nach dem 31.12.2023 beginnen, und gelten entsprechend für die in Rn. 1 des BMF-Schreibens v. 28.9.2011 (BStBl 2011 I S. 855) genannten Bilanzen sowie für Eröffnungsbilanzen, sofern diese nach dem 31.12.2023 aufzustellen sind. Es wird nicht beanstandet, wenn diese auch für das Wirtschaftsjahr 2023 oder 2023/2024 verwendet werden.

Hinweis

Die Übermittlungsmöglichkeit mit den neuen Taxonomien wird für Testfälle ab November 2023 und für Echtfälle ab Mai 2024 gegeben sein.

2.1.2 AfA-Satz für Wohngebäude

Mit dem Jahressteuergesetz 2022 v. 16.12.2022 (BGBl 2022 I S. 2294) wurde der typisierte lineare AfA-Satz für (neue) Gebäude, die Wohnzwecken dienen und nach dem 31.12.2022 fertig gestellt worden sind, auf jährlich 3 % erhöht. Der typisierte lineare AfA-Satz bei Fertigstellung vor dem 1.1.2023 und nach dem 31.12.1924 beträgt weiterhin jährlich 2 % und bei Fertigstellung vor dem 1.1.1925 jährlich 2,5 % (§ 7 Abs. 4 Satz 1 Nr. 2 Buchst. a bis c EStG).

Hinweis

Eine **niedrigere tatsächliche Nutzungsdauer** kann (wie bisher) nachgewiesen werden (§ 7 Abs. 4 Satz 2 EStG).

2.1.3 Gebäude-AfA bei kürzerer tatsächlicher Nutzungsdauer

Die Gebäude-AfA richtet sich grundsätzlich nach typisierten Prozentsätzen in Abhängigkeit von u.a. Nutzungsart und Datum des Bauantrags (§ 7 Abs. 4 Satz 1 EStG). Liegt eine kürzere tatsächliche Nutzungsdauer vor, kann diese ausnahmsweise anstelle des typisierten AfA-Satzes herangezogen werden (§ 7 Abs. 4 Satz 2 EStG). Laut BFH darf sich der Steuerpflichtige zum **Nachweis** einer kürzeren Nutzungsdauer grundsätzlich jeder geeigneten Darlegungsmethode bedienen (BFH, Urteil v. 28.7.2021, IX R 25/19, NV).

Hinweis

Die im Rahmen des Jahressteuergesetzes 2022 zunächst geplante komplette Streichung des § 7 Abs. 4 Satz 2 EStG (Möglichkeit der Anwendung einer kürzeren tatsächlichen Nutzungsdauer) wurde dann doch nicht durchgesetzt.

Mit BMF-Schreiben v. 22.2.2023 (BStBl 2023 I S. 332) reagiert das BMF auf die BFH-Rechtsprechung und legt fest, in welchem Rahmen es eine kürzere tatsächliche Nutzungsdauer als nachgewiesen sieht. Grundsätzlich bedarf es einer konkreten Rechtfertigung, dass das Gebäude vor Ende des typisierten AfA-Zeitraums **wirtschaftlich oder technisch verbraucht** ist (Rn. 6ff.). Anders als der BFH, der eine kürzere Nutzungsdauer nicht von der Vorlage eines Bausubstanzgutachtens abhängig machte, verlangt die Finanzverwaltung grundsätzlich die **Vorlage eines Gutachtens** eines öffentlich bestellten und vereidigten oder speziell akkreditierten bzw. zertifizierten Sachverständigen. Der Gutachtenzweck muss sich dabei ausdrücklich auf den Nachweis einer kürzeren tatsächlichen Nutzungsdauer richten.

Die alleinige Abbruch- oder Veräußerungsabsicht rechtfertigt laut BMF noch keine kürzere Nutzungsdauer. Das BMF formuliert im Schreiben die Anforderungen, die aus seiner Sicht erst für die Anwendung einer kürzeren Nutzungsdauer sprechen (Feststehen des **Zeitpunkts der Nutzungsbeendigung** des Gebäudes; z.B. konkrete Abbruchvorbereitungen oder Abbruchverpflichtung des Steuerpflichtigen, Rn. 9). Für besondere Betriebsgebäude oder bestimmte Gebäudeteile, die selbständige unbewegliche Wirtschaftsgüter sind, kann eine kürzere Nutzungsdauer ohne besondere Nachweispflicht angenommen werden (Rn. 10ff.).

Weiter legt das Schreiben die für die **Schätzung** einer kürzeren tatsächlichen Nutzungsdauer maßgeblichen Kriterien fest (Rn. 17ff.).

Hinweis

Das Schreiben ist ab dem Zeitpunkt seiner Bekanntgabe im BStBl (s. Heft Nr. 5/2023 v. 21.3.2023) in allen offenen Fällen anzuwenden.

Da BMF-Schreiben die Gerichte nicht binden, besteht die Möglichkeit, gegen die Nichtgewährung einer kürzeren Nutzungsdauer mittels Klage vor den Finanzgerichten vorzugehen. Laut FG Münster kann der Beweis einer verkürzten Rest-Nutzungsdauer durch gutachterliche Bestätigung auch durch ein **Verkehrswertgutachten** erbracht werden, in dem die Restnutzungsdauer nach der Immobilienwertverordnung (ImmoWertVO) berechnet wird (FG Münster, Urteile v. 14.2.2023, 1 K 3840/19 F und 1 K 3841/19 F). Das FG verwies dabei u.a. auf das o.g. BFH-Urteil v. 28.7.2021 (IX R 25/19, NV), wonach ein Wahlrecht bestehe, die gesetzlich typisierten AfA-Sätze zu nutzen oder eine tatsächlich kürzere Rest-Nutzungsdauer darzulegen. Eine dargelegte Schätzung sei dabei nur dann zu verwerfen, wenn sie eindeutig außerhalb eines angemessenen Schätzungsrahmens liegt. Dabei könne die o.g. Gebäudesachwertermittlung herangezogen werden.

2.1.4 Wegfall der Abzinsung von Verbindlichkeiten

Mit dem Vierten Corona-Steuerhilfegesetz v. 19.6.2022 (BGBl 2022 I S. 911) wurde das Gebot der Abzinsung von **unverzinslichen Verbindlichkeiten** mit einer Restlaufzeit von mehr als 12 Monaten in Höhe von 5,5 % p.a. aufgehoben (§ 6 Abs. 1 Nr. 3 Satz 1 EStG). Die betroffenen Verbindlichkeiten werden dann grundsätzlich mit dem Erfüllungsbetrag (Nennwert) bilanziert. Der Wegfall des Abzinsungsgebots ist erstmals für Wirtschaftsjahre anzuwenden, die **nach dem 31.12.2022** enden (§ 52 Abs. 12 Satz 2 EStG). Nach § 52 Abs. 12 Satz 3 EStG kann die Regelung auf Antrag auch einheitlich in vor dem 1.1.2023 endenden Wirtschaftsjahren angewendet werden.

Bei der Anwendung der Neuregelung sind etwaige **Auswirkungen auf die Zinsschranke** zu beachten (§ 4h Abs. 3 Satz 4 EStG). Danach führt die Auf- und Abzinsung unverzinslicher oder niedrig verzinslicher Verbindlichkeiten oder Kapitalforderungen grundsätzlich ebenfalls zu Zinserträgen oder Zinsaufwendungen für die Zwecke der Zinsschranke.

Hinweis

Das korrespondierende steuerliche Abzinsungsgebot bei Rückstellungen nach § 6 Abs. 1 Nr. 3a Buchst. e EStG besteht unverändert und wurde um die bislang in § 6 Abs. 1 Nr. 3 Satz 2 EStG genannten Ausnahmetatbestände ergänzt.

2.1.5 Abzinsung von Pensionsrückstellungen

Bei der Berechnung des Teilwerts von Pensionsrückstellungen ist ein **Rechnungszinsfuß von 6 %** anzuwenden (§ 6a Abs. 3 Satz 3 EStG). Das FG Köln sah darin einen Verstoß gegen Art. 3 Abs. 1 GG und legte dem BVerfG daher die Frage nach der Verfassungswidrigkeit vor (FG Köln, Beschluss v. 12.10.2017, 10 K 977/17). Diese Richtervorlage verwarf das BVerfG als unzulässig (Beschluss v. 28.7.2023, 2 BvL 22/17), u.a. wegen einer nicht ausreichenden Darlegung des Verstoßes gegen

Art. 3 Abs. 1 GG. Die Aussagen zur Verfassungswidrigkeit der Zinsen i.S. der §§ 233a, 238 AO a.F. sah das BVerfG nicht als verfahrensgegenständlich relevant an (BVerfG, Beschluss v. 8.7.2021, 1 BvR 2237/14, 1 BvR 2422/17, BFH/NV 2021 S. 1455).

Hinweis

Mit der Zurückweisung der Richtervorlage ist u.E. derzeit nur noch das BFH-Verfahren XI R 25/21 zu Ansatz und Berechnung einer Pensionsrückstellung für wertpapiergebundene Pensionszusagen bei einem höherrangigen Gericht anhängig (Vorinstanz: FG Münster, Urteil v. 18.3.2021, 10 K 4131/15 K,G ,F). In dem Verfahren geht es neben dem Ansatz einer Pensionsrückstellung dem Grunde nach auch bei aufschiebenden Bedingungen (z.B. späterer Wert von Fondsanteilen) auch um die Bewertung zum Stichtagsprinzip und die Abzinsung gem. § 6a Abs. 3 Satz 3 EStG mit 6 %.

2.1.6 Pensionsrückstellung bei Pensionszusage unter Vorbehalt

Die Zulässigkeit der Bildung einer Pensionsrückstellung nach § 6a Abs. 1 Nr. 2 EStG setzt u.a. voraus, dass die Pensionszusage keinen Vorbehalt enthält, demzufolge die Pensionsanwartschaft oder die Pensionsleistung gemindert oder entzogen werden kann.

Bei unter Vorbehalt erteilten Pensionszusagen ist die Bildung einer Pensionsrückstellung steuerbilanziell eingeschränkt. Für den BFH ist ein Vorbehalt nur dann steuerlich zulässig, wenn er positiv, d.h. ausdrücklich, einen nach der arbeitsgerichtlichen Rechtsprechung anerkannten, **eng begrenzten Tatbestand** normiert, der nur ausnahmsweise eine Minderung oder einen Entzug der Pensionsanwartschaft oder Pensionsleistung gestattet (BFH, Urteil v. 6.12.2022, IV R 21/19, BStBl 2023 II S. 474).

Hinweis

Im konkreten Fall führte der Arbeitgeber eine betriebliche Altersversorgung für seine Mitarbeiter ein und bildete für die hieraus resultierenden Verpflichtungen Pensionsrückstellungen. Dabei hat er sich das Recht vorbehalten, die zugrunde liegende Transformationstabelle und den Zinssatz **einseitig zu erset-**

zen. Der BFH bestätigte im Fall die Auffassung der Finanzverwaltung, wonach der Arbeitgeber nicht berechtigt war, eine Pensionsrückstellung nach § 6a EStG zu bilden. Dem Arbeitgeber sei ein steuerschädlicher Vorbehalt i.S. des § 6a Abs. 1 Nr. 2 EStG eingeräumt worden, indem er die Transformationstabelle und den Zinssatz einseitig nach freiem Ermessen ersetzen konnte.

2.1.7 Rückstellungen und BilMoG-Beibehaltungswahlrecht

Der Handelsbilanzwert für eine Rückstellung bildet auch nach Inkrafttreten des BilMoG durch die „höchstens insbesondere"-Formulierung in § 6 Abs. 1 Nr. 3a EStG gegenüber einem ggf. höheren steuerrechtlichen Rückstellungswert die Obergrenze (vgl. BFH, Urteil v. 20.11.2019, XI R 46/17, BStBl 2020 II S. 195). Laut BFH schlägt auch das aufgrund des Art. 67 Abs. 1 Satz 2 EGHGB in der Handelsbilanz ausgeübte BilMoG-Beibehaltungswahlrecht auf die Steuerbilanz durch, sofern die steuerliche Deckelung des § 6 Abs. 1 Nr. 3a EStG auf den handelsrechtlichen Wert greift (BFH, Urteil v. 9.3.2023, IV R 24/19, BStBl 2023 II S. 698).

Hinweis

Nach dem BilMoG-Beibehaltungswahlrecht (Art. 67 Abs. 1 Satz 2 EGHGB) bestand die Möglichkeit, nach altem Recht gebildete Rückstellungen der Höhe nach beizubehalten, soweit der aufzulösende Betrag bis Ende 2024 wieder zugeführt werden müsste. Die Frage des Einflusses des BilMoG-Beibehaltungswahlrechts ist in Fällen relevant, in denen die handelsrechtliche Rückstellungsbewertung den **steuerlichen Bilanzwert unterschreitet**, typischerweise bei Rückstellungen für **Sachleistungsverpflichtungen**, die handelsrechtlich über einen Zeitraum bis zum Ende der Erfüllung abzuzinsen sind, während steuerrechtlich eine Abzinsung nur bis zum Beginn der Erfüllung vorgesehen ist (§ 6 Abs. 1 Nr. 3a Buchst. e Satz 2 EStG).

2.1.8 Anforderungen an passive Rechnungsabgrenzung

Das Gebot der passiven Rechnungsabgrenzung (Ausnahme bei Nichtüberschreiten der GWG-Grenze, § 5 Abs. 5 Sätze 1 und 2 EStG) dient der periodengerechten Erfassung von Aufwendungen und Erträgen. Durch die Bildung passiver Rechnungsabgrenzungsposten lässt sich die erfolgswirksame Berücksichtigung einer vorab vereinnahmten Zahlung auf den Zeitpunkt verschieben, zu dem die Gegenleistung erbracht wurde. Dafür muss das Entgelt einen Ertrag für eine bestimmte Zeit nach dem Bilanzstichtag darstellen, die Gegenleistung zeitbezogen oder periodisch aufteilbar sein. Das ist laut BFH nicht gegeben, wenn die zeitlichen **Maßstäbe** auf **Gestaltungsentscheidungen** des Steuerpflichtigen beruhen, die geändert werden können (BFH, Urteil v. 26.7.2023, IV R 22/20, BFH/NV 2023 S. 1345).

Hinweis

Passive Rechnungsabgrenzungsposten (PRAP) sind grundsätzlich zu bilden, wenn eine im Altjahr vereinnahmte Zahlung wirtschaftlich Ertrag für eine „bestimmte Zeit" nach dem Abschlussstichtag darstellt. Eine **Schätzung dieses Zeitraums** ist laut BFH grundsätzlich zulässig, wenn sie auf allgemeingültigen Maßstäben basieren. Das sah der BFH jedoch im konkreten Fall nicht, in der eine Bauprojektentwicklungsgesellschaft in monatlichen Raten vereinnahmte pauschale Tätigkeitshonorare passiv abgrenzen wollte. Ungeachtet der konkreten Baufortschritte vereinnahmte sie über die voraussichtliche Laufzeit des jeweiligen Projekts regelmäßige Ratenzahlungen auf die Gesamtauftragssumme, wobei künftige Baufortschritte in ihrem Gestaltungsermessen lagen. Nach Ansicht des BFH verletzt eine solche Fallkonstellation den Objektivierungsgedanken des § 5 Abs. 5 Satz 1 Nr. 2 EStG. Eine Ertragskorrektur für Vorleistungen des Auftraggebers war damit allein mittels einer Rückstellung für Erfüllungsrückstand zulässig. Im konkreten Fall scheiterte eine Höherbewertung dieser Rückstellung für eine Sachleistungsverpflichtung aber, weil die Klägerin das Vorliegen der Voraussetzungen für die Bildung einer (höheren) Rückstellung nicht nachzuweisen vermochte.

Die BFH-Entscheidung ist zur steuerbilanziellen Behandlung ergangen. Sie wird aus handelsrechtlicher Sicht sehr kritisch aufgenommen.

2.1.9 § 6b-Rücklage nach Ausscheiden eines Mitunternehmers

Auch für den Gewinn aus der Veräußerung eines gesamten Mitunternehmeranteils kann eine § 6b-Rücklage gebildet werden. Beim Ausscheiden eines Mitunternehmers aus der Personengesellschaft hat grundsätzlich das Betriebsfinanzamt der Mitunternehmerschaft über die Einstellung des Gewinns aus der Veräußerung seines ganzen

Mitunternehmeranteils in eine sonderbilanzielle Rücklage nach § 6b EStG zu entscheiden. Über die später wegen des Ablaufs der Reinvestitionsfrist erforderliche Auflösung der Rücklage ist laut BFH aber nicht im Gewinnfeststellungsverfahren der Mitunternehmerschaft zu entscheiden, sondern die Auflösung hat unmittelbar im **Einkommensteuerverfahren des ausgeschiedenen Gesellschafter**s unabhängig von einem Gewinnfeststellungsverfahren der KG durch das Wohnsitzfinanzamt zu erfolgen (BFH, Urteil v. 12.7.2023, X R 14/21, BFH/NV 2023 S. 1450).

Hinweis

Der BFH wies darauf hin, dass die aus der Auflösung der § 6b-Rücklage resultierenden **nachträglichen gewerblichen Einkünfte** nach § 24 Nr. 2 EStG mangels eines werbenden Betriebs nicht der Gewerbesteuer unterliegen. Den Fall, bei dem es sich bei dem ausscheidenden Mitunternehmer nicht um eine natürliche Person handelt (und damit der Gewinn aus der Veräußerung des Mitunternehmeranteils gewerbesteuerpflichtig wäre), brauchte der BFH vorliegend nicht zu entscheiden. Diesbezüglich wies der BFH aber darauf hin, dass daraus folgende Gewerbesteuerverschiebungen durch die Bildung der § 6b-Rücklage der gesellschafterbezogenen Betrachtung des § 6b EStG immanent seien. Vgl. zu den durch die Corona-Gesetzgebung verlängerten Reinvestitionsfristen bei der 6b-Rücklage § 52 Abs. 14 Sätze 4 bis 6 EStG sowie bzgl. § 7g EStG § 52 Abs. 16 Sätze 3 bis 5 EStG.

2.2 Einkommensteuer

2.2.1 Arrangement Fees und Zinsschranke

Nach der Zinsschrankenregelung des § 4h EStG ist der Betriebsausgabenabzug für Zinsaufwendungen unter bestimmten Voraussetzungen beschränkt. Der BFH sieht als Zinsaufwendungen i.S.v. § 4h EStG nur Entgelte für die zeitlich begrenzte Zurverfügungstellung von Fremdkapital (BFH, Beschluss v. 22.3.2023, XI R 45/19, BFH/NV 2023 S. 1109). Im Konkreten musste die Darlehensnehmerin für den Abschluss des Kreditvertrags (Konsortialkredit) für die **Vermittlungstätigkeiten** der Konsortialführerin eine sog. Arrangement Fee bezahlen, die nicht erstattungsfähig war. Für den BFH gehörte diese Arrangement Fee **nicht** zu den Zinsaufwendungen i.S. der Zinsschranke (§ 4h EStG i.V.m. § 8a KStG). Der BFH griff dabei auf seine Sichtweise zur Auslegung der Entgelte für Schulden i.S. des § 8 Nr. 1 Buchst. a GewStG zurück.

Für die Einordnung als Zinsaufwand komme es darauf an, ob bei wirtschaftlicher Betrachtung das Entgelt als Gegenleistung für die Fremdkapitalnutzungsmöglichkeit gezahlt wurde. Damit widersprach der BFH der Ansicht des BMF, das auch Provisionen und Gebühren als Zinsaufwendungen i.S. des § 4h EStG behandelt (BMF, Schreiben v. 4.7.2008, BStBl 2008 I S. 718, Tz. 15). Zusätzlich betont der BFH, dass sich Zinsen regelmäßig an der Höhe und Laufzeit des Kredits orientieren. Die Arrangement Fee orientierte sich im Streitfall dagegen nur an der vereinbarten Darlehenssumme und nicht an der tatsächlich abgerufenen Summe.

Hinweis

Durch das Kreditzweitmarktförderungsgesetz (ursprünglich im Wachstumschancengesetz) wird hinsichtlich des Begriffs der Zinsaufwendungen ein gesetzlicher Verweis auf Art. 2 der sog. ATAD-RiLi (Richtlinie (EU) 2016/1164 v. 12.7.2016) aufgenommen (Erweiterung auf wirtschaftlich gleichwertige Aufwendungen sowie Aufwendungen im Zusammenhang mit der Beschaffung von Fremdkapital; vgl. Kapitel Ausblick Tz. 1.2). Unter diese erweiterte Definition von Zinsschrankenzinsen werden damit künftig viele zinsähnliche Komponenten und Finanzierungsnebenkosten fallen. Entsprechend steigt die Bedeutung der Wertungsunterschiede zwischen Aufwendungen i.S. der Zinsschranke des § 4h EStG und denen i.S. der gewerbesteuerlich hinzuzurechnenden Finanzierungskosten des § 8 GewStG.

2.2.2 Betriebsausgabenabzugsbeschränkung nach § 4k EStG

§ 4k EStG als Umsetzung der in der EU-Richtlinie zur Bekämpfung der Steuervermeidung (ATAD) vorgesehenen Anti-Hybrid-Regelungen zielt auf eine mögliche vollständige oder teilweise Versagung der Abzugsfähigkeit von Aufwendungen in Deutschland ab, soweit die daraus resultierenden Erträge aufgrund einer **hybriden Besteuerungsinkongruenz** nicht oder – im Falle von Finanzierungstransaktionen – niedrig besteuert werden oder Abzüge doppelt vorgenommen werden (Deduction/Non-Inclusion, Double-Deduction, Imported Mismatch).

Hinweis

Die mit dem ATAD-Umsetzungsgesetz v. 25.6.2021 (BGBl 2021 I S. 2035) eingeführte Abzugsbeschränkung gilt grundsätzlich für alle Aufwendungen, die nach dem 31.12.2019 anfallen.

Im Juli 2023 legte das BMF einen Entwurf eines **Anwendungsschreibens zu § 4k EStG** vor. Die im Erlassentwurf angeführten Beispiele decken vorrangig nur grundlegende Strukturen ab. Eine Erleichterung für importierte Besteuerungsinkongruenzen sieht der Erlassentwurf insbesondere in den Fällen vor, in denen der unmittelbare oder mittelbare Gläubiger in einem EU-Mitgliedstaat ansässig ist, der die Anti-Hybrid-Regelungen vergleichbar zu § 4k EStG umgesetzt hat.

Der Entwurf enthält ein Beispiel für ein deutsches Vertriebsunternehmen, wonach Aufwendungen aus dem Wareneinsatz (COGS) nicht als „Aufwendungen" im Sinne des § 4k EStG gelten und daher der Abzug nicht verweigert werden kann. Eine **Ausnahme** soll gelten, wenn die Vertriebstätigkeit zu einem **Verlust** führt, was jedoch bei „Vertriebsunternehmen mit begrenztem Risiko", die in der Praxis anzutreffen sind, selten vorkommen sollte.

Hinweis

Die Verbände waren zur Stellungnahme zu diesem Entwurf bis 10.8.2023 aufgerufen. Abzuwarten bleibt, ob sich noch Änderungen ergeben, ob etwa noch Ausführungen zu in der Praxis wichtigen Fragen aufgenommen werden, z.B. für bestimmte US-Inbound Strukturen. Bei Redaktionsschluss lag noch kein finales Anwendungsschreiben vor.

2.2.3 Eingeschränkte Verlustberücksichtigung bei Zins-Währungsswaps

Verluste aus **Termingeschäften** unterliegen nach § 15 Abs. 4 Satz 3 EStG grundsätzlich einer Verlustverrechnungs- bzw. Verlustausgleichsbeschränkung. Eine **Rückausnahme** gilt für solche Geschäfte, die der Absicherung von Geschäften des gewöhnlichen Geschäftsbetriebs dienen (§ 15 Abs. 4 Satz 4 Alt. 2 EStG). Erforderlich ist dazu neben einem subjektiven Sicherungszusammenhang zwischen Grund- und Sicherungsgeschäft auch ein objektiver Nutzungs- und Funktionszusammenhang. Das Sicherungsgeschäft muss objektiv geeignet sein, die Risiken aus dem Grundgeschäft zu kompensieren und darüber hinaus zum gewöhnlichen Geschäftsbetrieb gehören, damit der Betriebsausgabenabzug nicht durch § 15 Abs. 4 EStG eingeschränkt wird. Die Rückausnahme zur Absicherung von Geschäften des gewöhnlichen Geschäftsbetriebs greift laut BFH nicht, wenn ein Zins-Währungsswap auch das **ursprüngliche Grundgeschäft** mit einem **Währungsrisiko** belastet (BFH, Urteil v. 9.2.2023, IV R 34/19, BStBl 2023 II S. 742).

Die Annahme eines Sicherungsgeschäfts setzt laut BFH voraus, dass mit dem Termingeschäft ein aus dem Grundgeschäft resultierendes Risiko zumindest teilweise kompensiert wird. Nachdem das Darlehen mit variabler Verzinsung im Streitfall ein Zinsrisiko beinhaltete, hätte ein Sicherungsgeschäft dieses Zinsrisiko ausbalancieren müssen. Dies sei nicht der Fall, wenn das Zinsänderungsrisiko infolge der Vereinbarung eines Zins-Währungsswaps nur durch ein anderes Risiko (Währung) ersetzt werde. Als schädlich sah der BFH an, dass das ursprüngliche Grundgeschäft faktisch mit **Risiken ähnlich** denen eines **Fremdwährungsdarlehens** belastet und damit zusätzlichen Risiken ausgesetzt sei.

Hinweis

Für eine (hilfsweise) begehrte Aufteilung der Verluste nach dem Verhältnis des Zinsrisikos zum Währungsrisiko sah der BFH keine rechtliche Grundlage. Ähnlich argumentierte der BFH in seinem teilweise inhaltsgleichen Urteil v. 9.2.2023 (IV R 23/20, NV).

2.2.4 Wahl der Zuflussbesteuerung auch bei Betriebsaufgabe

Bei einer Betriebsveräußerung gegen Leibrente steht dem Veräußerer grundsätzlich das Wahlrecht zu, den Veräußerungsgewinn entsprechend dem tatsächlichen Rentenzufluss zu versteuern (als nachträgliche Einkünfte aus Gewerbebetrieb gemäß § 24 Nr. 2 EStG). Die Zuflussbesteuerung (nachgelagerte Besteuerung) bewirkt laut BFH lediglich eine zeitliche Streckung der anfallenden Steuerzahlungen, die sich der Steuerpflichtige durch den Verlust der Begünstigungen des § 16 Abs. 4 EStG (Freibetrag) und des § 34 EStG (ermäßigter Steuersatz) quasi erkauft. Eine vergleichbare Interessenlage (Versorgungscharakter und Wagnis in der durch die Bindung an die Lebenszeit einer Person bedingten Ungewissheit der Rentenlaufzeit) sieht der BFH im Fall einer **Betriebsaufgabe**, bei der Wirtschaftsgüter gegen langfristig wiederkehrende Bezüge (insbesondere gegen Leibrente) veräußert werden. Daher gewährt der BFH bezogen auf die veräußerten Wirtschaftsgüter ebenfalls grundsätzlich das Wahlrecht zur Zuflussbesteuerung (BFH, Urteil v. 29.6.2022, X R 6/20, BStBl 2023 II S. 112).

Hinweis

Im konkreten Fall berücksichtigte der BFH nachträgliche Einkünfte aus Gewerbebetrieb gemäß § 24 Nr. 2 EStG, soweit die zugeflossenen Rentenzahlungen die Summe aus Kapitalkonto und Aufgabekosten abzüglich der bereits berücksichtigten gemeinen Werte der ins Privatvermögen überführten Wirtschaftsgüter überschritten haben.

2.2.5 Änderung von Antrags- und Wahlrechten

U.a. Gewinne aus einer Betriebsveräußerung oder -aufgabe können gem. § 34 Abs. 3 EStG auf Antrag einer ermäßigten Besteuerung unterworfen werden (u.a. Erfüllen einer Altersgrenze). Dieses Wahlrecht kann jedoch nur einmal im Leben ausgeübt werden. Im Streitfall, der dem BFH-Urteil v. 20.4.2023 (III R 25/22) zugrunde liegt, stellte der Veräußerer eines Mitunternehmeranteils an einer KG einen Antrag nach § 34 Abs. 3 EStG für die ermäßigte Besteuerung des daraus resultierenden Veräußerungsgewinns, der auch entsprechend im Einkommensteuerbescheid berücksichtigt wurde. Die Außenprüfung bei der KG stellte jedoch einen niedrigeren als bisher angenommenen Veräußerungsgewinn fest, so dass nach § 175 Abs. 1 Satz 1 Nr. 1 AO der betroffene, mittlerweile bestandskräftige Einkommensteuerbescheid geändert wurde. Aufgrund des nun niedrigeren Veräußerungsgewinns wollte der Veräußerer den Antrag nach § 34 Abs. 3 EStG zurücknehmen und ihn stattdessen für einen anderen Veräußerungserlös stellen. Laut BFH war dies jedoch nicht möglich, sondern der Antrag vielmehr bereits verbraucht (BFH, Urteil v. 20.4.2023, III R 25/22, BStBl 2023 II S. 823).

Hinweis

Die Ausübung und Änderung von solchen Antrags- oder Wahlrechten (wenn grundsätzlich keiner zeitlichen Begrenzung unterliegend) ist grundsätzlich nach der BFH-Rechtsprechung nur so lange möglich, wie der entsprechende **Steuerbescheid nicht** formell und materiell **bestandskräftig** ist. Da der Antrag nach § 34 Abs. 3 nur einmal im Leben möglich ist, sollte die Antragstellung entsprechend sorgsam geprüft werden.

2.2.6 Gewinnermittlung bei Handelsschiffen (Tonnagesteuer)

Inländische Gewerbetreibende, die Handelsschiffe im internationalen Verkehr betreiben und deren Geschäftsleitung ebenfalls im Inland liegt, können den auf die Bereederung der Handelsschiffe entfallenden Gewinn (anstelle der Gewinnermittlung nach § 4 Abs. 1 EStG oder § 5 EStG) auch anhand der in ihrem Betrieb geführten Tonnage ermitteln (Tonnagebesteuerung, § 5a EStG). Mit BMF-Schreiben v. 10.7.2023 (BStBl 2023 I S. 1486) fasste das BMF sein Anwendungsschreiben, das die wesentlichen Voraussetzungen und Regelungen der Tonnagesteuer erläutert, neu. Dabei äußert sich das Schreiben insbesondere zu den **Voraussetzungen** und den **Antrag** für die besondere Gewinnermittlung und den **Unterschiedsbetrag** sowie zu sog. **Neben- und Hilfsgeschäften** (§ 5a Abs. 2 Satz 2 EStG), deren Tatbestände laut BMF grundsätzlich eng auszulegen seien. Das BMF-Schreiben v. 10.7.2023 ersetzt die BMF-Schreiben v. 12.6.2002 (BStBl 2002 I S. 614), v. 31.10.2008 (BStBl 2008 I S. 956) und v. 10.9.2013 (BStBl 2013 I S. 1152) und ist bis auf wenige Ausnahmen in allen offenen Fällen anzuwenden.

Hinweis

Um die Tonnagebesteuerung des § 5a Abs. 1 EStG nutzen zu können, müssen neben der Geschäftsleitung auch die **wesentlichen Tätigkeiten der Bereederung** „zumindest fast ausschließlich tatsächlich **im Inland** durchgeführt werden“. Dies gelte auch bei Delegation einzelner Aufgaben der Bereederung auf andere Unternehmen. Eine Konkretisierung dieser „fast ausschließlichen Tätigkeit im Inland“ enthält das BMF-Schreiben allerdings nicht.

2.2.7 Spenden an Stiftung mit anschließender Darlehensgewährung

Eine Spende in den Vermögensstock einer Stiftung zur Förderung steuerbegünstigter Zwecke ist grundsätzlich als Spende berücksichtigungsfähig (§ 10b Abs. 1a EStG). Laut BFH steht dem Spendenabzug eines Stifters für eine Spende an seine Stiftung nicht grundsätzlich entgegen, wenn ihm in engem zeitlichem Zusammenhang derselbe Betrag als verzinsliches Darlehen zur Verfügung gestellt wird. Mit den Zinserträgen wurden im Urteilsfall die steuerbegünstigten satzungsmäßigen Zwecke der Stiftung gefördert. Ein **Gestaltungsmissbrauch** nach § 42 AO liege jedoch vor, wenn die Gewährung und die Bedingungen des Darlehens einem **Fremdvergleich** nicht standhalten (BFH, Urteil v. 26.4.2023, X R 4/22, BFH/NV 2023 S. 1231). Die für den Spendenabzug erforderliche **Unentgeltlichkeit** sei erfüllt, wenn mit einer gegenläufigen Darlehensgewährung **kein Vorteil für den Zuwendenden** verbunden sei. An einem solchen Vorteil fehle es, wenn sowohl die Gewährung des Darlehens dem Grunde nach als auch die vereinbarten Darlehensbedingungen einem Fremdvergleich standhalten.

Hinweis

Dabei hat laut BFH die Fremdvergleichsprüfung im Rahmen einer Gesamtwürdigung zu erfolgen, wobei eventuelle Abweichungen vom Fremdüblichen, die sich im Hinblick auf eine bestimmte Detailfrage ergeben, in gewissen Grenzen durch gegenläufige Gesichtspunkte ausgeglichen werden können. Weiter dürfe aus Sicht des Zuwendenden die tatsächliche Durchführung des Darlehensvertrags keinerlei Zweifel am Fremdkapitalcharakter der Mittel aufwerfen. Da für den BFH die Feststellungen der Vorinstanz zur Fremdüblichkeit des Darlehenszinssatzes unzureichend waren, wies er den Fall zur abschließenden Beurteilung und der erforderlichen umfassenden Gesamtwürdigung an das FG zurück.

2.3 Änderungen für Beteiligungen i. S. des § 17 EStG

2.3.1 Relevante Beteiligungsgrenze bei Auslandsbeteiligungen

Der Gewinn aus der Veräußerung einer im Privatvermögen gehaltenen wesentlichen Beteiligung an einer Kapitalgesellschaft gehört zu den Einkünften aus Gewerbebetrieb (§ 17 EStG). Voraussetzung ist u. a. eine unmittelbare oder mittelbare Beteiligung zu mindestens 1 % in den letzten fünf Jahren vor Veräußerung. Bei der Frage, ob die **1 %-Grenze** überschritten wurde, ist bei Beteiligung an einer ausländischen Kapitalgesellschaft laut BFH als maßgebliche Bezugsgröße das **tatsächlich übernommene Gesellschaftskapital** heranzuziehen. Auf das genehmigte Kapital komme es insoweit nicht an, auch wenn es sich aus einem öffentlichen Register ergibt (BFH, Urteil v. 14.2.2023, IX R 23/21, BStBl II 2023 S. 557, zur Beteiligung an einer US-amerikanischen, nach dem Recht von Delaware gegründeten Corporation). Der BFH hielt dabei auch an seiner bisherigen Sichtweise fest, dass die US-amerikanische Corporation dem Typenvergleich standhält und die Beteiligung an dieser Gesellschaft eine Beteiligung i. S. des § 17 Abs. 1 Satz 3 EStG ist.

Hinweis

Der BFH folgte damit nicht der Sicht des FG Münster in seinen Urteilen v. 27.11.2013 (11 K 3468/11 E, betreffend eine Limited englischen Rechts) und v. 6.12.2016 (7 K 3225/13 E, betreffend eine nach dem Recht des US-Bundesstaats Nevada gegründete „Inc.“), das auf das ins Handelsregister eingetragene „authorized capital“ der betreffenden Gesellschaften abstellte.

2.3.2 Verluste aus Gesellschafterdarlehen

Verluste aus gesellschaftsrechtlich veranlassten Darlehen können bei Beteiligungen i.S.v. § 17 EStG zu nachträglichen Anschaffungskosten führen. Der mit dem Jahressteuergesetz 2019 neu eingeführte § 17 Abs. 2a EStG (erstmalige gesetzliche Grundlage für im Rahmen von § 17 EStG zu berücksichtigende (nachträgliche) Anschaffungskosten) enthält keine eigene Bewertungsnorm. Der BFH wendet zur **Bewertung** insoweit seine „alten“ Grundsätze des sog. Eigenkapitalersatzrechts weiter an. Demnach ist ein in der Krise stehen gelassenes Darlehen mit dem zum Zeitpunkt des Eintritts der Krise bestehenden **Teilwert** zu bewerten (BFH, Urteil v. 18.7.2023, IX R 21/21).

Hinweis

Im konkreten Fall lag der Teilwert beim **Stehenlassen in der Krise** bei 0 EUR, so dass eine Berücksichtigung bei § 17 Abs. 2a EStG ausschied (zeitliche Anwendbarkeit aufgrund eines entsprechenden Antrags gewahrt). Dabei wies der BFH darauf hin, dass auch im Anwendungsbereich des § 17 Abs. 2a Satz 3 Nr. 2 EStG bei einem Ansatz mit dem Teilwert der Darlehensausfall in Höhe des nicht werthaltigen Teils bei den Einkünften aus Kapitalvermögen grundsätzlich berücksichtigt werden könne. Da der Darlehensverlust aber vor dem 31.12.2008 eintrat, kam auch eine Berücksichtigung im Rahmen des § 20 EStG nicht in Betracht.

2.3.3 Disquotale Stimm- und Gewinnbezugsrechte

Für den BFH handelt es sich bei der disquotalen Ausgestaltung des Stimm- und Gewinnbezugsrechts bei einer GmbH um einen Umstand, der „den Preis beeinflusst“ und der so nach § 9 Abs. 2 Satz 2 BewG bei der Bewertung zu berücksichtigen sei (abweichender Gewinnverteilungsschlüssel als wertbildender Faktor, BFH, Urteil v. 16.11.2022, X R 17/20, BStBl 2023 II S. 484). Im konkreten Fall ging es um die Bewertung einer **Sachspende** (schenkweise Übertragung einer im Privatvermögen gehaltene 89-%ige GmbH-Beteiligung) **an eine gemeinnützige Stiftung**, wobei der Anteil nur mit einem Gewinnbezugs- und Stimmrecht von 1 % ausgestattet war. Das hatte zur Folge, dass die geschenkte Beteiligung im Rahmen der Spendenregelung des § 10b EStG mit einem niedrigeren gemeinen Wert zu bewerten war. Für den BFH konnte die besonders stark ausgeprägte Disquotalität nicht durch einen pauschalen Bewertungsabschlag, sondern allein dadurch berücksichtigt werden, dass auf den übertragenen Anteil – entsprechend dem Gewinnbezugs- und Stimmrecht – nur 1 % des Gesamtwerts der GmbH entfällt. Hierfür sprach u.a., dass der übertragene Anteil nur über Gewinnausschüttungen – und damit i.H.v. 1 % – an dem Wert der GmbH partizipieren könne. Da der BFH Mängel bei der vom FG vorgenommenen Schätzung feststellte, wurde die Sache an das FG zurückverwiesen.

Hinweis

Im konkreten Fall galt die Norm des § 10b Abs. 3 EStG noch ohne die mit Wirkung ab 2009 geltende Ergänzung, wonach bei der Zuwendung eines Wirtschaftsguts, dessen Veräußerung einen Besteuerungstatbestand erfüllen würde, die fortgeführten Anschaffungs- oder Herstellungskosten ohne Herbeiführung einer Gewinnrealisierung nicht überschritten werden dürfen. Die im Fall aufgeworfene Bewertungsfrage bei disquotalen Stimm- und Gewinnbezugsrechten dürfte sich jedoch auch im Rahmen des – im Streitfall nicht anwendbaren – § 97 Abs. 1b Satz 4 BewG stellen. Der BFH äußerte sich auch zu den Folgen u.a. für den **Vertrauensschutz** einer ausgestellten **Zuwendungsbestätigung** (§ 10b Abs. 4 EStG).

2.4 Gewerbesteuer

2.4.1 Sachliche Gewerbesteuerpflicht

Auch die Tätigkeit einer gewerblich geprägten, vermögensverwaltenden Personengesellschaft (§ 15 Abs. 3 Nr. 2 EStG) führt zu einem Gewerbebetrieb i.S. des § 2 Abs. 1 Satz 1 GewStG. Für den Beginn des Gewerbebetriebs stellt der BFH nur auf den Beginn der werbenden Tätigkeit ab. Wie auch bei der Beurteilung einer originären gewerblichen Tätigkeit ist dabei die tatsächlich ausgeübte Tätigkeit maßgebend. Dies ist im Fall einer gewerblich geprägten, vermögensverwaltenden Personengesellschaft die **Aufnahme** ihrer **vermögensverwaltenden Tätigkeit**. Dabei setzt ein Gewerbebetrieb i.S. des § 2 GewStG laut BFH keine **bestimmte (Mindest-)Zeit** für die Ausübung einer gewerblichen Tätigkeit voraus. Eine Personengesellschaft kann daher laut BFH sowohl eine Mitunternehmerschaft sein als auch als gewerblich geprägte Personengesellschaft einen Gewerbebetrieb unterhalten, wenn sie nur für eine juristische Sekunde Inhaberin von zu verwaltendem Vermögen wird (BFH, Urteil v. 15.6.2023, IV R 30/19, BStBl 2023 II S. 1050).

Hinweis

Im Gegensatz zur Vorinstanz bejahte der BFH das Bestehen der sachlichen Gewerbesteuerpflicht. Hinsichtlich der noch erforderlichen Feststellungen zur Höhe des aus dem Verkauf der Mitunternehmeranteile resultierenden Veräußerungsgewinns und der Frage, ob der KG im konkreten Fall eine Regressforderung auf Freistellung von der Gewerbesteuer zustehe, verwies der BFH den Fall an die Vorinstanz zurück.

2.4.2 Aufhebung des Vorläufigkeitsvermerks

Der BFH sieht die **Hinzurechnungen** von **Schuld-, Miet- und Pachtzinsen** für bewegliche und unbewegliche Wirtschaftsgüter des Anlagevermögens und von Aufwendungen für die zeitlich befristete Überlassung von Rechten nach § 8 Nr. 1 Buchst. a, d, e und f GewStG als verfassungsgemäß an (BFH, Urteile v. 12.1.2017, IV R 55/11, BStBl 2017 II S. 725 und v. 14.6.2018, III R 35/15, BStBl 2018 II S. 662). Die gegen das BFH-Urteil v. 14.6.2018 eingereichte Verfassungsbeschwerde hat das BVerfG nicht zur Entscheidung angenommen (BVerfG, Beschluss v. 5.9.2021, 1 BvR 2150/18). Vor diesem Hintergrund wurde der **Ländererlass** v. 28.10.2016 zur vorläufigen Festsetzung des Gewerbesteuermessbetrags wegen der Frage der Verfassungsmäßigkeit der Hinzurechnungen nach § 8 Nr. 1 Buchst. a, d, e und f GewStG mit sofortiger Wirkung **aufgehoben** (Gleich lautender Ländererlass v. 6.2.2023).

Hinweis
Laut dem Erlass werden daher künftig sämtliche erstmalige Festsetzungen des Gewerbesteuermessbetrags für Erhebungszeiträume ab 2008 mit Hinzurechnungen nach § 8 Nr. 1 Buchst. a, d, e und f GewStG insoweit endgültig durchgeführt.

2.4.3 Hinzurechnung von Mieten für Mehrwegbehältnisse

Der BFH stellt bei der Frage der gewerbesteuerlichen Hinzurechnung von Mieten für Mehrwegbehältnisse, die Händler für den Transport und Verkauf ihrer Ware verwenden (§ 8 Nr. 1 Buchst. d GewStG), entscheidend darauf ab, mit welchem Inhalt die Beteiligten das Vertragsverhältnis durchführten. Eine Hinzurechnung scheidet für den BFH aus, wenn das Vertragsverhältnis neben der reinen Überlassung auch umfangreiche andere Komponenten (hier ein „**Voll-Logistik-Konzept**") enthält und damit die **Mietkomponente nicht** mehr **prägend** ist (BFH, Urteil v. 1.6.2022, III R 56/20, BStBl 2023 II S. 875). Dabei hat laut BFH das vorinstanzliche FG in die Beurteilung zu Recht mit einbezogen, dass das **Entgelt** immer **zyklusbezogen** war und sich nicht wie beim Miet- und Pachtvertrag üblich auf die Dauer der Überlassung bezogen hat.

Beim Modell, bei dem die reine Überlassung der Mehrwegbehältnisse im Vordergrund stand (u. a. keine Übernahme des Transports, kein „Voll-Logistik-Konzept"), bejahte der BFH das Vorliegen von Miet- und Pachtzinsen im Sinne des bürgerlichen Rechts. Da der Geschäftsgegenstand das ständige Vorhalten solcher Behältnisse erforderte, bejahte der BFH das Vorliegen von fiktivem Anlagevermögen auch bei der wiederholten kurzfristigen Anmietung.

Hinweis
Insoweit widersprach der BFH der Vorinstanz, dem Schleswig-Holsteinischen FG (Urteil v. 30.6.2020, 1 K 55/16), das die Mehrwegbehältnisse wegen ihres engen Bezugs zur gehandelten Ware und des damit nach seiner Auffassung einhergehenden Verbrauchs mit deren Ablieferung beim Einzelhandel als fiktives Umlaufvermögen einordnete und die Hinzurechnung verneinte.

2.4.4 Hinzurechnung von Mieten für Imbissbetriebe

Der BFH bejaht die gewerbesteuerliche Hinzurechnung der Aufwendungen für das kurzfristige Anmieten von Standflächen eines im Reisegewerbe tätigen Imbissbetriebs nach § 8 Satz 1 Nr. 1 Buchst. e GewStG (BFH, Urteil v. 12.10.2023, III R 39/21). Der BFH bejahte das **Vorliegen von fiktivem Anlagevermögen**, da sich die wiederholte kurzfristige Anmietung ähnlicher Flächen als Surrogat einer langfristigen Nutzung solcher (Stand-)Flächen darstellte (Angewiesensein auf die ständige Verfügbarkeit solcher Flächen).

> **Hinweis**
>
> In dem Urteil äußerte sich der BFH auch zur **Umqualifizierung von Mieten zu Herstellungskosten**, die dann aufgrund der Aktivierung der Aufwendungen als Herstellungskosten keine nach § 8 GewStG erforderliche Herabsetzung vom Gewinn und damit nicht hinzurechnungspflichtig wären. Die Umqualifizierung gilt laut Finanzverwaltung und BFH grundsätzlich auch für zu Herstellungskosten führende Aufwendungen, wenn die entsprechenden Wirtschaftsgüter **unterjährig aus dem Betriebsvermögen ausgeschieden** sind (vgl. gleich lautende Erlasse vom 6.4.2022, BStBl 2022 I S. 638, und u.a. BFH, Urteil v. 30.7.2020, III R 24/18, BStBl 2022 II S. 279). Für die Umqualifizierung zu Herstellungskosten ist es unbeachtlich, ob es sich bei den Mietkosten um Herstellungskosten des Anlagevermögens oder des Umlaufvermögens handelt. Im konkreten Fall ordnete der BFH die Mietaufwendungen jedoch bei seiner Gesamtbetrachtung als Vertriebskosten ein, für die ein Einbeziehungsverbot gem. § 255 Abs. 2 Satz 4 HGB besteht. Auch schied eine Qualifikation der Mietkosten als Fertigungsgemeinkosten aus.

2.4.5 Hinzurechnung von Wartungsgebühren bei Leasingverträgen

Auf den Leasingnehmer abgewälzte Wartungskosten sind laut BFH Teil der Leasingrate i.S. des § 8 Nr. 1 Buchst. d GewStG. Der Begriff der Leasingrate sei ebenso wie Miet- und Pachtzinsen wirtschaftlich zu verstehen. Die auf den Leasingnehmer vertraglich abgewälzten Wartungsgebühren gehören daher laut BFH grundsätzlich zu den hinzurechnungspflichtigen Leasingraten (BFH, Urteil v. 20.10.2022, III R 33/21, BStBl 2023 II S. 879).

Allein in der vom Leasinggeber erbrachten Finanzierungsleistung sieht der BFH keinen Grund, den Leasingvertrag im Rahmen der gewerbesteuerrechtlichen Hinzurechnung anders zu behandeln als den Mietvertrag, da die mietvertraglichen Elemente gegenüber den sonstigen Komponenten im Vordergrund stehen. Das gelte jedenfalls, soweit der Leasinggegenstand weiterhin wirtschaftlich dem Leasinggeber zugerechnet werde.

Hinweis

Auch bei Leasingverträgen ist für den BFH die **gesetzestypische Lastenverteilung** eines Miet- und Pachtvertrags entscheidend. Die Überlegung, dass sich eine vom gesetzestypischen Normalfall abweichende vertraglich festgelegte Abwälzung von Nebenkosten auf den Mieter bzw. Pächter mindernd auf die Miet-/Pachthöhe auswirke, gelte auch hier. Daher ließ der BFH auch nicht das Argument der Leasingnehmerin gelten, dass die Höhe der Leasingrate nicht durch die Übernahme der Wartungskosten beeinflusst wurde, sondern allein durch die Annuität und die Verwaltungskosten bestimmt worden war.

Die Argumentation ähnelt der kürzlich ergangenen BFH-Entscheidung zur gewerbesteuerlichen Hinzurechnung der auf den Mieter umgelegten Grundsteuer (BFH, Urteil v. 2.2.2022, III R 65/19, BStBl 2022 II S. 454). Auch dort argumentiert der BFH mit der gesetzestypischen Lastenverteilung eines Miet- und Pachtvertrags. Da sich eine Kostenüberwälzung in der Höhe der Miete oder Leasingrate widerspiegelt, sollen auch die Konsequenzen für die gewerbesteuerliche Hinzurechnung gleich sein.

Für Betroffene ist es ratsam, solche Kosten buchhalterisch möglichst direkt separat zu erfassen.

2.4.6 Hinzurechnung bei Messe-, Ausstellungs- und Kongressveranstaltern

Im Fall, der dem BFH-Urteil v. 19.1.2023 (III R 22/20 (NV), BFH/NV 2023 S. 716) zugrunde lag, konnten Auftraggeber bei der Veranstalterin ein Event oder eine Produktion regelmäßig als **Gesamtpaket** buchen (neben Nutzung der Location auch Organisation, wie u. a. Werbung, Bereitstellung Infrastruktur, Ablaufplanung etc.). Die Veranstalterin mietete entsprechend bewegliche und unbewegliche Wirtschaftsgüter für das Event oder die Produktion an. Wie auch das Finanzamt, rechnete die Vorinstanz diese Mietaufwendungen bei der Gewerbesteuer entsprechend nach § 8

Nr. 1 Buchst. d und e GewStG hinzu. Der BFH hob das Urteil der Vorinstanz auf und verwies es zur nochmaligen Prüfung zurück. Für ihn reichten die Feststellungen des FG für das Vorliegen von fiktivem Anlagevermögen nicht aus.

Hinweis

Für den BFH hat die Vorinstanz den Geschäftsgegenstand des Unternehmens nicht ausreichend berücksichtigt. Die in § 8 Nr. 1 Buchst. d und e GewStG vorausgesetzte **Anlagevermögenseigenschaft** hänge davon ab, ob die Veranstalterin längerfristig **dieselben oder wiederholt** kurzfristig vergleichbare Wirtschaftsgüter vorhalten muss, um mit diesen (entsprechend einem Produktionsmittel) immer wieder neue Events organisieren zu können (mit der Folge einer grundsätzlichen Hinzurechnung). In Abgrenzung dazu spreche für eine Einordnung als **fiktives Umlaufvermögen** (Folge: Verneinung der Hinzurechnung), wenn die betreffenden Wirtschaftsgüter voraussichtlich nur für einen **einzelnen Event** verwendet werden und es an der Austauschbarkeit mit anderen angemieteten beweglichen und unbeweglichen Wirtschaftsgütern fehlt. In diesem Fall könnten angemietete Locations oder Ausstattungsgegenstände für den BFH gewissermaßen in das Produkt „Event" eingehen.

2.4.7 Keine Hinzurechnung von Sponsoringaufwendungen

In seinem Urteil v. 23.3.2023 (III R 5/22, BStBl 2023 II S. 923) sah der BFH Sponsoringverträge als Verträge eigener Art mit **nicht trennbaren Leistungspflichten** an und verneinte die gewerbesteuerliche Hinzurechnung der Sponsoringaufwendungen insgesamt. Ein Großhandel sponsorte einen Sportverein, der im Gegenzug das Logo des Großhandels auf seinen Trikots präsentierte und bei Heimspielen als Bandenwerbung zeigte. Darüber hinaus wurde dem Sponsor das Vereinslogo zur Nutzung für Werbezwecke überlassen. Hinsichtlich der (analogen) Banden- und Trikotwerbung verneinte der BFH das für eine Hinzurechnung von Miet- und Pachtzinsen (§ 8 Nr. 1 Buchst. d und e GewStG) erforderliche Vorliegen eines Miet- und Pachtvertrags i.S. des bürgerlichen Rechts. Die abgeschlossenen Sponsoringverträge waren ihrem wesentlichen rechtlichen Gehalt nach keine Miet- bzw. Pachtverträge, sondern enthielten vielmehr wesentliche miet- bzw. **pachtfremde Elemente** (Werbung, Generierung von Wahrnehmbarkeit, Förderziel). Der Gesponsorte war nicht nur zur reinen Zurverfügungstellung der Flächen an sich verpflichtet, sondern darüber hinaus auch zur entsprechenden sportlichen Darbietung, bei der etwa die Trikots dann auch sichtbar werden (**werkvertragliche Elemente**). Hinsichtlich der Werbesequenzen auf den LED-Banden (digitale Werbeflächen) stand laut BFH nicht die Benutzung der digitalen Fläche, sondern die vom Verein zu erbringende Werbeleistung (Vereinbarung eines Arbeitsergebnisses) im Vordergrund.

Hinweis
Vor dem Hintergrund der Einordnung des Sponsoring-Vertragsverhältnisses als einheitliches und unteilbares Ganzes verneinte der BFH auch eine Hinzurechnung nach § 8 Nr. 1 Buchst. f GewStG (**Lizenzen**) wegen der Überlassung des Vereinslogos zu Werbezwecken des Großhandels.

2.4.8 Hinzurechnung von Lizenzen

Als (hinzurechnungspflichtige) Lizenzen i. S. des § 8 Nr. 1 Buchst. f GewStG gelten grundsätzlich nur solche Rechteüberlassungen, die aus einer privatrechtlich eingeräumten Nutzungsbefugnis und einem Abwehrrecht bestehen (geschützte Rechtsposition). Rechteüberlassungen ohne ein solches **Abwehrrecht** sind grundsätzlich nicht von § 8 Nr. 1 Buchst. f GewStG erfasst (ungeschützte Rechtsposition). Urheberrechte können grundsätzlich unter den Begriff der Rechteüberlassungen fallen, da es sich um eine geschützte Rechtsposition, also ein subjektives Recht an einem unkörperlichen Gut mit selbständigem Vermögenswert, handelt. Der BFH stufte **Kabelweitersenderechte** als übertragbare Rechte ein, weil ein urheberrechtlich geschütztes Recht an der Veröffentlichung eines Werks besteht und bejahte die Hinzurechnung von Aufwendungen eines Kabelnetzbetreibers (Lizenznehmer) für Kabelweitersendungsrechte (BFH, Urteil v. 23.2.2023, IV R 37/18, BStBl 2023 II S. 917). Für das Tatbestandsmerkmal der zeitlich befristeten Überlassung müsse nicht zwingend ein bestimmter Stichtag für das Ende der Überlassung bei Vertragsschluss bekannt sein. **Zeitlich befristet** überlassen i. S. v. § 8 Nr. 1 Buchst. f GewStG ist ein Recht für den BFH bereits, soweit und solange sein **Verbleib bei dem Berechtigten ungewiss** ist. Für die Annahme einer zeitlichen Begrenzung genüge bereits das Vorhandensein gesetzlicher Kündigungsmöglichkeiten, die auf bestimmte Fälle beschränkt sind.

Hinweis

In dem Urteil äußerte sich der BFH auch zu einzelnen Voraussetzungen sog. Durchleitungsrechte oder Vertriebslizenzen, die unverändert weitergegeben werden und nicht der Hinzurechnung unterliegen. Die Voraussetzungen dieser Ausnahme sah der BFH im konkreten Fall nicht.

2.4.9 Keine erweiterte Grundstückskürzung für Sondervergütungen

Die erweiterte gewerbesteuerliche Grundstückskürzung entfällt, soweit der Gewerbeertrag Sondervergütungen (Tätigkeitsvergütungen, Vergütungen für die Hingabe von Darlehen oder die Überlassung von Wirtschaftsgütern) i. S. v. § 15 Abs. 1 Satz 1 Nr. 2 Satz 1 EStG enthält. Ausgenommen von dieser Beschränkung sind Sondervergütungen i. S. v. § 9 Nr. 1 Satz 5 Nr. 1a Satz 1 GewStG für die **Überlassung von Grundbesitz** (Kerntätigkeit der Gesellschaft). Für den BFH ist § 9 Nr. 1 Satz 5 Nr. 1a GewStG (und damit der grundsätzliche Ausschluss der Kürzung, soweit Sondervergütungen vorliegen) auch dann anzuwenden, wenn der Empfänger der Sondervergütungen selbst nicht der Gewerbesteuer unterliegt (BFH, Urteil v. 9.3.2023, IV R 25/20, BStBl 2023 II S. 836).

Der BFH verneinte damit eine teleologische Reduktion der Norm für Fälle, in denen der **vergütungsempfangende Gesellschafter nicht** der **Gewerbesteuer** unterliegt. Die im konkreten Fall aus dem „Stehenlassen" von entnahmefähigen Gewinnanteilen der (nicht gewerbesteuerpflichtigen) Gesellschafter entstandenen Zinsen (Verzinsung der Darlehenskonten) unterfielen damit als Sondervergütungen nicht der erweiterten Kürzung.

Hinweis

Mit Urteil (ebenfalls) v. 9.3.2023 (IV R 11/20, BStBl 2023 II S. 830) bestätigte der BFH diese Auffassung. In diesem Urteil äußerte sich der BFH auch zu der **Bestandsschutzregelung** des § 9 Nr. 1 Satz 5 Nr. 1a Satz 2 GewStG für sog. Altvereinbarungen, wonach es für die zeitliche Beurteilung in den Fällen, in denen die Vergütungsvereinbarung **vor Begründung der Gesellschafterstellung** getroffen worden ist, auf die Begründung der Gesellschafterstellung ankomme. Daneben äußerte sich der BFH zur verfahrensrechtlichen Korrekturmöglichkeit eines Gewerbesteuermessbescheides in Fällen, in denen das

Finanzamt die Sondervergütung erst nachträglich erstmalig der Gewerbesteuer unterwerfen möchte. Entgegen der Auffassung der Finanzverwaltung verneinte der BFH eine Korrektur nach § 35b Abs. 1 GewStG.

2.4.10 Keine erweiterte Grundstückskürzung ohne Beteiligung am Vermögen

Eine Komplementär-GmbH, die nicht am Vermögen der grundbesitzverwaltenden GmbH & Co. KG beteiligt ist, verwaltet laut BFH bezüglich des Grundbesitzes der KG keinen eigenen Grundbesitz i. S. des § 9 Nr. 1 Satz 2 GewStG (BFH, Urteil v. 20.4.2023, III R 53/20, BStBl 2023 II S. 933). Konkret war eine Komplementär-GmbH ohne Vermögensbeteiligung an einer grundbesitzverwaltenden, nicht gewerblich geprägten KG (Zebragesellschaft) beteiligt. Für die Haftungsübernahme erhielt die Komplementärin eine Vergütung. Laut BFH konnte der Grundbesitz der KG der Komplementärin mangels Beteiligung am Vermögen nicht i. S. v. § 39 Abs. 2 Nr. 2 AO zugerechnet werden. Somit verwaltete die GmbH in Bezug auf den Grundbesitz der KG **keinen eigenen Grundbesitz**. Beruht das Entgelt für die Übernahme der Komplementärstellung auf dem Gesellschaftsvertrag, handele es sich daher um einen Ertrag aus der Verwaltung und Nutzung fremden Grundbesitzes.

Hinweis

Auch wenn die **Haftungsvergütung** auf einer schuldrechtlichen Grundlage beruht hätte (was im konkreten Fall nicht eindeutig feststand), wären die Voraussetzungen für die erweiterte Grundstückskürzung laut BFH nicht gegeben gewesen. Zwar könne eigener Grundbesitz (hier der GmbH selbst) grundsätzlich auch durch die Nutzung des Absicherungspotenzials für fremde Schuld gegen Entgelt eingesetzt werden. Das **Absicherungspotential** des eigenen Grundbesitzes und ggf. Kapitalvermögens werde jedoch nur dann (unschädlich) genutzt, wenn die Haftung nicht auf bestimmte Vermögensgegenstände beschränkt ist und das Vermögen **ausschließlich aus eigenem Grundbesitz** und ggf. Kapitalvermögen besteht. Befinden sich im Vermögen jedoch noch Beteiligungen an (rein) grundbesitzverwaltenden Personengesellschaften, scheide eine Gleichstellung der Nutzung des Absicherungspotentials von solchem Beteiligungsvermögen mit der Nutzung des Sicherungspotentials des eigenen Grundbesitzes (und Kapitalvermögens) aus. Die steuerrechtliche

Zurechnungsnorm des § 39 Abs. 2 Nr. 2 AO bewirke zivilrechtlich nicht, dass Gläubiger eines Gesellschafters auf diesem anteilig zuzurechnende Einzelwirtschaftsgüter des Gesellschaftsvermögens zugreifen können (keine unmittelbare Verwertbarkeit). Eine Nutzung des Absicherungspotentials von Grundbesitz liege somit nicht vor, wenn Beteiligungen als Haftungsmasse zur Verfügung gestellt werden.

2.4.11 Erweiterte Grundstückskürzung – keine allgemeine Bagatellgrenze

Auch die Tatsache, dass es sich bei der **Vergütung für die Haftungsübernahme** um eine vergleichsweise geringe Vergütung handelte, änderte im oben genannten Urteil III R 53/20 nichts am Ausschluss der erweiterten Kürzung. Vom grundsätzlichen Ausschließlichkeitsgebot des § 9 Nr. 1 Satz 2 GewStG seien auch in **Bagatellfällen** keine Ausnahmen wegen Geringfügigkeit oder des Verhältnismäßigkeitsgrundsatzes geboten.

Hinweis

Diese Sichtweise vertrat der BFH auch im Urteil v. 23.3.2023 (III R 49/20, BFH/NV 2023 S. 1033). Dabei spiele es zudem keine Rolle, ob die **Nebentätigkeit** (konkret durch eine GmbH erbrachte entgeltliche Reinigungsleistungen in einem fremden Gebäude) mit oder ohne Gewinnerzielungsabsicht (nur kostendeckend) ausgeübt werde oder geringfügig sei. In diesem Urteil äußerte sich der BFH auch zum Begriff der **Betreuungsleistungen** von Wohnungsbauten i.S. des § 9 Nr. 1 Satz 2 GewStG.

2.4.12 Besondere Unschädlichkeitsgrenze für Stromlieferungen

In § 9 Nr. 1 Satz 3 Buchst. b GewStG besteht eine besondere Unschädlichkeitsgrenze für Einnahmen aus der Lieferung von Strom im Zusammenhang mit dem Betrieb von Anlagen zur Stromerzeugung aus erneuerbaren Energien i.S.d. § 3 Nr. 21 EEG (Doppelbst. aa), wobei diese nicht an Letztverbraucher (mit Ausnahme von eigenen Mietern) erbracht werden dürfen oder aus dem Betrieb von Ladestationen für Elektrofahrzeuge oder Elektrofahrräder (Doppelbstb. bb).

Diese Einnahmen sind unschädlich für die **erweiterte Grundstückskürzung**, wenn sie im Wirtschaftsjahr nicht höher als 10 % der Einnahmen aus der Gebrauchsüberlassung des Grundbesitzes sind. Diese **Unschädlichkeitsgrenze** soll durch das Wachstumschancengesetz (Stand Bundestagbeschluss v. 17.11.2023) rückwirkend **für den EZ 2023** auf **20 %** erhöht werden. Die erforderliche Zustimmung des Bundesrats lag jedoch in 2023 noch nicht vor.

2.4.13 Erweiterte Grundstückskürzung bei Abschlusszahlung

Eigener Grundbesitz i. S. des § 9 Nr. 1 Satz 2 GewStG wird verwaltet und genutzt, wenn er zum Zweck der **Fruchtziehung aus zu erhaltender Substanz** eingesetzt wird, etwa durch Vermietung und Verpachtung. Für die Gewährung der erweiterten Kürzung ist aus Sicht des BFH dabei nicht maßgeblich, dass der in Rede stehende Gewerbeertrag einkommensteuerlich zu Einkünften aus Vermietung und Verpachtung führt. Der BFH sah daher eine anlässlich der Beendigung eines Mietvertrags vor Überlassung des Mietobjekts geleistete **Schlusszahlung** als Fruchtziehung aus zu erhaltender Substanz an, die der erweiterten gewerbesteuerlichen Grundstückskürzung unterliegt (BFH, Urteil v. 25.5.2023, IV R 33/19, BStBl 2023 II S. 927). Ebenfalls streitgegenständliche **Umbaumaßnahmen** sah der BFH aufgrund der unmittelbaren Veranlassung durch den Mietvertrag (einheitlicher Vorgang) nicht als gewerbliche (und damit schädliche) Tätigkeit nach § 15 Abs. 2 EStG an.

Hinweis

Der BFH ordnete die Schlusszahlung unabhängig von der Bezeichnung als Schadensersatz als Ertrag aus der Fruchtziehung aus eigenem Grundvermögen ein. Rechtsstreitigkeiten seien integraler Bestandteil der Nutzung und Verwaltung eigenen Grundbesitzes und dienten der ordnungsgemäßen Verwaltung des Grundbesitzes. Dies müsse auch dann gelten, wenn der Mietvertrag noch vor Übergabe der Mietsache einvernehmlich gegen Zahlung eines Geldbetrags aufgehoben werde. Die Anwendung des § 9 Nr. 1 Satz 2 GewStG setze nicht voraus, dass die Einnahmen nach ihrem wirtschaftlichen Gehalt unmittelbare Gegenleistung für die Überlassung der Nutzung des Mietobjekts sind (und damit zu Vermietungseinkünften i. S. des § 21 EStG führen). Zudem erfordere weder der Wortlaut noch der Zweck des § 9 Nr. 1 Satz 2 GewStG, dass die Übergabe des Mietobjekts bereits erfolgt oder der Anspruch auf Zahlung des Mietzinses entstanden ist.

2.4.14 Keine vorweggenommenen Betriebsausgaben

Die Gewerbesteuer als Realsteuer setzt einen Gewerbebetrieb i.S.v. § 15 Abs. 2 EStG voraus. Dabei müssen alle Voraussetzungen des § 15 Abs. 2 EStG erfüllt sein, insbesondere ist eine Beteiligung am allgemeinen wirtschaftlichen Verkehr erforderlich. In der Folge kommt eine Berücksichtigung von davor entstandenen (vorweggenommenen) Betriebsausgaben für die Gewerbesteuer nicht in Betracht. Diese Grundsätze überträgt der BFH auch auf Fälle eines **Betriebsübergangs im Ganzen** nach § 2 Abs. 5 GewStG (BFH, Urteil v. 30.8.2022, X R 17/21, BStBl 2023 II S. 396). Im konkreten Fall wurden wesentliche Betriebsgrundlagen eines Gewerbebetriebs verpachtet. Die in der Zeit zwischen Pachtbeginn und (Neu)-Eröffnung des Betriebs entstandenen Aufwendungen ließ der BFH nicht als vorweggenommene Betriebsausgaben für Zwecke der Gewerbesteuer zu.

Hinweis

Zwar ließ der BFH dahinstehen, ob eine Verpachtung überhaupt (wie von der Vorinstanz angenommen) ein Betriebsübergang im Ganzen i.S. des § 2 Abs. 5 GewStG sei. Jedenfalls sei auch in einem solchen Fall der Zeitpunkt der Beteiligung am allgemeinen wirtschaftlichen Verkehr (Zeitpunkt der Neueröffnung) für die Frage der Berücksichtigung von Betriebsausgaben entscheidend. Anders als dic Vorinstanz meinte, lag in der Übergangszeit bis zur Neueröffnung laut BFH damit auch **keine vorübergehende Unterbrechung** nach § 2 Abs. 4 GewStG vor. Eine von dem Übernehmer u.a. gerügte Verletzung des Art. 3 GG durch eine Ungleichbehandlung mit Fällen einer bloßen Unterbrechung, bei der Betriebsausgaben zu berücksichtigen wären, sah der BFH nicht.

Die Grundsätze zu vorweggenommenen Betriebsausgaben haben keine Anwendung auf Kapitalgesellschaften.

2.5 Umwandlungssteuer

2.5.1 Umsetzung der Umwandlungsrichtlinie

Am 28.2.2023 wurde das Gesetz zur Umsetzung der Umwandlungsrichtlinie (UmRUG) im Bundesgesetzblatt verkündet (BGBl 2023 I Nr. 51 v. 28.2.2023). Damit sind insbesondere die Änderungen im Umwandlungsgesetz mit Blick auf **grenzüberschreitende Vorgänge** nun grundsätzlich am 1.3.2023 in Kraft getreten.

In Kraft sind damit u.a. die erstmalig gesetzlich verankerten Regelungen zum grenzüberschreitenden **Formwechsel** sowie zur grenzüberschreitenden **Spaltung** in eine Kapitalgesellschaft eines anderen Mitgliedsstaates bzw. Vertragsstaats des Europäischen Wirtschaftsraums, die im neu eingefügten Sechsten Buch des Umwandlungsgesetzes („Grenzüberschreitende Umwandlung") mit anderen grenzüberschreitenden Umwandlungsvorgängen nun zusammengefasst geregelt sind.

2.5.2 Nachspaltungsveräußerungssperre

Der Buchwertansatz ist im Fall einer Spaltung u.a. ausgeschlossen, wenn durch die Spaltung die **Voraussetzungen für eine Veräußerung geschaffen** werden (§ 15 Abs. 2 Satz 3 UmwStG). Nach dem Wortlaut des bisherigen Satzes 4 ist davon auszugehen, wenn innerhalb von fünf Jahren nach dem steuerlichen Übertragungsstichtag Anteile an einer an der Spaltung beteiligten Körperschaft, die mehr als 20 % der vor Wirksamwerden der Spaltung an der Körperschaft bestehenden Anteile ausmachen, veräußert werden. Laut BFH hat der Satz 3 keinen eigenständigen, über die Fälle des Satzes 4 hinausgehenden Anwendungsbereich (kein eigenständiger Ausschlussgrund, BFH, Urteil v. 11.8.2021, I R 39/18, BFH/NV 2022 S. 297).

Mit dem Wachstumschancengesetz soll § 15 Abs. 2 UmwStG neu gefasst werden. Danach soll § 11 Abs. 2 UmwStG auch dann keine Anwendung finden, wenn durch die Spaltung eine Veräußerung an außenstehende Personen zwar nicht vollzogen, aber vorbereitet wird (s. dazu Kapitel Ausblick Tz. 7.4).

Hinweis

Laut Gesetzesstand v. 17.11.2023 (Bundestagsbeschluss) soll die angepasste Nachspaltungsveräußerungssperre bereits auf **Spaltungen** anzuwenden sein, bei denen die Anmeldung zur Eintragung in das für die Wirksamkeit des jeweiligen Vorgangs maßgebende öffentliche Register **nach dem 14.7.2023** (Tag der Veröffentlichung des Referentenentwurfs zum Wachstumschancengesetz) erfolgt (§ 27 Abs. 19 UmwStG). Die noch erforderliche Zustimmung des Bundesrats zum Wachstumschancengesetz erfolgte in 2023 nicht mehr. Hier bleibt abzuwarten, wie sich das Gesetzgebungsverfahren in 2024 weiterentwickelt.

2.5.3 Verlustverrechnungsverbot auch bei Einbringungen

Bei Umwandlungen ist der Ausgleich von positiven Einkünften des übertragenden Rechtsträgers mit verrechenbaren Verlusten, verbleibenden Verlustvorträgen, nicht ausgeglichenen negativen Einkünften und einem Zinsvortrag nach § 4h Abs. 1 Satz 5 EStG des übernehmenden Rechtsträgers im **Rückwirkungszeitraum** nicht möglich (Verlustverrechnungsverbot nach § 2 Abs. 4 Satz 3 UmwStG). Laut BFH gilt diese Vorschrift auch bei **Einbringung von Betriebsvermögen in eine Kapitalgesellschaft** (BFH, Urteil v. 12.4.2023, I R 48/20, BStBl 2023 II S. 888). Dies ergebe sich aus der Regelung des § 20 Abs. 6 Satz 4 UmwStG, und zwar unabhängig von einer Missbrauchsabsicht auf Seiten des Steuerpflichtigen. Zwar war § 2 Abs. 4 Satz 3 UmwStG im Gesetzgebungsverfahren des Jahressteuergesetzes 2013 zur Missbrauchsvermeidung eingeführt worden, jedoch findet sich dieser Gedanke nicht als Tatbestandsmerkmal wieder. Dafür spreche auch, dass in § 2 Abs. 4 Satz 6 UmwStG die einzige Ausnahme des Satzes 3 enthalten ist. Nach Satz 6 gilt das Verlustverrechnungsverbot des § 2 Abs. 4 Sätze 3 bis 5 UmwStG nicht, wenn das übertragende und übernehmende Unternehmen vor Ablauf des Übertragungsstichtags sog. verbundene Unternehmen i. S. v. § 271 Abs. 2 HGB sind. Auch wenn die Gewerbesteuer andere Begrifflichkeiten verwendet (z. B. „Gewerbeertrag“ statt „Einkünfte“), gilt § 2 Abs. 4 Satz 3 UmwStG laut BFH auch für die Gewerbesteuer. Verfassungsrechtliche Bedenken sah der BFH nicht.

Hinweis

Der BFH sah keinen Anlass, bei der Ermittlung der negativen Einkünfte des Übernehmers i. S. des § 2 Abs. 4 Satz 3 UmwStG den Aufwand aus der Bildung eines Investitionsabzugsbetrags i. S. v. § 7g Abs. 1 EStG außer Betracht zu lassen, der vom Übernehmer beantragt wurde.

2.5.4 Zuordnung von Kosten für den Vermögensübergang

Grunderwerbsteuerpflichtige Immobilientransaktionen führen beim Steuerschuldner stets zu der Frage nach der ertragsteuerlichen Behandlung der gezahlten Grunderwerbsteuer. Ob die Grunderwerbsteuer als Betriebsausgabe zu einer sofortigen Ertragsteuerminderung führt oder als Anschaffungsnebenkosten zu aktivieren ist, ist dabei grundsätzlich abhängig von der Art der Transaktion.

Für die in Folge einer mittelbaren Anteilsvereinigung nach § 1 Abs. 3 GrEStG festgesetzte Grunderwerbsteuer hat der BFH entschieden, dass diese als nichtobjektbezogene Kosten den sog. **Kosten für den Vermögensübergang** nach § 12 Abs. 2 Satz 1 UmwStG 2006 zuzuordnen ist. Die festgesetzte Grunderwerbsteuer bleibt daher als Teil des Übernahmeergebnisses außer Ansatz mit der Folge, dass diese dem Einkommen im Rahmen der Körperschaftsteuerfestsetzung dem Einkommen außerbilanziell hinzuzurechnen ist (BFH, Urteil v. 23.11.2022, I R 25/20, BStBl 2023 II S. 612). Diese Zuordnung richte sich nach dem **Veranlassungsprinzip**.

Hinweis

Da nur die sog. **nicht objektbezogenen Kosten** als Kosten des Vermögensübergangs i. S. des § 12 Abs. 2 Satz 1 UmwStG zu berücksichtigen sind, ist die Abgrenzung zu den sog. **objektbezogenen Kosten** (z. B. die Grunderwerbsteuer beim Grundstücksübergang) maßgebend. Letztere gehören zu den Anschaffungs(neben)kosten und sind daher zu aktivieren.

Die Sätze 1 und 2 in § 12 Abs. 2 UmwStG 2006 sollen bewirken, dass das verschmelzungsbedingte Übertragungsergebnis auf der Ebene der übernehmenden Körperschaft wie der Gewinn aus der Veräußerung einer Beteiligung i. S. des § 8b Abs. 2 Satz 1 KStG behandelt wird. Daher dürfen laut BFH die „Kosten für den Vermögensübergang" nicht nach anderen Grundsätzen ermittelt werden als die Veräußerungskosten i. S. des § 8b Abs. 2 KStG. Für eine solche Gleichstellung mit Veräußerungskosten spreche zudem der systematische Aspekt, dass Umwandlungsvorgänge immer als Anschaffungs- und Veräußerungsvorgänge behandelt werden. Nach der ständigen Rechtsprechung des BFH sind Veräußerungskosten und Betriebsausgaben danach abzugrenzen, ob ein Veranlassungszusammenhang zu der Veräußerung besteht. Abzustellen sei auf das „auslösende Moment" für die Entstehung der Aufwendungen und ihre größere Nähe zur Veräußerung oder zum laufenden Gewinn. Dies gelte auch für § 12 Abs. 2 Satz 1 UmwStG 2006.

Diese Grundsätze übertragend bedeutet, dass der fingierte Erwerb für die Entstehung der Aufwendungen (hier der Grunderwerbsteuer) ursächlich im Sinne eines Veranlassungszusammenhangs in der Sphäre der Übernehmerin ist. Für den Fall der Anteilsvereinigung komme es ausschließlich darauf an, ob die bestandskräftige Grunderwerbsteuerfestsetzung zu einer **wirtschaftlichen Belastung** geführt hat und durch den verschmelzungsbedingten Übergang der Beteiligung an der grundbesitzenden Gesellschaft veranlasst ist. Dies sei zu bejahen, da der Gegenstand der Besteuerung nach § 1 Abs. 3 Nr. 1 GrEStG die durch die Verschmelzung herbeigeführte Zuordnung aller Anteile in einer Hand ist. Das Gesetz fingiert mit Hilfe des Ersatztatbestands der Anteilsvereinigung einen zivilrechtlich nicht vorhandenen grundstücksbezogenen Erwerbsvorgang. Dieser stelle den maßgeblichen Besteuerungsgrund dar, d.h. die Grunderwerbsteuer fällt durch den Übergang der Beteiligung an der grundbesitzenden Gesellschaft an.

Hinweis

Unerheblich war für den BFH, ob die Grunderwerbsteuer rechtmäßig festgesetzt worden ist bzw. der bestandskräftig gewordenen Festsetzung „Tatbestandswirkung" zukommen kann. Das bedeutet, sofern Zweifel hinsichtlich der Rechtmäßigkeit der festgesetzten Grunderwerbsteuer bestehen, sollte gegen den Grunderwerbsteuerbescheid Einspruch eingelegt werden.

2.5.5 Entwurf des überarbeiteten UmwSt-Erlasses

Das BMF hat am 11.10.2023 einen Entwurf für die Aktualisierung des BMF-Schreibens v. 11.11.2011 (BStBl 2011 I S. 1314) zu den Grundsätzen der Anwendung des Umwandlungssteuergesetzes (sog. Umwandlungssteuererlass) an die Verbände übersandt. Der Entwurf beinhaltet u.a. Ausführungen zu den folgenden Bereichen des UmwStG:

- **Persönlicher Anwendungsbereich (§ 1 UmwStG)**: Anpassungen hinsichtlich der Änderungen durch das KöMoG (Wegfall von § 1 Abs. 2 UmwStG und Einführung des Optionsmodells nach § 1a KStG) sowie durch das sog. MoPeG (eingetragene GbR als umwandlungsfähiger Rechtsträger).
- **Sachlicher Anwendungsbereich des UmwStG bei der Beschreibung der verschiedenen Umwandlungsarten.** U.a. wird für Spaltungen ausgeführt, dass die sog. „nichtverhältniswahrende Spaltung" auch die Möglichkeit miteinschließe, dass ein Gesellschafter der übertragenden Gesellschaft überhaupt nicht an der übernehmenden Gesellschaft beteiligt wird (sog. „Spaltung zu Null"). Bei grenzüberschreitenden Umwandlungen erfolgen u.a. Anpassungen der Verweise auf die sich im Rahmen des sog. UmRuG aktualisierten Rechtsnormen des Umwandlungsgesetzes (§§ 305ff. UmwG). Bei letzteren, bzw. ausländischen Umwandlungen, werden im Übrigen keine erleichternden Anpassungen der erforderlichen Vergleichbarkeitskriterien für den Vergleich mit einer inländi-

schen Umwandlung geschaffen, vielmehr werden Konkretisierungen neu eingefügt, die das Festhalten an diesen bestätigen (u.a. Aufnahme eines Verweises auf das BMF-Schreiben v. 26.9.2014, BStBl 2014 I S. 1258 (LLC-Erlass)).

- **Reaktion auf das EuGH-Urteil v. 25.10.2017** (C-106/16, Polbud – Wykonawstwo): Ausführungen bzgl. Hinaus- und Hereinformwechsel.
- **Verlustverrechnungsverbot im Rückwirkungszeitraum nach § 2 Abs. 4 Satz 3 UmwStG**: Ergänzung dahingehend, dass hinsichtlich der verrechenbaren Verluste, der verbleibenden Verlustvorträge, der nicht ausgeglichenen negativen Einkünfte und des Zinsvortrags des übernehmenden Rechtsträgers keine zeitliche Beschränkung auf den Rückwirkungszeitraum bestehe. Auch soll das Verlustverrechnungsverbot unabhängig vom Vorliegen einer Missbrauchsabsicht auch bei Einbringungen anzuwenden sein und auch für die Ermittlung der Bemessungsgrundlage der Gewerbesteuer gelten (vgl. zum BFH-Urteil v. 12.4.2023, I R 48/20 Kapitel Rückblick Tz. 2.5.3).
- **Verschmelzung auf Personengesellschaften**: Aufnahme von Erläuterungen, dass beim übernehmenden Rechtsträger zum steuerlichen Übertragungsstichtag eine Abstockung auf den gemeinen Wert vorzunehmen sei, soweit der gemeine Wert der Anteile des übernehmenden Rechtsträgers an der übertragenden Körperschaft niedriger als deren Buchwert ist. Auf den sich daraus ergebenden Verlust ist ggf. § 8b Abs. 3 KStG bzw. § 3c Abs. 2 EStG anzuwenden (unter Hinweis auf BFH, Urteil v. 30.7.2014, I R 58/12, BStBl 2015 II S. 199). Daneben wird die Regelung ergänzt, dass wenn ausländische Anteilseigner von Körperschaften aufgrund der Umwandlung Mitunternehmer der Personengesellschaft werden, sie in die gesonderte und einheitliche Feststellung nach §§ 180ff. AO nur insoweit einzubeziehen sind, als ein Besteuerungsrecht hinsichtlich des Gewinns aus der Veräußerung der Anteile an der Körperschaft oder der Einkünfte i.S. des § 7 UmwStG bestanden hat. Es wird im Entwurf ergänzt, dass dies auch die Anrechnung der Kapitalertragsteuer auf die Bezüge nach § 7 UmwStG im Rahmen des Veranlagungsverfahrens zur Folge hat.
- **Einlage- und Überführungsfiktion nach § 5 Abs. 2 und 3 UmwStG**: Reaktion auf das BFH-Urteil v. 11.4.2019 (IV R 1/17, BStBl 2019 II S. 501), nach welchem im Fall des Formwechsels von einer Kapital- in eine Personengesellschaft die Besteuerung der offenen Rücklagen der Kapitalgesellschaft nach § 7 Satz 1 UmwStG bei nach § 5 Abs. 2 UmwStG fiktiv als eingelegt behandelten Anteilen als Gewinn der Gesamthand und nicht als Sondergewinn des bisherigen Anteilseigners zu behandeln ist.

- **Verschmelzung oder Vermögensübertragung zwischen Kapitalgesellschaften**: u.a. Ausführungen für den Fall der Abwärtsverschmelzung, dass auch die übergehende Beteiligung der übertragenden Gesellschaft an der übernehmenden Gesellschaft zu den übergehenden Wirtschaftsgütern i.S. des § 11 Abs. 1 Satz 1 UmwStG gehört (BFH, Urteil v. 30.5.2018, I R 31/16, BStBl 2019 II S. 136). Ebenso wird der Fall einer Abwärtsverschmelzung einer Mutterkapitalgesellschaft mit im Ausland ansässigen Anteilseignern aufgenommen. Weiter fügt das BMF einen Verweis auf das BFH-Urteil v. 9.1.2013 (I R 24/12, BStBl 2018 II S. 509) bzgl. der Regelung ein, dass ein Übernahmeergebnis i.S. des § 12 Abs. 2 Satz 1 UmwStG in allen Fällen der Auf-, Ab- und Seitwärtsverschmelzung – ungeachtet einer Beteiligung an der übertragenden Körperschaft – zu ermitteln ist.
- **Abspaltungen**: Ergänzung hinsichtlich der Frage nach der Übertragung eines Teilbetriebs, dass nach wirtschaftlichen Zusammenhängen zuordenbare Wirtschaftsgüter, die von mehreren Teilbetrieben genutzt und nicht aufgeteilt werden, einheitlich dem Teilbetrieb zuzuordnen sind, in dem sie überwiegend genutzt werden. Neu ergänzt wird zudem, dass ein Übernahmeergebnis i.S. des § 12 Abs. 2 Satz 1 i.V.m. § 15 Abs. 1 Satz 1 UmwStG nicht nur im Fall der Aufwärtsabspaltung, sondern auch in den Fällen der Abwärts- und Seitwärtsspaltung zu ermitteln ist, in denen die übernehmende Körperschaft zuvor nicht an der übertragenden Körperschaft beteiligt war. Dementsprechend sind Kosten für den Vermögensübergang auch in jenen Fällen nicht als Betriebsausgaben abziehbar (vgl. BFH, Urteil v. 9.1.2013, I R 24/12, BStBl 2018 II S. 509).
- **Formwechsel einer Personen- in eine Kapitalgesellschaft:** U.a. Festschreibung, dass jeweils die Anteile der Mitunternehmer an der formwechselnden Personengesellschaft Einbringungsgegenstand sind. Erfolgt die Übertragung des Gesamthandsvermögens und des Sonderbetriebsvermögens im zeitlichen und wirtschaftlichen Zusammenhang, liegt ein einheitlicher Vorgang vor, der insgesamt unter § 20 UmwStG fallen kann. Bei der Übertragung eines Teils eines Mitunternehmeranteils müsse auch jedes zugehörige (funktional wesentliche) Wirtschaftsgut des Sonderbetriebsvermögens anteilig mindestens in demselben Verhältnis übergehen, in dem der übertragene Teil des Anteils am Gesamthandsvermögen zum gesamten Anteil am Gesamthandsvermögen steht.
- **Sperrfristnorm nach § 22 UmwStG**: U.a. Ergänzung, dass ein Einbringungsgewinn I nicht der Gewerbesteuer unterliegt, wenn auch die Einbringung zum gemeinen Wert nicht gewerbesteuerpflichtig gewesen wäre. Zudem wird die Regelung des § 22 Abs. 2 Satz 5 UmwStG, nach der es insoweit nicht zur rück-

wirkenden Einbringungsgewinnbesteuerung kommt, wenn der Einbringende die erhaltenen Anteile bereits ganz oder teilweise veräußert hat, dahingehend erweitert, dass es hierzu nur kommt, wenn die vorangehende Veräußerung der erhaltenen Anteile durch den Einbringenden die vollständige Aufdeckung der stillen Reserven zur Folge hatte.

- **Folgeänderung KöMoG:** Anpassung von Randziffern zu den Auswirkungen von Umwandlungen auf eine Organschaft an die Gesetzesänderung durch das KöMoG (Einlagelösung statt Ausgleichsposten bei organschaftlichen Mehr-/Minderabführungen).

Hinweis

Der Entwurf sah eine Frist zur Stellungnahme durch die Verbände bis zum 6.12.2023 vor. Abzuwarten bleibt, ob der finale Erlass noch Änderungen erfährt. Zum Zeitpunkt des Redaktionsschlusses lag noch kein finaler Erlass vor.

2.5.6 Verschmelzung mit steuerlicher Rückwirkung

Nach § 4 Abs. 6 Satz 6 Alternative 2 UmwStG bleibt ein Übernahmeverlust vollständig außer Ansatz, soweit die Anteile an der übertragenden Körperschaft innerhalb der letzten fünf Jahre vor dem steuerlichen Übertragungsstichtag entgeltlich erworben wurden. Dieses **Verlustabzugsverbot** gilt laut BFH auch dann, wenn der übernehmende Rechtsträger die Anteile an der übertragenden Körperschaft tatsächlich erst nach dem steuerlichen Übertragungsstichtag angeschafft hat (BFH, Urteil v. 17.8.2023, III R 37/20, BFH/NV 2024 S. 150).

Hinweis

Des Weiteren entschied der BFH, dass weder § 4 Abs. 6 Satz 6 Alternative 2 UmwStG noch § 7 UmwStG im Fall von Verlusten, die auf der niedrigen steuerbilanziellen Bewertung von Pensionsrückstellungen beruhen, teleologisch zu reduzieren seien. Die Vorschriften seien insoweit auch nicht verfassungsrechtlich zweifelhaft.

2.6 Internationales Steuerrecht

2.6.1 Finale Verluste einer EU-Freistellungsbetriebsstätte

Laut EuGH steht die unionsrechtliche Niederlassungsfreiheit dem Untergang der sog. „finalen" Verluste von EU-Freistellungsbetriebsstätten nicht entgegen (EuGH, Urteil v. 22.9.2022, C-538/20, Rs. W). Dem folgte der BFH und verneinte die Berücksichtigung finaler Verluste einer Betriebsstätte bei der Körperschaft- und der Gewerbesteuer (BFH, Urteil v. 22.2.2023, I R 35/22 (I R 32/18), BStBl 2023 II S. 761). Im Fall der auf einem DBA beruhenden Freistellung sei strikt die sog. **Symmetriethese** einzuhalten. Der abkommensrechtliche Begriff der Betriebsstättengewinne beziehe sich auf einen Nettobetrag. Somit seien auch Betriebsstättenverluste nicht in die Bemessungsgrundlage der inländischen Steuer einzubeziehen.

Hinweis

Die Folgeentscheidung wie auch das EuGH-Urteil in der Rs. W bestätigten die Rechtsprechung in der Rs. Timac Agro (EuGH, Urteil v. 17.12.2015, C-388/14, BStBl 2016 II S. 362). In diesen Fällen beruht der „symmetrische" Ausschluss der Berücksichtigung der Betriebsstättengewinne und -verluste auf einer **bilateralen Vereinbarung (DBA) mit dem Betriebsstättenstaat**. Abzugrenzen sind diese Fälle vom EuGH-Urteil v. 12.6.2018 in der Rs. Bevola/Trock (C-650/16, BFH/NV 2018 S. 927), in dem ein unionsrechtlich anzuerkennender finaler Verlust angenommen wurde, da hier der Ausschluss des Besteuerungsrechts nicht auf einem DBA beruht, sondern auf einer unilateralen Entscheidung des nationalen Steuerrechts.

Auch hinsichtlich der **Gewerbesteuer** dürfen diese Verluste laut BFH nicht steuermindernd geltend gemacht werden, da Ausgangspunkt für die Gewerbesteuer die einkommens- und körperschaftsteuerliche Gewinnermittlung sei (§ 7 Satz 1 GewStG). Daher beruhe die Nichtberücksichtigung der „finalen" Verluste bei der Gewerbesteuer nicht auf einer Kürzung nach § 9 Nr. 3 GewStG, sondern allein auf der abkommensrechtlichen Freistellung.

Hinweis

Mit einem weiteren Urteil v. 12.4.2023 (I R 44/22 (I R 49/19, I R 17/16), BStBl 2023 II S. 974) bestätigt der BFH diese Rechtsprechung auch für den Fall einer italienischen Freistellungsbetriebsstätte. Dabei äußert sich der BFH auch zu den Voraussetzungen einer **qualifizierten Rückfallklausel**. Er bestätigte die grundsätzliche Anwendbarkeit der Rückfallklausel auch auf Verluste und stellte klar, dass eine effektive Besteuerung (jedenfalls) dann vorliege, wenn die Verluste in die **Steuerbemessungsgrundlage im Quellenstaat** einbezogen würden und mit positiven Einkünften eines anderen Veranlagungszeitraums ausgeglichen werden könnten. Nicht erforderlich sei dagegen, dass es zu irgendeinem Zeitpunkt tatsächlich zu einem Verlustausgleich komme. Im konkreten Fall waren jedoch die Voraussetzungen der Rückfallklausel nicht erfüllt. D.h. das Besteuerungsrecht war nicht an Deutschland zurückgefallen und es blieb bei dem auf einem DBA beruhenden symmetrischen Besteuerungsverzicht Deutschlands mit der Folge der Nichtberücksichtigung der finalen Verluste.

2.6.2 Anrechnung ausländischer Quellensteuer

Die Höhe der anzurechnenden ausländischen Quellensteuer nach § 34c EStG hängt u.a. maßgeblich davon ab, in welcher Höhe die ausländischen Einkünfte durch wirtschaftlich im Zusammenhang stehende Aufwendungen gemindert werden. Die Aufwendungen erfordern dabei laut BFH einen **spezifischen Veranlassungsbezug zu den Einnahmen**, der den Abzug von Aufwendungen in sachlicher und zeitlicher Hinsicht begrenzt. Ein wirtschaftlicher Zusammenhang von Aufwendungen mit **Lizenzeinnahmen** bestehe in sachlicher Hinsicht nur, soweit die Aufwendungen auf konkreten Lizenzeinnahmen und nicht allgemein auf Einkünften oder einer Einkunftsart bzw. Tätigkeitsart im Ausland beruhen. In zeitlicher Hinsicht sei der Anrechnungshöchstbetrag streng periodenbezogen zu ermitteln (BFH, Urteil v. 17.8.2022, I R 14/19, BFH/NV 2023 S. 293).

Hinweis

Im konkreten Fall überließ eine deutsche GmbH ihr Entwicklungsergebnis einer chinesischen Tochtergesellschaft zur Nutzung für die Produktion. Die dafür geleisteten Lizenzzahlungen unterlagen in China dem Quellensteuerabzug. Im selben Veranlagungszeitraum fielen im wirtschaftlichen Zusammenhang mit den Lizenzeinnahmen dieses Veranlagungszeitraums stehende Betriebsausgaben an. Zudem entstanden für laufende noch nicht abgeschlossene Entwicklungsarbeiten, die in späteren Jahren zu Lizenzvergaben und Lizenzeinnahmen geführt haben, weitere Aufwendungen. Entgegen der Ansicht des Finanzamts minderten die Aufwendungen aus dem Forschungsaufwand für künftige Entwicklungen laut BFH nicht den Höchstbetrag, so dass eine Anrechnung der Quellensteuer auf die deutsche Körperschaftsteuer erfolgen konnte.

2.6.3 Motivtest im Sinne des § 50d Abs. 3 EStG

Nach dem durch das AbzStEntModG v. 2.6.2021 (BGBl 2021 I S. 1259) neu gefassten § 50d Abs. 3 EStG greift die **Verneinung des Entlastungsanspruchs** nach Satz 1 **nicht**, soweit die Körperschaft, Personenvereinigung oder Vermögensmasse nachweist, dass keiner der Hauptzwecke ihrer Einschaltung die **Erlangung eines steuerlichen Vorteils** ist (Motivtest des § 50d Abs. 3 Satz 2 EStG). Das FG Köln sah in seinem Urteil v. 21.6.2023 (2 K 1315/13) den neuen Motivtest (sog. principal-purpose-Test) als erfolgreich geführt an. Bei dessen Prüfung sind laut FG die Konzernverhältnisse ausdrücklich zu berücksichtigen. Von Bedeutung seien daher organisatorische, wirtschaftliche oder sonst beachtliche Merkmale sowie Strukturen und Strategien der Unternehmensgruppe. Das FG gewährte daher die Erstattung.

Hinweis

Der neu gefasste § 50d Abs. 3 EStG ist in allen offenen Fällen anzuwenden, es sei denn, § 50d Absatz 3 in der Fassung, die zu dem Zeitpunkt galt, in dem die Einkünfte zugeflossen sind, steht dem Anspruch auf Entlastung nicht entgegen, § 52 Abs. 47b EStG. Laut BFH folge daraus eine Günstigerprüfung, wonach zunächst die Voraussetzungen des § 50d Abs. 3 EStG a.F. zu prüfen seien. Führen diese zum Ausschluss der Entlastung, sind laut BFH dann die Voraussetzungen des § 50d Abs. 3 EStG n.F. zu prüfen (vgl. BFH, Urteil v. 10.11.2021, I R 27/19, NV).

Gegen das Urteil des FG Köln wurde gegen die Nichtzulassung der Revision Beschwerde eingelegt, die beim BFH unter I B 31/23 anhängig ist.

Hinweis

In vergleichbaren Fällen, in denen der Motivtest von der Finanzverwaltung abgelehnt wird, sollte geprüft werden, ob die Ausführungen des FG genutzt werden können. Die Ausführungen des FG zum erfolgreichen Motivtest dürften in den Fällen von Bedeutung sein, in denen die Finanzverwaltung dem Motivtest den Erfolg versagt.

2.6.4 Aktualisierte EU-Blacklist

Die sog. EU-Blacklist wird auf europäischer Ebene regelmäßig zweimal jährlich aktualisiert. Am 17.10.2023 haben die Finanzminister der EU-Mitgliedstaaten im Rat der EU (ECOFIN) beschlossen, den **Annex I** der Liste **nicht-kooperativer Jurisdiktionen** um drei Länder zu erweitern: Antigua und Barbuda, Belize sowie Seychellen. Gleichzeitig werden drei Länder aus der Liste gestrichen (die Britischen Jungferninseln, Costa Rica und Marshallinseln). Damit umfasst die Liste weiterhin **sechzehn Länder**. Neben den drei neu gelisteten Staaten erfüllen die folgenden Länder die Maßgaben der EU nicht: Amerikanisch-Samoa, Anguilla, Bahamas, Fidschi, Guam, Palau, Panama, Russland (bereits Anfang 2023 in die EU-Blacklist aufgenommen), Samoa, Trinidad und Tobago, Turks- und Caicosinseln, Amerikanische Jungferninseln und Vanuatu.

Gleichzeitig haben die EU-Minister den **Annex II** der Liste nicht-kooperativer Jurisdiktionen („**EU-Greylist**") aktualisiert (Streichung von Jordanien, Katar, Montserrat und Thailand sowie Aufnahme der Britischen Jungferninseln). Darin werden Länder geführt, die u.a. angekündigt haben, Reformmaßnahmen gegen schädliche Steuerregime umzusetzen.

Hinweis

Die EU-Blacklist hat in Deutschland insbesondere Bedeutung für die Anwendung des Steueroasenabwehrgesetzes (vgl. Kapitel Rückblick Tz. 2.6.5), die Anzeigepflicht für grenzüberschreitende Steuergestaltungen („DAC6") und das öffentliche Country-by-Country Reporting. Für die Zwecke des StAbwG muss die aktualisierte Blacklist zur Transformation in innerstaatliches Recht in die Steueroasen-Abwehrverordnung aufgenommen werden (vgl. Regierungsentwurf v. 1.11.2023 zur Änderung der Steueroasen-Abwehrverordnung, BR-Drs. 559/23, Bundesratszustimmung am 15.12.2023). Die nächste Aktualisierung von Annex I und Annex II der Liste nicht-kooperativer Jurisdiktionen wird für Februar 2024 erwartet.

2.6.5 Anwendungsfragen zum Steueroasen-Abwehrgesetz

Das Steueroasen-Abwehrgesetz (StAbwG) v. 25.6.2021 (BGBl 2021 I S. 2056) enthält Maßnahmen im Verhältnis zu sog. nicht kooperativen Steuerhoheitsgebieten, die auf der sog. EU-Blacklist geführt werden (umgesetzt entsprechend in der Steueroasen-Abwehrverordnung – StAbwV). Die sog. Blacklist wird regelmäßig aktualisiert (vgl. Kapitel Rückblick Tz. 2.6.4).

Die Maßnahmen betreffen dabei:

- Nichtabzugsfähigkeit von Betriebsausgaben und Werbungskosten (§ 8 StAbwG),
- Verschärfte Hinzurechnung (§ 9 StAbwG),
- Quellensteuermaßnahmen (§ 10 StAbwG),
- Maßnahmen bei Gewinnausschüttungen und Anteilsveräußerungen (§ 11 StAbwG).

Die jeweilige zeitliche Anwendung der einzelnen (auf direkte Steuern beschränkten) Maßnahmen ist dabei gestuft. So finden die Abwehrmaßnahmen nach §§ 9 und 10 StAbwG ab dem Beginn des Folgejahres des Inkrafttretens der StAbwV Anwendung, die das betreffende nicht kooperative Steuerhoheitsgebiet erstmalig nennt (§ 3 Abs. 2 Satz 1 StAbwG). Die Maßnahmen des **§ 8 StAbwG** finden mit Bezug auf ein Steuerhoheitsgebiet erstmals ab dem **Beginn des vierten Jahres** nach Inkrafttreten derjenigen Fassung der StAbwV Anwendung, die das nicht kooperative Steuerhoheitsgebiet erstmalig (wieder) aufführt (§ 3 Abs. 2 Satz 2 i.V.m. Abs. 1 Satz 2 StAbwG). Die Maßnahmen des **§ 11 StAbwG** finden mit Bezug auf ein bestimmtes Steuerhoheitsgebiet erstmals ab dem **Beginn des dritten Jahres** nach Inkrafttreten derjenigen Fassung der StAbwV Anwendung, die das nicht kooperative Steuerhoheitsgebiet erstmalig (wieder) aufführt (§ 3 Abs. 2 Satz 2 i.V.m. Abs. 1 Satz 2 StAbwG).

Am 30.11.2023 veröffentlichte das BMF seinen Entwurf eines BMF-Schreibens zu Anwendungsfragen zum StAbwG. Dabei äußert es sich u.a. zu den Begriffen „Geschäftsbeziehungen“ oder „Beteiligungsverhältnisse“ als betroffene Geschäftsvorfälle (§ 7 StAbwG), an die Abwehrmaßnahmen des StAbwG knüpfen. Ebenfalls äußert sich der Entwurf u.a. zum Umfang der betroffenen Maßnahmen. So ordnet der Entwurf für Zwecke des **Verbots des Betriebsausgaben- oder Werbungskostenabzugs** nach § 8 StAbwG Absetzungen für Abnutzung als laufende Aufwendungen ein, die damit grundsätzlich vom Abzugsverbot erfasst werden. Für den Bereich der **Quellensteuermaßnahmen** (§ 10 StAbwG) enthält der Entwurf u.a. Ausführungen zur Abgrenzung des i.S. der Nr. 4 betroffenen Warenhandels. Laut Entwurf gehören Produktionstätigkeiten und Rohstoffgewinnung grundsätzlich nicht unter Nr. 4.

Für den Bereich der **Reisebranche** erläutert ein Beispiel, wann und in welchem Umfang Reiseveranstalter, die Reisen in ein nicht kooperatives Steuerhoheitsgebiet anbieten, den Quellensteuermaßnahmen nach dem StAbwG unterliegen. Dabei grenzt der Entwurf reine nicht der Quellensteuer unterliegende Nutzungsüberlassungen (z.B. Hotelzimmer, Mietwagen) von damit zusammenhängenden Dienstleistungen (z.B. Verpflegung) ab, die grundsätzlich den Quellensteuermaßnahmen unterliegen.

Hinweis

Das BMF hat den Verbänden die Möglichkeit eingeräumt, bis zum 9.1.2024 zum Entwurf Stellung zu nehmen. Es bleibt daher abzuwarten, ob sich im Vergleich zum Entwurf noch Änderungen ergeben.

2.6.6 Aussetzen bestimmter DBA durch Russland

Russland hat am 8.8.2023 per Präsidialdekret veranlasst, dass die DBA mit 38 „unfreundlichen“ Staaten in Teilen zeitweise ausgesetzt werden. Neben Deutschland sind u.a. die anderen EU-Mitgliedstaaten, die USA, UK, Australien, die Schweiz, Singapur und Japan von der Maßnahme betroffen. Die Regelung trat mit ihrer Veröffentlichung in Kraft.

Hinweis

Beim DBA mit Deutschland v. 29.6.1996 wirkt sich dies auf die Artikel 5 bis 22 sowie den Artikel 24 der Übereinkunft aus. Weiter sind die Absätze 2-7 des Protokolls zum DBA betroffen. Die Aussetzung führt insbesondere zum **Wegfall von vergünstigten Quellensteuersätzen** für Dividenden, Zinsen und

Lizenzgebühren ab dem 8.8.2023. In der Folge erhebt Russland auf Dividendenzahlungen nach Deutschland grds. eine Quellensteuer von 15 % (bisher 15 % bzw. ermäßigt 5 %), auf Zinsen und Lizenzgebühren grds. von 20 % (bisher 0 %). Durch die Suspendierung von Absatz 3 des Protokolls zum DBA entfällt auch eine abkommensrechtliche Grundlage, die bisher den Abzug von bestimmten **Kosten für Werbung** über die innerstaatlichen Vorgaben in Russland hinaus ermöglicht hat und die insbesondere für die **Konsumgüterindustrie** relevant war.

2.6.7 Koordinierte Außenprüfung

Koordinierte Außenprüfungen dienen der Aufklärung von grenzüberschreitenden Sachverhalten, insbesondere bei Verrechnungspreis- oder Betriebsstättenfragen, Gewinnverlagerungsfällen und grenzüberschreitenden Umstrukturierungen. Das FG Köln hat sich zu dem Tatbestandsmerkmal der „voraussichtlichen Erheblichkeit“ im Fall einer grenzüberschreitenden koordinierten Außenprüfung geäußert (FG Köln, Beschluss v. 17.1.2022, 2 V 827/21, rechtskräftig).

Hinweis

Bei der Durchführung koordinierter Außenprüfungen stellen sich eine Reihe von Fragen zum Rechtsschutz der Steuerpflichtigen, u. a. ob solche koordinierten Prüfungen auch dann zulässig sind, wenn zwischen den beteiligten Staaten selbst gar keine Geschäftsbeziehungen bestehen, die Gegenstand einer gemeinsamen Ermittlung sein können. So ist z. B. zu beobachten, dass sich insbesondere europäische Staaten im Rahmen solcher Prüfungen zusammenschließen, um z. B. das **Prinzipal-Verrechnungspreissystem** einer international tätigen Gruppe gemeinsam zu überprüfen. Geschäftsbeziehungen der lokalen Gesellschaften bestehen in diesen Fällen in der Regel nicht untereinander, sondern nur jeweils zu der Prinzipalgesellschaft. In der Regel nimmt der Prinzipalstaat an der Prüfung aber nicht teil und hat somit auch keinen Einfluss auf die Prüfungstätigkeiten.

Einen solchen Fall hat das FG Köln zugunsten der Finanzverwaltung entschieden. Das Gericht hatte im Rahmen des einstweiligen Rechtsschutzes die Rechtmäßigkeit der koordinierten Außenprüfung im Hinblick auf ein Franchisemodell und die

Angemessenheit der bei den Zahlungen angesetzten Preise innerhalb einer multinationalen Unternehmensgruppe zu beurteilen. Insbesondere wegen der Nichtteilnahme der die Zahlungen empfangenden Konzerngesellschaft an der koordinierten Außenprüfung vertrat der Kläger die Auffassung, dass die Informationen im Rahmen der koordinierten Außenprüfung nicht für die Durchführung der inländischen Besteuerung erheblich seien. Dem folgte das FG Köln jedoch nicht.

2.6.8 Tatsächliche Verständigung in grenzüberschreitenden Sachverhalten

Über die Annahme eines bestimmten Sachverhalts und über eine bestimmte Sachbehandlung kann eine tatsächliche Verständigung zwischen Steuerpflichtigen und Finanzbehörde getroffen werden. In den dazugehörigen Verwaltungsanweisungen (vgl. BMF, Schreiben v. 30.7.2008, BStBl 2008 I S. 831 und v. 15.4.2019, BStBl 2019 I S. 447) sind u.a. Regelungen enthalten, wer die tatsächliche Verständigung unterschreiben soll. Diese Regelung wird mit BMF-Schreiben v. 23.6.2023 (BStBl 2023 I S. 1074) dahingehend verschärft, dass bei grenzüberschreitenden Sachverhalten die (ggf. ausländische) **Konzernspitze** ebenfalls **unterschreiben** sollte.

Hinweis

Ebenfalls wurde ergänzt, dass bei **grenzüberschreitenden** Sachverhalten die **tatsächliche Verständigung** nur **zurückhaltend** angewendet werden soll (Rz. 4.1), was der bisherigen Anwendungspraxis der Finanzverwaltung entsprechen dürfte. Dabei wird auch auf alternative Instrumente der grenzüberschreitenden Betriebsprüfung sowie der Schätzung von Besteuerungsgrundlagen nach § 162 Abs. 2 bis 4 AO hingewiesen.

2.6.9 Löschung einer britischen Limited aus dem britischen Handelsregister

Mit BMF-Schreiben v. 19.7.2023 (BStBl 2023 I S. 1567) äußert sich die Finanzverwaltung zu den steuerlichen Folgen einer nach dem 31.12.2020 vorgenommenen Löschung einer britischen Limited aus dem britischen Handelsregister (Companies House).

Nach dem Brexit und dem Ablauf des Übergangszeitraums zum 31.12.2020 handelt es sich aus deutscher Sicht bei einer nach UK-Recht gegründeten Limited um eine **Drittstaatengesellschaft**, auf die grundsätzlich die sog. **Sitztheorie** anzuwenden ist. So unterliegt eine Limited mit Verwaltungssitz in Deutschland ab dem 1.1.2021 dem deutschen Gesellschaftsrecht und wird zivilrechtlich als diejenige Rechtsform qualifiziert, deren Voraussetzung sie tatsächlich erfüllt (vgl. Rn. 1ff.).

Ertragsteuerlich wird eine im Companies House registrierte Limited mit Sitz in UK und Geschäftsleitung im Inland weiterhin als Kapitalgesellschaft beurteilt (vgl. Rn. 6ff.). In dem Schreiben erläutert das BMF die aus der Löschung aus dem britischen Handelsregister resultierenden steuerlichen Folgen einer Schlussbesteuerung unter Aufdeckung der stillen Reserven und der Auskehrung des vorhandenen Eigenkapitals. Die ertragsteuerliche Behandlung hängt dabei u.a. davon ab, ob die **Beteiligung** im **Privat- oder Betriebsvermögen** gehalten wurde (vgl. Rn. 12ff.). Beim Sonderfall einer „restoration“ wird die Limited rückwirkend wiederbelebt und eine ggf. zuvor beendete Steuerpflicht lebt erneut auf (vgl. Rn. 16). Das BMF äußert sich auch zu den **umsatzsteuerlichen Folgen der Löschung** (vgl. Rn. 15).

Hinweis

Das BMF-Schreiben ist auf alle Sachverhalte anzuwenden, in denen die Löschung der Limited im britischen Handelsregister nach dem 31.12.2020 erfolgte. Für die Fälle, in denen die Limited vor dem 1.1.2021 gelöscht wurde, sind die BMF-Schreiben v. 6.1.2014 (BStBl 2014 I S. 111) und 19.10.2017 (BStBl 2017 I S. 1437) weiter anzuwenden (vgl. Rn. 17).

2.6.10 Qualifikation als Betriebsstätte im Dienstleistungsbereich

Ob eine Betriebsstätte i.S. eines DBA vorliegt, hängt u.a. davon ab, ob eine „Verwurzelung“ des Unternehmens mit dem Ort der Ausübung der unternehmerischen Tätigkeit vorhanden ist. Das Sächsische FG entschied mit Urteil v. 30.11.2017 (1 K 123/17), dass eine solche **Verwurzelung** z.B. dann gegeben sei, wenn einem Flugzeugingenieur als Subunternehmer am Ort seines Wartungsauftrags ein Spind zur **Aufbewahrung seiner Werkzeuge** zur Verfügung gestellt wird. Insoweit liege auch nach Auffassung des BFH eine feste Einrichtung i.S.d. DBA-Großbritannien vor (BFH, Beschluss v. 9.1.2019, I B 138/17, NV).

Mit Urteil v. 7.6.2023 (I R 47/20, BFH/NV 2023 S. 1291) bejahte der BFH das Vorliegen einer **Betriebsstätte** für einen im Ausland ansässigen Flugzeugingenieur, da diesem im Inland ein **persönlicher Spind** zur **Aufbewahrung der Privatkleidung** während der Arbeitszeit und der Arbeitskleidung während der Freizeit zur Verfügung stand. Insoweit lag laut BFH auch kein Warenlager i.S. des DBA-Großbritannien vor, das eine Betriebsstätte unter Umständen ausschließen würde. Vielmehr reicht die Zurverfügungstellung des Spinds aus, um eine „Verwurzelung“ mit dem Ort der Ausübung zu begründen, auch wenn in dem Spind tatsächlich kein Werkzeug aufbewahrt wurde (im Gegensatz zum erstgelagerten Fall).

Hinweis
In dem Urteil setzt der BFH niedrige Anforderungen an das Vorliegen einer Betriebsstätte. Er befasst sich mit der Frage, unter welchen Voraussetzungen ausländische Dienstleister in fremden Räumlichkeiten eine inländische Betriebsstätte begründen können.

2.7 Außensteuerrecht

2.7.1 Kein Ansatz fiktiver Aufschlagsätze

Für die **Gewinnabgrenzung** zwischen Stammhaus und Betriebsstätte wurde mit § 1 Abs. 5 AStG der sog. Authorised OECD Approach (AOA), welcher eine **Selbstständigkeitsfiktion** von **Betriebsstätten** vorsieht, in nationales Recht umgesetzt. Danach ist für Transaktionen zwischen Stammhaus und Betriebsstätte grundsätzlich der Fremdvergleichsgrundsatz maßgebend. Konkretisiert wird die Norm des § 1 Abs. 5 AStG durch die Betriebsstättengewinnaufteilungsverordnung (BsGaV). In Fällen von Bau- und Montagebetriebsstätten gilt gemäß § 32 BsGaV die **Mitwirkung** der Betriebsstätte an dem Bau- und Montagevertrag widerlegbar als anzunehmende **schuldrechtliche Beziehung**. Diese soll als Dienstleistung der Bau- und Montagebetriebstätte gegenüber dem Stammhaus anzusehen sein und regelmäßig nach einer kostenorientierten Verrechnungspreismethode vergütet werden.

Sowohl das FG Nürnberg als auch das FG München entschieden, dass in den zugrundeliegenden Sachverhalten zwischen Stammhaus und Betriebsstätte kein Ansatz fiktiver Aufschlagsätze zu erfolgen hat, sondern lediglich Kosten erstattet werden sollten (FG Nürnberg, Urteil v. 27.9.2022, 1 K 1595/20 und FG München, Urteil v. 10.07.2023, 7 K 1938/22). Für das Vorliegen einer anzunehmenden schuldrechtlichen Beziehung i.S. des § 1 Abs. 5 AStG (ein sog. „Dealing“) lagen keine Anhaltspunkte vor. Im Gegensatz zum Urteil des Nürnberger FG fällt die Begründung des FG München umfangreicher aus. Zudem stellt das FG München klar, dass es sich bei der Norm des § 1 Abs. 5 AStG nicht um eine Betriebsstättengewinnermittlungsvorschrift, sondern um eine **Korrekturnorm** handelt. Daher ist

§ 1 Abs. 5 AStG – mangels Einkünfteermittlungscharakter der Norm – für die Zuordnung von Erträgen und Aufwendungen aus Außentransaktionen bedeutungslos.

Hinweis

Das Urteil des FG Nürnberg ist unter dem Az. I R 45/22 und das Urteil des FG München ist unter dem Az. I R 49/23 beim BFH anhängig. Der BFH wird sich insbesondere zum Verhältnis von § 1 Abs. 5 AStG i.V.m. § 1 Abs. 5 BsGaV und den allgemeinen Gewinnermittlungsregelungen im deutschen Steuerrecht äußern müssen. In vergleichbaren Fällen sollten Steuerpflichtige prüfen, die Verfahren offenzuhalten.

2.7.2 Neue Verwaltungsgrundsätze Verrechnungspreise

Mit BMF-Schreiben v. 6.6.2023 hat das BMF seine Grundsätze der Einkünftekorrektur gemäß § 1 AStG sowie zur Anwendung des internationalen Fremdvergleichsgrundsatzes überarbeitet (Verwaltungsgrundsätze Verrechnungspreise 2023; VWG VP 2023). Neu aufgenommen wurden Ausführungen zu der kürzlich neu gefassten **Funktionsverlagerungsverordnung** (FVerlV).

Nachdem die FVerlV an das AbzStEntModG (BGBl 2021 I S. 1259) angepasst und neu gefasst wurde (u.a. Konkretisierung der Bestimmungen zur Funktionsverlagerung und Überführung in einen neuen § 1 Abs. 3b AStG sowie gesetzliche Definition des Transferpakets), folgte nun die Einarbeitung der FVerlV in die VWG VP (Kapitel III, Unterkapitel I). In diesem Teil äußert sich das BMF insbesondere zur **Bestimmung** und **Verlagerung einer Funktion**, zum **Transferpaket** und zur **Wertermittlung**. Ergänzend sind dem Schreiben in einer weiteren Anlage erläuternde Beispiele zur FVerlV beigefügt.

In Bezug auf die **Finanzierungsbeziehungen** (Kapitel III, Unterkapitel J) wurde die BFH-Rechtsprechung zur Bestimmung **fremdüblicher Darlehenszinsen** auf Konzerndarlehen (Urteile v. 18.5.2021, I R 4/17, BStBl 2023 II S. 678 und v. 13.1.2022, I R 15/21, BStBl 2023 II S. 675) in das BMF-Schreiben übernommen.

Hinweis

Die neuen VWG VP sind grundsätzlich auf alle offenen Fälle und damit rückwirkend anzuwenden. Die in Kapitel I enthaltenen Aussagen zur Funktionsverlagerung sind dagegen im Einklang mit der zum 1.1.2022 neu gefassten FVerlV auf Funktionsverlagerungen anzuwenden, die nach dem 31.12.2021 verwirklicht werden. Mit der Veröffentlichung der VWG VP 2023 im BStBl wird die vorherige Fassung v. 14.7.2021 (BStBl 2021 I S. 1098) sowie der Nichtanwendungserlass v. 30.3.2016 zu den BFH-Urteilen I R 23/13 und I R 29/14 aufgehoben.

2.7.3 Voraussetzungen einer Funktionsverlagerung

Im Jahr 2021 hat der Gesetzgeber mit dem AbzStEntModG v. 2.6.2021 (BGBl 2021 I S. 1259) mit Wirkung zum 1.1.2022 die bisherige Vorschrift zur Funktionsverlagerung im neuen § 1 Abs. 3b AStG verankert und erstmalig das **Transferpaket** legal definiert. Wurde zuvor darauf abgestellt, dass Wirtschaftsgüter und sonstige Vorteile verlagert werden, ist laut der Neuregelung nur noch erforderlich, dass Wirtschaftsgüter **oder** sonstige Vorteile verlagert werden. In Reaktion auf die Gesetzesänderung wurde zudem die Funktionsverlagerungsverordnung zum 1.1.2022 neu gefasst und in den VWG VP 2023 die Verwaltungssicht angepasst (vgl. vorherige Tz. 2.7.2).

Erstmals hat sich das Niedersächsische FG dezidiert zu den Voraussetzungen einer Funktionsverlagerung nach der im Streitjahr geltenden Fassung des § 1 Abs. 3 Satz 9 AStG a.F. geäußert (Urteil v. 16.3.2023, 10 K 310/19). Streitig war, ob die Verlagerung einer Produktionsfunktion in Folge der **Schließung einer Produktionsstätte** eine Funktionsverlagerung darstellt und ein Entgelt zu entrichten gewesen wäre (Transferpaket). Das FG setzt sich in seinem Urteil dezidiert mit dem Begriff der „Funktion“ und „Funktionsverlagerung“ auseinander und misst dem Übergang einer vermögenswerten Position erhebliche Bedeutung bei. Das Urteil ist vor dem Hintergrund der bislang mangelnden Rechtsprechung zur Funktionsverlagerung von enormer Praxisrelevanz.

Hinweis

Das Urteil ist beim BFH unter dem Az. I R 43/23 anhängig. Die Ausführungen des FG sind auch für die aktuell geltende Rechtslage von Bedeutung.

2.7.4 Entwurf des neuen AStG-Anwendungserlasses

Mit dem ATAD-Umsetzungsgesetz v. 25.6.2021 (BGBl 2021 I S. 2035) wurden zum 1.1.2022 u.a. die Vorschriften zur **Hinzurechnungsbesteuerung** und zur **Wegzugsbesteuerung** neugefasst. Vor diesem und u.a. auch vor dem Hintergrund der verschärften Hinzurechnungsbesteuerung nach dem Steueroasenabwehrgesetz veröffentlichte die Finanzverwaltung am 19.7.2023 einen Entwurf für die Aktualisierung des BMF-Schreibens zu den Grundsätzen zur Anwendung des Außensteuergesetzes („AStG-Erlass"). Er soll den bisherigen AStG-Erlass v. 14.5.2004 (BStBl 2004 I S. 3) ersetzen.

Hinweis

Die Vorschrift des § 6 AStG bestimmt für natürliche Personen, dass es u.a. zu einer **Veräußerungsgewinnbesteuerung** bei Anteilen an Kapitalgesellschaften im Privatvermögen kommt, wenn die unbeschränkte Steuerpflicht in Deutschland infolge der Aufgabe des Wohnsitzes oder des gewöhnlichen Aufenthalts endet. Bei einer **nur vorübergehenden Abwesenheit** entfällt aber der Steueranspruch aufgrund der sog. Wegzugsbesteuerung.

Der Entwurf enthält u.a. Ausführungen zu den Fragen rund um die sog. „Rückkehrregelung" (Rückkehrabsicht und tatsächliche Rückkehr; s. Kapitel Rückblick Tz. 2.7.8) sowie zur Fälligkeit des Steueranspruchs.

Außerdem enthält der Erlassentwurf umfassende Ausführungen zu den Voraussetzungen des im Zuge der ATAD-Umsetzung neu gefassten **Beherrschungskriteriums** nach § 7 AStG, insbesondere zu mittelbaren Beteiligungen und der Anwendung der allgemeinen Hinzurechnungsbesteuerung auf beschränkt Steuerpflichtige. Darüber hinaus trifft das BMF Aussagen zur Voraussetzung des Nahestehens durch abgestimmtes Verhalten und das Verhältnis der Hinzurechnungs- und Investmentbesteuerung.

Im Rahmen von § 8 AStG (**Einkünfte von Zwischengesellschaften**) äußert sich die Finanzverwaltung zu Einzelheiten des gesetzlichen Aktivkatalogs. Einführend wird auf Basis von BFH-Rechtsprechung bestimmt, dass Einzeltätigkeiten mit einem erheblichen wirtschaftlichen Eigengewicht nicht zusammenzufassen, sondern eigenständig unter den Katalog des § 8 Abs. 1 AStG zu subsumieren sind, selbst wenn sie mit anderen Tätigkeiten in einem wirtschaftlichen Zusammenhang stehen. Besonders praxisrelevant sind dabei die Mitwirkungstatbestände bei Handel und Dienstleistungen sowie die erstmals normierten Korrespondenzregelungen bei Gewinnausschüttungen und Umwandlungssachverhalten.

Im Rahmen der Ausführungen zum **Gegenbeweis** nach § 8 Abs. 2 AStG definiert das BMF u.a. die Substanzkriterien, insbesondere den Begriff der sog. wesentlichen wirtschaftlichen Tätigkeit sowie die sachliche und personelle Ausstattung, näher. Explizit führt das BMF aus, dass gemäß dem Wortlaut der Gegenbeweis nicht in Drittstaatenfällen anzuwenden ist, außer es handelt sich um Kapitalanlagegesellschaften i.S. des § 13 AStG. Nach der Auffassung des BMF soll § 13 AStG aber nur auf die **nicht beherrschten Kapitalanlagegesellschaften** Anwendung finden.

Hinweis

Die Ausführungen zur **Niedrigsteuergrenze** stellen weiterhin auf 25 % ab, hier erfolgte keine Abstimmung auf die im Mindestbesteuerungsrichtlinien-Umsetzungsgesetz erfolgte Absenkung der Niedrigsteuergrenze auf 15 % (vgl. Kapitel Ausblick Tz. 6.3).

Das BMF nimmt umfassend zur in § 10 AStG geregelten Ermittlung, Qualifikation und Besteuerung des **Hinzurechnungsbetrags** Stellung und äußert sich zudem sehr ausführlich anhand von Beispielen zum neu eingeführten sog. **Kürzungsbetrag** des § 11 AStG. Mit dem ATAD-Umsetzungsgesetz wurde das bisherige Entlastungssystem in Fällen der sog. **nachlaufenden Dividende** durch Streichung der Steuerbefreiungsvorschrift des § 3 Nr. 41 EStG und Einführung eines sog. Kürzungsbetrags nach § 11 AStG reformiert. Erhält der Steuerpflichtige aus der Beteiligung an einer ausländischen Gesellschaft, für die Hinzurechnungsbeträge der Einkommen- und Körperschaftsteuer unterlegen haben, Bezüge i.S. des § 20 Abs. 1 Nr. 1, Nr. 3 oder Nr. 3a EStG, ist bei der Ermittlung der Summe der Einkünfte nun ein Kürzungsbetrag abzuziehen; dies gilt auch für Veräußerungsgewinne.

Der Erlassentwurf enthält auch wesentliche Änderungen und umfangreiche Ergänzungen zur Anwendung der Vorschriften über die Steueranrechnung (§ 12 AStG), die Beteiligung an Kapitalanlagegesellschaften (§ 13 AStG) und die verfahrensrechtlichen Pflichten des Steuerpflichtigen (Mitwirkungs-, Aufklärungs- und Erklärungspflichten gem. §§ 16 bis 18 AStG). Auch nimmt das BMF detailliert Stellung zur sog. **Switch-Over-Klausel** des § 20 Abs. 2 AStG, die in bestimmten Fällen einen Wechsel von der Freistellungs- zur Anrechnungsmethode vorsieht und bislang keine ausführliche Erwähnung im Erlass fand.

Hinweis

Der aktualisierte AStG-Erlass soll für die Anwendung des AStG in der ab dem 1.7.2021 geltenden Fassung anwendbar sein. Zum Redaktionsschluss lag der finale Erlass noch nicht vor.

2.7.5 Fristverlängerung für AStG-Feststellungserklärungen

Aufgrund der ab dem 1.1.2022 anzuwendenden umfangreich durch das ATAD-Umsetzungsgesetz geänderten Regelungen zur **Hinzurechnungsbesteuerung** verlängert das BMF die Fristen für die **Abgabe der Erklärungen** zur gesonderten und ggf. einheitlichen Feststellung nach § 18 Abs. 1 bis 4 AStG und für die Abgabe der Anzeigen nach § 18 Abs. 3 Satz 2 AStG für das Feststellungsjahr 2022 für **nicht beratene Fälle** auf den **31.7.2024** (BMF, Schreiben v. 11.9.2023, BStBl 2023 I S. 1581). Die Fristverlängerung betrifft die im Feststellungsjahr 2022 abzugebenden Erklärungen und gilt damit offenbar sowohl für die nach altem Recht (vor ATAD-UmsetzungsG) aus dem VZ 2021 stammenden Hinzurechnungsbeträge als auch für die im Feststellungsjahr 2022 erstmals phasengleich nach neuem Recht hinzuzurechnenden Beträge.

Hinweis

Für **beratene Fälle** endet die Abgabefrist nach der allgemeinen durch die Corona-Steuergesetzgebung verlängerten Frist ebenfalls am 31.7.2024.

In seinem aktuellen Schreiben weist das BMF darauf hin, dass aufgrund der umfassenden Gesetzesänderungen die Feststellungserklärungen und Anzeigen nach § 18 AStG für die Feststellungsjahre ab 2022 nach den **neuen Vordrucken** abzugeben sind. Zum Zeitpunkt des Redaktionsschlusses waren die neuen Vordrucke noch nicht verfügbar.

2.7.6 Zweifel an der Hinzurechnungsbesteuerung

Der BFH äußert in einem Verfahren des einstweiligen Rechtsschutzes gewichtige verfassungs- und unionsrechtliche Zweifel an der aktuell geltenden AStG-Niedrigsteuergrenze i. H. v. 25 %. Da sich aber im Streitfall selbst bei einer gedachten verfassungskonformen Anpassung der Niedrigsteuergrenze die Rechtslage des Antragsstellers nicht verbessern würde, blieb die Beschwerde gegen die Nichtgewährung einer AdV im konkreten Fall (Nullbesteuerung) jedoch ohne Erfolg (BFH, AdV-Beschluss v. 13.9.2023, I B 11/22).

Hinweis

Den vom BFH geäußerten Zweifeln dürfte für die Zukunft, mit der vom Gesetzgeber im Rahmen des Mindestbesteuerungsrichtlinien-Umsetzungsgesetzes beabsichtigten Absenkung der **AStG-Niedrigsteuergrenze** auf 15 % Abhilfe geschaffen werden (s. Kapitel Ausblick Tz. 6.3).

2.7.7 Switch-over-Klausel und Inländerbeherrschung

In zwei Entscheidungen hat sich das FG Düsseldorf zu den **Voraussetzungen des Methodenwechsels** von der Freistellungs- zur Anrechnungsmethode nach § 20 Abs. 2 AStG (Switch-over-Klausel) geäußert. Konkret war fraglich, ob neben den Tatbestandsmerkmalen der **Niedrigbesteuerung** und dem Vorliegen **passiver Einkünfte** auch im Falle des § 20 Abs. 2 AStG die **Inländerbeherrschung** zu prüfen ist. Die Finanzverwaltung vertritt die Auffassung, dass die Rechtsfolge des § 20 Abs. 2 AStG ungeachtet des Umfangs der Beteiligung eintritt (sog. gesellschafterbezogene Sichtweise, vgl. Tz. 4.1.1.2.2 des BMF-Schreibens v. 26.09.2014, BStBl 2014 I S. 1258). Nach der in der Fachliteratur herrschenden sog. gesellschaftsbezogenen Sichtweise müsse der inländische Steuerpflichtige dagegen zu mehr als 50 % an der Personengesellschaft beteiligt sein.

Das FG Düsseldorf hat sich der zweiten Auffassung angeschlossen und entschieden, dass die Vorschrift entgegen der Verwaltungsauffassung das Vorliegen einer **mehrheitlichen Beteiligung** erfordere (FG Düsseldorf, Urteile v. 18.4.2023, 6 K 3278/19 K sowie 6 K 501/20 K). Hierfür spricht laut FG bereits der Wortlaut des § 20 Abs. 2 AStG. Dieser ordnet eine hypothetische Betrachtungsweise an („falls diese Betriebsstätte eine ausländische Gesellschaft wäre"). Was unter einer ausländischen Gesellschaft i.S. des AStG zu verstehen ist, definiert § 7 Abs. 1 Satz 1 AStG, und zwar i.S. einer beherrschten Gesellschaft. Weiter hat das FG den systematischen Zusammenhang mit § 20 Abs. 1 AStG berücksichtigt, der auch auf die §§ 7ff. AStG und nicht nur auf die §§ 8ff. AStG verweist. Ferner sprechen der Sinn und Zweck der Vorschrift, eine **Umgehung der Hinzurechnungsbesteuerung** zu verhindern, dafür, auch in diesen Fällen auf eine mehrheitliche Beteiligung abzustellen.

Hinweis

Die Urteile sind beim BFH unter dem Az. I R 28/23 und I R 29/23 anhängig. Die Urteile betreffen zwar die Vorschrift des § 20 Abs. 2 AStG a.F., die Rechtsfrage ist aber laut FG für die aktuell gültige Fassung der Norm ebenfalls von Bedeutung.

2.7.8 Rückkehrabsicht bei Wegzugsbesteuerung

Bei Wegzug einer im Inland unbeschränkt steuerpflichtigen natürlichen Person wird bei Erfüllen weiterer Voraussetzungen (z.B. bestimmte Dauer der unbeschränkten Steuerpflicht und Betrachtungszeitraum) ein **Veräußerungsgewinn i.S. des § 17 Abs. 1 Satz 1 EStG** auch ohne Veräußerung der Anteile **fingiert** (§ 6 Abs. 1 Satz 1 AStG). Beruht jedoch die Beendigung der unbeschränkten Steuerpflicht auf einer nur **vorübergehenden Abwesenheit** des Steuerpflichtigen und wird dieser innerhalb eines gesetzlich bestimmten Zeitrahmens (vor ATAD-UmsG: fünf Jahre, aktuelle Rechtslage seit ATAD-UmsG: sieben Jahre) wieder unbeschränkt steuerpflichtig, entfällt unter gewissen Voraussetzungen der Steueranspruch nachträglich (§ 6 Abs. 3 Satz 1 AStG).

Das BMF sieht bisher das Merkmal der „nur vorübergehenden Abwesenheit" nur als erfüllt an, wenn bereits im Zeitpunkt des Wegzugs die **„Rückkehrabsicht"** besteht und dies auch **glaubhaft** gemacht ist (subjektive Betrachtung, s. BMF, Schreiben v. 14.5.2004, BStBl 2004 I S. 3, Tz. 6.4.1, Tz. 6.4.2).

Dem widersprach der BFH für einen Fall des § 6 AStG i.d.F. vor ATAD-UmsG (Streitjahr 2014, BFH, Urteil v. 21.12.2022, I R 55/19, BStBl 2023 II S. 898). Für das Entfallen der Wegzugsbesteuerung sei die **fristgemäße Rückkehr** des Steuerpflichtigen in den Fällen ausreichend, in denen die Rückkehr innerhalb von fünf Jahren erfolgt (objektive Betrachtung). Auch wenn man aus dem Tatbestandsmerkmal der „lediglich vorübergehenden Abwesenheit" das Erfordernis einer Rückkehrabsicht ableitet, gibt laut BFH der Wortlaut der Vorschrift keine Auskunft über den Zeitpunkt der Willensbildung. Erst in § 6 Abs. 3 Satz 2 AStG a.F. bzw. § 6 Abs. 3 Satz 3 AStG n.F. verlangt der Gesetzgeber eine solche „Rückkehrabsicht" für den Verlängerungszeitraum. Der **Rückkehrwille** nach § 6 Abs. 3 Satz 1 AStG kann somit laut BFH durchaus **im Laufe des gesetzlichen Rückkehrzeitraums** gebildet worden sein. Der Umstand der tatsächlichen (zeitgerechten) Rückkehr indiziert für den BFH vielmehr eine ursprünglich bestehende Rückkehrabsicht.

Hinweis

Die Aussagen des Urteils dürften aufgrund der wortlautidentischen Rückkehrregelung des § 6 Abs. 3 AStG trotz der gesetzlichen Anpassung des § 6 AStG mit dem ATAD-UmsG v. 25.6.2021 (BGBl 2021 I S. 2035) weiterhin von Bedeutung sein. Allerdings ist für die nun im Gesetz verankerte Rückkehrabsicht für den Verlängerungszeitraum eine entsprechende **Dokumentation der Rückkehrabsicht** anzuraten.

Der Entwurf des AStG-Erlasses enthält u.a. Ausführungen zu den Fragen rund um die sog. „Rückkehrregelung" (Rückkehrabsicht und tatsächliche Rückkehr) sowie zur Fälligkeit des Steueranspruchs (s. Kapitel Rückblick Tz. 2.7.4)

Hinweis

Mit dem Mindestbesteuerungsrichtlinien-Umsetzungsgesetz (Bundestagsbeschluss v. 10.11.2023) wird die Regelung des **Wegfalls der Stundung** bei sog. **substanziellen Gewinnausschüttungen** (mehr als 25 % des gemeinen Werts der Anteile), die bisher für nach dem 31.12.2021 erfolgte Wegzüge gilt, auf vor dem 1.1.2022 erfolge Wegzüge erweitert. Diese Erweiterung auf Altfälle greift für nach dem 16.8.2023 (Tag des Kabinettsbeschlusses) erfolgende Gewinnausschüttungen oder Einlagenrückgewähr (§ 21 Abs. 3 Satz 2 Nr. 2 AStG). Ebenfalls erfolgte eine Ergänzung für einbringungsgeborene Anteile in § 27 Abs. 3 Satz 2 UmwStG.

2.8 Lohnsteuer

2.8.1 Neue Lohnsteuerrichtlinien 2023

Ab dem 1.1.2023 sind die neuen Lohnsteuerrichtlinien 2023 (LStR 2023) zu beachten. Neben redaktionellen Änderungen, etwa der Anpassung von überholten Begriffen aufgrund von Gesetzesänderungen, betreffen die Überarbeitungen der LStR 2023 u.a. Anpassungen an zwischenzeitlich ergangene BMF-Schreiben, etwa bei den Ausführungen zu R 8.1. und R 8.2. LStR 2023 (**Bewertung der Sachbezüge** und Bezug von Waren und Dienstleistungen). Die Aufzählung der **sonstigen Bezüge**, die nicht als laufender Arbeitslohn gezahlt werden, wurde ergänzt. Neu aufgenommen in die (nicht abschließende Aufzählung) sind nun auch explizit die steuerpflichtigen, nicht fortlaufend gezahlten **Reisekostenerstattungen** (R 39b.2 Abs. 2 Satz 2 Nr. 11 LStR 2023). Die Einordnung als sonstiger Bezug ist insbesondere für die Möglichkeit der **Lohnsteuerpauschalierung** nach § 40 Abs. 1 EStG von Bedeutung. Näher erläutert wird hinsichtlich der Steuerfreiheit von Feiertagszuschlägen (§ 3b EStG) die Bestimmung des maßgeblichen Orts für die Frage, ob ein **gesetzlicher Feiertag** vorliegt (R 3b Abs. 3 Satz 3 LStR 2023). Bei den Ausführungen zur Einbehaltung der Lohnsteuer vom laufenden Arbeitslohn (R 39b.5 LStR) werden nach einer aufgenommenen Ergänzung künftig Arbeitstage, an denen der Arbeitnehmer Arbeitslohn bezogen hat, der **nicht** dem **inländischen Lohnsteuerabzug** unterliegt, bei der Bestimmung des Lohnzahlungszeitraums nicht mehr mitgezählt (R 39b. Abs. 5 Satz 4 LStR 2023).

Hinweis

Hinsichtlich der Änderung in R 39b LStRL 2023 haben die Spitzenverbände (sog. 8er Runde) im Sommer 2023 Nachbesserungen in der LStR bzw. ein begleitendes BMF-Schreiben mit bestimmten Ausnahmefällen angeregt.

2.8.2 Behandlung von Verdienstausfallentschädigungen

Die an Arbeitnehmer aufgrund einer **behördlichen Quarantänepflicht** bzw. einem Tätigkeitsverbot vom Arbeitgeber zunächst ausgezahlte Verdienstausfallentschädigung nach § 56 Abs. 1 IfSG bekommt der Arbeitgeber auf Antrag von der Entschädigungsbehörde erstattet. Für den Arbeitnehmer ist die Entschädigung steuerfrei (§ 3 Nr. 25 EStG), unterliegt aber dem **Progressionsvorbehalt**. Zu der Behandlung von Fällen, in denen in den Jahren 2020 bis 2023 die vom Arbeitgeber ausgezahlte Entschädigung (nachträglich) vom Erstattungsbetrag abweicht, äußert sich das BMF im Schreiben v. 25.1.2023 (BStBl 2023 I S. 207).

Hinweis

Sofern die Differenz zwischen Antrags- und Erstattungsvolumen den Betrag von 200 EUR pro Quarantänefall nicht übersteigt, sieht das BMF eine **Nichtbeanstandungsregelung** für Fälle unzutreffender Steuerfreistellung vor. Insoweit haftet der Arbeitgeber nicht für unzutreffend nicht einbehaltene Lohnsteuer. Auf eine Nachforderung des Differenzbetrags beim Arbeitnehmer und eine Korrektur im Rahmen seiner Einkommensteuerveranlagung wird insoweit verzichtet (vgl. Rn. 14).

2.8.3 Privatnutzung eines betrieblichen Mobiltelefons

Der geldwerte Vorteil des Arbeitnehmers aus der **privaten Nutzung** eines betrieblichen Mobiltelefons ist grundsätzlich **steuerfrei** (§ 3 Nr. 45 EStG). Das betriebliche Mobiltelefon muss dabei dem Arbeitnehmer unentgeltlich zur Verfügung gestellt werden. Die Erstattung von Telefonkosten durch den Arbeitgeber ist dabei laut BFH auch dann steuerfrei, wenn das dem Arbeitnehmer zur privaten Nutzung überlassene Mobiltelefon zuvor vom Arbeitnehmer zu einem niedrigen (unter Marktwert liegenden) Preis erworben wurde (BFH, Urteil v. 23.11.2022, VI R 50/20, BStBl 2023 II S. 584).

Eine unangemessene Gestaltung nach § 42 AO sah der BFH nicht. Entscheidend war im Urteilsfall, dass der **Arbeitgeber** durch den Kauf zivilrechtlicher und wirtschaftlicher **Eigentümer** der Mobiltelefone geworden ist. Zwischen Arbeitgeber und Arbeitnehmer habe laut BFH bei Abschluss der Kaufverträge über die Mobiltelefone auch ein natürlicher Interessengegensatz bestanden, so dass die steuerliche Anerkennung der Kaufverträge auch nicht nach Fremdvergleichsgrundsätzen zu versagen sei. Auch bei ihnen könne regelmäßig davon ausgegangen werden, dass sie ihre jeweiligen (wirtschaftlichen) Interessen beim Abschluss gegenseitiger Verträge wahren.

Hinweis

Der BFH widersprach insoweit der Finanzverwaltung (vgl. H 3.45 LStH „Beispiele für die Anwendung des § 3 Nr. 45 EStG“, Beispiel 2). Laut BFH kann allein aufgrund der **geringen Höhe der vereinbarten Kaufpreise** nicht angenommen werden, dass die Kaufverträge einem Fremdvergleich zu unterziehen sind bzw. einem solchen nicht standhalten würden. Außerdem seien die geringen Kaufpreise im wirtschaftlichen Gesamtzusammenhang zu würdigen. Soweit die Arbeitnehmer angesichts der Vorteile, die ihnen die Vereinbarungen insbesondere durch die Übernahme ihrer privaten Telefonkosten brachten, bereit waren, ihre Mobiltelefone an den Arbeitgeber – möglicherweise auch unter Marktwert – zu verkaufen, sei dieser vertraglichen Regelung die steuerliche Anerkennung nicht nach Fremdvergleichsgrundsätzen zu versagen.

2.8.4 Stock Options bei Ansässigkeitswechsel

Die aus der Gewährung von Stock Options im Rahmen eines Arbeitsverhältnisses resultierenden geldwerten Vorteile fließen dem Arbeitnehmer nach bisheriger BFH-Rechtsprechung zum Zeitpunkt der Ausübung der Option zu (u.a. BFH, Urteil v. 24.1.2001, I R 100/98, BStBl 2001 II S. 509). Im Falle eines grenzüberschreitenden Ansässigkeitswechsels stellt der BFH für die Frage, welchem Staat das **Besteuerungsrecht** an Einkünften aus der Ausübung von Stock Options zusteht, bei der Anwendung des DBA auf die Ansässigkeit zum Zeitpunkt der Einkünfteerzielung (Zuflusszeitpunkt) ab (BFH, Urteil v. 21.12.2022, I R 11/20, BStBl 2023 II S. 825).

Hinweis

Der BFH widersprach damit der Vorinstanz, die auf den **Erdienungszeitraum** abstellte (vgl. FG Baden-Württemberg, Urteil v. 21.5.2019, 6 K 488/17). Da noch Feststellungen fehlten, wies der BFH an die Vorinstanz zurück. Aus praktischer Sicht erscheint es problematisch, für die Ansässigkeit nicht (mehr) auf die Verhältnisse während des Erdienungszeitraumes abzustellen. Auch dürfte die insoweit überwiegend andere Sichtweise im Ausland zu grenzüberschreitenden Diskrepanzen führen. Offen ist auch, inwieweit die Entscheidung des BFH auf andere zeitraumbezogene Zahlungen (z.B. Boni) übertragbar ist.

2.9 Umsatzsteuer

2.9.1 (Mit-)vermietung von Betriebsvorrichtungen

Die Vermietung von Grundstücken ist umsatzsteuerfrei. Davon ausgeschlossen ist die Vermietung von Betriebsvorrichtungen (§ 4 Nr. 12 Satz 2 UStG). Der EuGH sieht diese Ausgestaltung nach dem deutschen UStG jedoch als nicht mit der Mehrwertsteuersystemrichtlinie vereinbar an (EuGH, Urteil v. 4.5.2023, C-516/21). Der maßgebende Art. 135 Abs. 2 Satz 1 Buchst. c MwStSystRL sei vielmehr dahin auszulegen, dass die Betriebsvorrichtung umsatzsteuerfrei mitvermietet wird, wenn die Vermietung der Betriebsvorrichtung eine **Nebenleistung zu der Hauptleistung** der umsatzsteuerfreien Grundstücksvermietung ist.

Der BFH folgte dieser Ansicht und änderte damit seine bisherige Rechtsprechung (BFH, Beschluss v. 17.8.2023, V R 7/23 (V R 22/20), BFH/NV 2023 S. 1386). Handelt es sich bei der Vermietung oder Verpachtung von **auf Dauer eingebauten Betriebsvorrichtungen** um eine Nebenleistung zu einer umsatzsteuerfreien Vermietung oder Verpachtung eines Gebäudes als Hauptleistung, so ist die Mitvermietung der Betriebsvorrichtungen ebenfalls umsatzsteuerfrei. § 4 Nr. 12 Satz 2 UStG ist nicht anzuwenden. Folglich besteht **kein Aufteilungsgebot** für eine umsatzsteuerfreie Vermietung des Gebäudes einerseits und einer umsatzsteuerpflichtigen Mitvermietung der Betriebsvorrichtungen andererseits. Stattdessen ist auch im Falle der Mitvermietung von Betriebsvorrichtungen die allgemeine Systematik (Nebenleistungen zu einer Hauptleistung sind umsatzsteuerlich so einzuordnen wie die Hauptleistung) anzuwenden.

Hinweis

Durch die geänderte Sichtweise ergibt sich **Handlungsbedarf**. Wird die **Mitvermietung von Betriebsvorrichtungen** nun als umsatzsteuerfrei eingeordnet, kann auf hierauf entfallende Eingangsleistungen keine **Vorsteuer** mehr abgezogen werden (mit Folgen für allgemeine betriebswirtschaftliche Kalkulationen und die Ausgestaltung bisheriger und neuer Mietverträge). Abzuwarten bleibt, wie die Finanzverwaltung und gegebenenfalls der Gesetzgeber auf den BFH-Beschluss reagieren. So ist denkbar, dass der Gesetzgeber die bisherige Rechtslage – die Aufteilung zwischen umsatzsteuerfreier Haupt- und umsatzsteuerpflichtiger Mitvermietung der Betriebsvorrichtung – durch eine Gesetzesänderung aufrechtzuerhalten versucht. Der BFH scheint in seiner Entscheidung anzudeuten, dass er eine Möglichkeit hierfür sieht. Denkbar ist aber auch, dass Finanzverwaltung und/oder Gesetzgeber die geänderte Rechtsauffassung der umsatzsteuerfreien Mitvermietung von Betriebsvorrichtungen akzeptieren. Ob in diesem Fall Nichtbeanstandungsregelungen für die Vergangenheit und ggf. sogar Übergangsfristen für die Zukunft eingeräumt werden, ist ebenfalls offen.

Weiterhin sind auch Auswirkungen auf andere, aber vergleichbare Konstellationen möglich.

2.9.2 Behandlung von Reihengeschäften

Durch das Jahressteuergesetz 2019 v. 12.12.2019 (BGBl 2019 I S. 2451) wurde mit Wirkung zum 1.1.2020 die Regelung zum umsatzsteuerlichen Reihengeschäft (§ 3 Abs. 6 UStG) geändert und um einen neuen § 3 Abs. 6a UStG (Behandlung der **mittleren Unternehmer in der Reihe**, die sowohl Abnehmer als auch (Weiter-)Lieferant der Ware sind) ergänzt. Transportieren die mittleren Unternehmer die Ware, ist für die **Zuordnung der Warenbewegung** zu einer Lieferung entscheidend, ob sie die Ware als Abnehmer der Lieferung an sie selbst transportieren oder als Lieferant ihrer (Weiter-)Lieferung. Hierfür spielt seit der Gesetzesänderung maßgeblich eine Rolle, ob und wie die **Mehrwertsteuer-Identifikationsnummer** verwendet wird.

Hinweis

Reihengeschäfte liegen vor, wenn mehrere Unternehmer dieselbe Ware an den nächsten Unternehmer weiterliefern und die Ware von dem ersten veräußernden Unternehmer an den letzten Abnehmer transportiert wird. Die Warenbewegung wird nur einer der nacheinander folgenden Lieferungen zugeordnet, alle anderen Lieferungen in der Reihe sind sog. **ruhende Lieferungen**. Die Zuordnung der Warenbewegung ist insbesondere von Bedeutung, wenn die Ware von einem Land in ein anderes bewegt wird. Aus der Zuordnung folgt, welche der Lieferungen die **umsatzsteuerbefreite Ausfuhr** oder **innergemeinschaftliche Lieferung** ist und in welchem der Länder die Lieferungen umsatzsteuerbar sind.

Mit BMF-Schreiben v. 25.4.2023 (BStBl 2023 I S. 778) aktualisierte das BMF seinen Abschn. 3.14 UStAE. Neben der Anpassung der Verweise wurden Ausführungen zur Lieferung durch einen mittleren Händler der Reihe ergänzt. Auch in anderen Bereichen, beispielsweise bei innergemeinschaftlichen Lieferungen und Warenbewegungen im Verhältnis zum Drittland, wurde der Abschnitt angepasst und erweitert.

Hinweis

Die Grundsätze des BMF-Schreibens sind in allen offenen Fällen anzuwenden. Bis zur Veröffentlichung im Bundessteuerblatt enthielt das BMF-Schreiben eine **Nichtbeanstandungsregelung** (Nichtbeanstandung, wenn die Zuweisung der Transportverantwortlichkeit von den Beteiligten einvernehmlich abweichend der neuen Verwaltungsanweisungen bestimmt worden ist).

2.9.3 Fehlgeschlagenes Dreiecksgeschäft

Das in § 25b UStG normierte Dreiecksgeschäft als Sonderform des innergemeinschaftlichen Reihengeschäfts ermöglicht dem mittleren Unternehmer eine Vereinfachung, indem die Umsatzsteuerschuld für seine Lieferung an den dritten Unternehmer auf diesen Dritten verlagert wird. Für die Anwendung des Dreiecksgeschäfts ist u.a. Voraussetzung, dass der mittlere Unternehmer in seiner **Rechnung** auf die Verlagerung der Steuerschuldnerschaft auf den Leistungsempfänger **hinweist**.

Laut EuGH ist Art. 42b MwStSystRL dahingehend auszulegen, dass die Formulierung „Steuerschuldnerschaft des Leistungsempfängers" zwingend erforderlich sei. Fehle diese, läge das Dreiecksgeschäft und seine Verlagerung der Steuerschuldnerschaft auf den letzten Abnehmer nicht vor. Die Formulierung könne auch nicht durch eine andere Angabe ersetzt werden. Eine Formulierung wie „Steuerfreies innergemeinschaftliches Dreiecksgeschäft" sei nicht ausreichend (EuGH, Urteil v. 8.12.2022, Rs. C-247/21, BFH/NV 2023 S. 365). Auch kann die Angabe laut EuGH nicht durch Ergänzung der Formulierung in der Rechnung an den dritten Unternehmer berichtigt werden. Zwar seien Rechnungen mit Rückwirkung korrigierbar. Fehle aber die **zwingende Angabe in der ursprünglichen Rechnung**, läge bereits der Tatbestand des Dreiecksgeschäft nicht vor. Es gehe hier also nicht nur um die Korrektur einer Rechnung.

Hinweis

Das EuGH-Urteil zeigt, dass bei der Durchführung eines Dreiecksgeschäfts sorgfältig vorzugehen ist, da bei Verletzung dieser formellen Voraussetzung eine **Nachbesserung nicht möglich** ist.

2.9.4 Mehrfache Übertragung von Gutscheinen

Mit dem Gesetz zur Vermeidung von Umsatzsteuerausfällen beim Handel mit Waren im Internet und zur Änderung weiterer steuerlicher Vorschriften v. 11.12.2018 (BGBl 2018 I S. 2338) wurden zum 1.1.2019 die unionsrechtlichen Vorgaben zu Einzweck- und Mehrzweck-Gutscheinen ins nationale Umsatzsteuergesetz (§ 3 Abs. 13 bis 15 UStG) überführt. Anders als bei einem Mehrzweckgutschein fällt bei einem **Einzweckgutschein** die Umsatzsteuer bereits an, wenn er ausgegeben wird. Wird die mit dem Gutschein eingelöste Leistung dann erbracht, ist diese umsatzsteuerlich nicht mehr zu erfassen. Ein Einzweckgutschein setzt u. a. voraus, dass der Ort der Leistung bereits bei Ausgabe des Gutscheins feststeht.

Der BFH legte dem EuGH die Frage vor, wie die **mehrfache Übertragung von Gutscheinen** einzuordnen ist (BFH, Beschluss v. 3.11.2022, XI R 21/21, BFH/NV 2023 S. 485). Ein Einzweckgutschein wird dann mehrfach von einem Unternehmer auf den nächsten geleistet. Sind diese Unternehmer **nicht ausschließlich im Inland** ansässig, stellt sich die Frage, ob dann der Ort der Leistung nicht mehr feststeht. Aus einem Einzweckgutschein würde so ein Mehrzweckgutschein, bei dem eben nicht die Ausgabe bzw. Weiterreichung des Gutscheins zu besteuern ist, sondern erst die mit dem Gutschein eingelöste Leistung.

Hinweis

Für Altfälle nach der bis zum 31.12.2018 geltenden Rechtslage entschied der BFH, dass eine Guthabenkarte, die auf eine bestimmte Leistung ausgerichtet war, einen sog. Warengutschein darstellte. Entgelt, das vor Einlösung der Ware dafür vereinnahmt wurde, stellte laut BFH eine Anzahlung dar, die im Zeitpunkt ihrer Vereinnahmung zu versteuern war (BFH, Beschluss v. 29.11.2022, XI R 11/21, BStBl 2023 II S. 424).

2.9.5 Umsatzsteuerlicher Direktanspruch

Grundsätzlich steht unionsrechtlich nur dem Leistenden ein Anspruch auf **Erstattung von überhöhter Umsatzsteuer** zu, die er an das Finanzamt entrichtet hat. Der Leistungsempfänger bleibt grundsätzlich auf den zivilrechtlichen Weg gegen den Leistenden verwiesen. In dem sog. „Reemtsma-Urteil" (EuGH, Urteil v. 15.3.2007, C-35/05) und weiteren Folgeentscheidungen hat der EuGH aber bereits für vergleichbare Konstellationen entschieden, dass in Ausnahmefällen ein unmittelbarer Erstattungsanspruch des Leistungsempfängers gegenüber der Finanzbehörde (sog. Direktanspruch des Leistungsempfängers an das Finanzamt) besteht, wenn die Erstattung auf anderem Wege „unmöglich" oder „übermäßig" erschwert wird. Laut EuGH-Urteil in der Rs. Schütte besteht ein unmittelbarer Erstattungsantrag gegen die Steuerbehörde, wenn es dem Empfänger allein aufgrund der **Einrede der Verjährung** durch den Lieferer unmöglich sei, von diesen diese Erstattung einzufordern. Der Direktanspruch bestehe auch, wenn der Leistende noch die Möglichkeit habe, bei sich eine **Korrektur des unrichtigen Steuerausweises** vorzunehmen. Dabei wies der EuGH darauf hin, dass die Steuerbehörde bei Nichterstattung innerhalb einer angemessenen Frist auch einen etwaigen Liquiditätsnachteil auszugleichen habe (EuGH, Urteil v. 7.9.2023, C-453/22).

Hinweis

Beim EuGH ist ein weiteres Verfahren unter dem Az. C-83/23 anhängig (BFH, Vorlagebeschluss v. 3.11.2022, XI R 6/21, BFH/NV 2023 S. 395). In diesem Fall wurde dem Leistungsempfänger zutreffend der **Vorsteuerabzug** verweigert (fehlerhafter Ausweis von deutscher statt italienischer Umsatzsteuer durch den Leistenden). Zwar führte der leistende Unternehmer die unrichtig in Rechnung gestellte Umsatzsteuer an sein Finanzamt ab und korrigierte die Rechnung. Die als Teil des Leasingbetrags mitentrichtete Umsatzsteuer erhielt der Leistungsempfänger jedoch von dem leistenden Unternehmer aufgrund dessen Insolvenz nicht mehr erstattet. Nun hat der EuGH zu klären, ob der Fiskus dem Leistungsempfänger diesen Betrag im Wege des Direktanspruchs zu erstatten hat.

Betroffene Steuerpflichtige sollten prüfen, entsprechende **Erlassanträge** zu stellen bzw. vor dem Hintergrund des anhängigen Verfahrens ihren Fall offenzuhalten.

2.9.6 EuGH-Vorlage zur Entnahmebesteuerung

Neben unentgeltlichen Wertabgaben unterliegen auch andere **unentgeltliche Zuwendungen aus dem Unternehmen** der umsatzsteuerlichen Entnahmebesteuerung, sofern der Gegenstand oder seine Bestandteile zum vollen oder teilweisen Vorsteuerabzug berechtigt haben (§ 3 Abs. 1b Satz 1 Nr. 3 UStG). Bemessungsgrundlage für solche Entnahmen ist grundsätzlich der Einkaufspreis zzgl. Nebenkosten oder in Ermangelung eines solchen, die Selbstkosten (§ 10 Abs. 4 Satz 1 Nr. 1 UStG).

Für den Fall einer unentgeltlichen Zuwendung von **Wärme aus einem Blockheizkraftwerk** (BHKW) eines Unternehmers an einen anderen Unternehmer fragt der BFH den EuGH, ob diese eine solche umsatzsteuerpflichtige Entnahme darstellt (Art. 16 MwStSystRL), wenn der Empfänger der Wärme diese für seine eigene wirtschaftliche Tätigkeit oder zusätzlich für eine den Vorsteuerabzug nicht ausschließende Tätigkeit nutzt (BFH, Beschluss v. 22.11.2022, XI R 17/20, BStBl 2023 II S. 601).

Weiterhin möchte der BFH wissen, ob der Tatbestand der Entnahme den Selbstkostenpreis i. S. des Art. 74 MwStSystRL so einschränkt, dass nur **vorsteuerbelastete Kosten** in die Bemessungsgrundlage einzubeziehen sind. Die Zielsetzung der Entnahmebesteuerung sei es, einen ungerechtfertigten Vorteil eines Steuerpflichtigen gegenüber einem Verbraucher zu verhindern. Dies sei nur auf steuerbelastete Aufwendungen zu übertragen, die dann auch in die Berechnung einzubeziehen wären (insoweit auch BMF, vgl. Abschn. 10.6 Abs. 1 Satz 5 UStAE). Dies ließe sich laut BFH aber nur auf den Selbstkostenbegriff übertragen, nicht jedoch auf den vorrangig zu wählenden Einkaufspreis.

Ebenfalls soll der EuGH beantworten, ob auch **mittelbar zurechenbare Kosten** wie Finanzierungsaufwendungen in die Selbstkostenberechnung mit einzubeziehen sind. Dies würde laut BFH jedoch dem anzustrebenden Ziel der einfachen Wertbemessung widersprechen.

Hinweis

Abzuwarten bleibt, wie der EuGH die Fragen beantwortet und wie im nächsten Schritt die Folgeentscheidung des BFH aussieht. Die Ausführungen dürften von allgemeiner Bedeutung für die Umsatzbesteuerung von unentgeltlichen Zuwendungen an andere Unternehmer sein. Betroffene Steuerpflichtige sollten prüfen, ob sie bezüglich der Umsatzbesteuerung vergleichbarer unentgeltlicher Zuwendungen ggf. Rechtsmittel einlegen bzw. bestehende Fälle offenhalten.

2.9.7 Kurzfristige Beherbergung von Arbeitnehmern

Die Vermietung von Grundstücken ist grundsätzlich steuerfrei (§ 4 Nr. 12 UStG). Eine Ausnahme davon bildet u.a. die Vermietung von Wohn- und Schlafräumen, die ein Unternehmer zur kurzfristigen **Beherbergung von Fremden** bereithält. Diese umsatzsteuerpflichtige Vermietung unterliegt dem ermäßigten Umsatzsteuersatz (§ 12 Abs. 2 Nr. 11 Satz 1 UStG, derzeit 7 %). Laut BFH fällt auch die **kurzfristige Beherbergung von Arbeitnehmern** in (nicht ortsfesten) Wohncontainern unter den ermäßigten Steuersatz (BFH, Urteil v. 29.11.2022, XI R 13/20, BStBl 2023 II S. 938). Bei den eigenen Arbeitnehmern handele es sich auch um „Fremde" im Sinne dieser Norm. Laut BFH beschränkt sich der ermäßigte Steuersatz nicht nur auf die Vermietung von Grundstücken zur kurzfristigen Beherbergung, sondern begünstige allgemein die Vermietung von Wohn- und Schlafräumen. Insoweit widersprach der BFH der Finanzverwaltung.

Hinweis

Mit BMF-Schreiben v. 6.10.2023 (BStBl 2023 I S. 1704) reagierte das BMF auf das BFH-Urteil und arbeitete es in seinen UStAE ein. Damit können nun auch nach Sicht des BMF **nicht ortsfeste Einrichtungen** vom ermäßigten Steuersatz profitieren. Maßgeblich für die Anwendung ist, dass der Schwerpunkt der Leistung in der Überlassung der Wohn- und Schlafräume zur Beherbergung liege. Dies schließe jedoch Hausboote oder Wohnmobilen zur Durchführung von **Reisen** aus (vgl. Abschn. 12.16 UStAE n.F.). Die Regelungen des Schreibens sind in allen offenen Fällen anzuwenden, wobei die Anwendung des Regelsteuersatzes für bis zum 31.12.2023 ausgeführte Umsätze nicht beanstandet wird.

2.9.8 Umsatzsteuersatzermäßigungen und Zollrecht

Für welche Waren der ermäßigte Umsatzsteuersatz greift, ergibt sich in den meisten Fällen aus der **Anlage 2 zum UStG**, die in ihrer Auflistung von Waren und Warengruppen Bezug auf die Positionen des Zolltarifs nimmt. Im Rahmen dieser Bezugnahme auf den Zolltarif ist laut BFH auch zolltariflich auszulegen, ob ein Gegenstand einer bestimmten zolltariflichen Position unterfällt (BFH, Urteil v. 23.2.2023, V R 38/21, BStBl 2023 II S. 797). Umsatzsteuerrechtliche Merkmale sind insoweit nicht heranzuziehen. Die **zollrechtliche Tarifierung** wiederum richtet sich nach den objektiven Merkmalen und Eigenschaften der Waren, die in den entsprechenden Positionen festgelegt sind. Die Verpackung der Ware wird dabei, wie die Ware selbst, tarifiert, wenn sie zur Verpackung dieser Ware üblich ist. Der Verwendungszweck der Ware dagegen ist, von Ausnahmen abgesehen, nicht für die Einordnung der Ware entscheidend.

Hinweis

Der BFH unterwarf daher die Lieferung von sog. **Werbelebensmitteln**, die der Empfänger zu Werbezwecken einsetzen möchte, als reguläre Lieferung von Lebensmitteln dem ermäßigten Umsatzsteuersatz. Der liefernde Unternehmer erbringe keine Werbeleistung, weil der Verwendungszweck der Lebensmittel nicht zu berücksichtigen ist.

2.9.9 Unrichtiger oder unberechtigter Steuerausweis

Das BMF reagiert in seinem Schreiben v. 18.4.2023 (BStBl 2023 I S. 776) auf das BFH-Urteil v. 26.6.2019 (XI R 5/18, BStBl 2023 II S. 521) zum unrichtigen oder unberechtigten Steuerausweis und äußert sich dabei zu den Grenzen der Reichweite des § 14c UStG. Soweit der Aussteller einer Rechnung über eine **Entgeltminderung** abrechnet und dies durch ein Minuszeichen bei dem offen ausgewiesenen Betrag zum Ausdruck bringt, wird dieser negative Betrag nicht nach § 14c UStG geschuldet. Es handelt sich dabei nicht um einen „Mehrbetrag" oder um einen „ausgewiesenen Betrag" i. S. des § 14c UStG. Rechnet jedoch ein Aussteller über eine von ihm (angeblich) erbrachte Leistung ab und drückt durch ein Minuszeichen eine **Zahlungsverpflichtung** des Leistungsempfängers aus, so ist § 14c UStG bei Vorliegen der übrigen Voraussetzungen anwendbar. Laut BMF sind **weitere Dokumente** nur dann ergänzend heranzuziehen, wenn die Abrechnung auf diese verweist. Für Fälle einer Gutschrift, in denen mit einem Minuszeichen zum Ausdruck gebracht wird, dass der genannte Betrag geschuldet wird, findet das Urteil des BFH laut BMF keine Anwendung.

Hinweis

Das BMF ergänzt mit dem BMF-Schreiben entsprechend die Abschnitte 14c.1 und 14c.2 des UStAE um jeweils einen neuen Absatz. Die Grundsätze des BMF-Schreibens sind in allen offenen Fällen anzuwenden.

2.9.10 Bankenhaftung bei Kontokorrentkonto

Nach § 13c UStG haftet ein Abtretungsempfänger für die Umsatzsteuer auf eine steuerpflichtige Leistung des leistenden Unternehmers, wenn dieser die festgesetzte Steuer nicht oder nicht vollständig entrichtet hat. Der **Abtretungsempfänger** kann ab dem Fälligkeitszeitpunkt der Steuer, frühestens bei Vereinnahmung, in Anspruch genommen werden. Voraussetzung für die **Vereinnahmung** ist eine erhaltene Zahlung aus der abgetretenen Forderung.

Laut BFH kann das Einstellen einer Forderung in ein Kontokorrent bereits zu einer Vereinnahmung i. S. v. § 13c UStG führen (BFH, Urteil v. 29.11.2022, XI R 2/22, BStBl 2023 II S. 731). Dies ist der Fall, wenn einerseits der Forderungsbetrag dem Schuldner der Umsatzsteuer nicht mehr zur Verfügung steht, sodass er die Umsatzsteuerschuld nicht tilgen kann. Demgegenüber muss andererseits die Forderung **dem Abtretungsempfänger frei verfügbar** sein. Somit ist entscheidend bei einem Kontokorrentkonto, ob der Schuldner der Umsatzsteuer auf den gutgeschriebenen Betrag Zugriff hat oder ob der Abtretungsempfänger (hier: Bank) dies mit Rechtsmitteln verhindern kann. Die kontoführende Bank haftet also mangels Vereinnahmung nicht nach § 13c UStG, solange die **Kreditlinie** des Kontokorrentkontos des Steuerschuldners **eingehalten** wird.

Hinweis

Nicht nur Banken, sondern auch Unternehmer allgemein müssen die Haftung für Umsatzsteuer nach § 13c UStG gegenüber dem Fiskus im Blick behalten, wenn sie sich Forderungen anderer Unternehmer abtreten lassen.

Im konkreten Fall war weiter fraglich, ob dies auch hinsichtlich der **wirtschaftlichen Verfügungsmacht** für ein Kontokorrentkonto im Soll gilt. Die Bank ist im Überweisungsverkehr lediglich Leistungsmittlerin und steht in keinem Leistungsverhältnis. Bei einem debitorisch geführten Kontokorrentkonto ist laut BFH von einer Vereinnahmung auszugehen, wenn der Schuldner (und Schuldner der Umsatzsteuer) nicht mehr frei über sein Konto verfügen kann, da die Kreditlinie überschritten ist und keine Belastungsbuchungen durch die Bank durchgeführt werden.

2.9.11 Abgabe von Strom an Ladesäulen

Die Verschaffung von Strom stellt mehrwertsteuerrechtlich eine Lieferung dar (Art. 15 Abs. 1 MwStSystRL). Laut EuGH ist die **Verschaffung von Strom** auch dann als eine **(einheitliche) Lieferung** einzuordnen, wenn der Strom über eine Ladesäule abgegeben wird und der Empfänger weitere Leistungskomponenten erhält, die für sich betrachtet als Dienstleistungen (mehrwertsteuerlich: sonstige Leistungen) einzuordnen wären (EuGH, Urteil v. 20.4.2023, C-282/22).

> **Hinweis**
>
> Diese **Leistungskomponenten** bestehen bei der Abgabe von Strom über eine Ladesäule typischerweise in der Bereitstellung der Ladevorrichtung, der Übertragung der Elektrizität, der notwendigen technischen Unterstützung des Nutzers und in der Bereitstellung notwendiger IT-Einrichtungen inkl. Verbindung der Ladesäule mit dem Betriebssystem des Elektrofahrzeugs.

2.9.12 Reiseleistungen von Drittland-Unternehmern

Mit BMF-Schreiben v. 29.1.2021 (BStBl 2021 I S. 250) hatte die Finanzverwaltung die sog. **Margenbesteuerung** des § 25 UStG für Reiseleistungen von Unternehmern mit Sitz im Drittland und ohne feste Niederlassung innerhalb des Gemeinschaftsgebiets grundsätzlich versagt. Jedoch enthielt das Schreiben eine **Nichtbeanstandungsregelung** hinsichtlich der Anwendung der Sonderregelung des § 25 UStG für ursprünglich bis zum 31.12.2020 ausgeführte Reiseleistungen solcher Unternehmer. Nachdem die Regelung in der Zwischenzeit jeweils um ein Jahr verlängert wurde, wurde sie nun um weitere drei Jahre **bis** zum **31.12.2026 verlängert** (BMF, Schreiben v. 27.6.2023, BStBl 2023 I S. 1124).

2.9.13 Umgekehrte Steuerschuldnerschaft bei Emissionszertifikaten

Durch das Achte Gesetz zur Änderung von Verbrauchsteuergesetzen vom 24.10.2022 (BGBl 2022 I S. 1838) wurde die umgekehrte Steuerschuldnerschaft (auf den Leistungsempfänger, auch als **Reverse Charge Verfahren** bezeichnet) auf die Übertragung von Emissionszertifikaten nach § 3 Nr. 2 BEHG ausgeweitet (§ 13b Abs. 2 Nr. 6 UStG). Dies gilt für Übertragungen solcher Berechtigungen, die nach dem 31.12.2022 ausgeführt wurden. Mit BMF-Schreiben v. 5.9.2023 (BStBl 2023 I S. 1655) nimmt das BMF die Emissionszertifikate nach § 3 Nr. 2 BEHG in Abschn. 13b.1 Abs. 2 Satz 1 Nr. 8 Satz 1 UStAE auf.

Hinweis

Außerdem äußert sich das BMF in diesem Schreiben zu verschiedenen **Übergangsszenarien** und Konstellationen von Abrechnungen und erbrachter Leistung rund um den Stichtag der Gesetzesänderung am 1.1.2023 nebst besonderen **Nichtbeanstandungsregelungen**. So wird im Schreiben u. a. erläutert, wie die neue Regelung anzuwenden ist, wenn die Schlussrechnung über nach dem Stichtag erbrachte Leistungen bei Abschlagszahlungen vor dem Stichtag ausgestellt wurde.

2.9.14 Billigkeitserlass von Nachforderungszinsen

Umsätze und die darauf abzuführende Umsatzsteuer müssen in zeitlicher Hinsicht nicht nur in dem richtigen Veranlagungszeitraum (Kalenderjahr) angemeldet werden, sondern unterjährig auch in dem **korrekten Voranmeldungszeitraum** (typischerweise der Kalendermonat). Zu einer verspäteten Anmeldung kommt es etwa bereits dann, wenn die Umsatzsteuer nicht bereits im Voranmeldungszeitraum der Leistungsausführung, sondern erst in einem nachfolgenden Voranmeldungszeitraum der Rechnungsstellung angemeldet wird. Eine spätere Korrektur der Verspätung führt typischerweise zu einer Verzinsung gemäß § 233a AO. Die Systematik des § 233a AO berücksichtigt dabei nicht, dass die Umsatzsteuer bereits einen Monat später angemeldet und entrichtet worden ist, der **Zinslauf** ist damit zumeist **länger als die Dauer der Verspätung**. Laut BFH ist ein bis zu 56-monatiger Zinslauf unbillig, wenn der durch die Verspätung erzielte Liquiditätsvorteil nur einen Monat bestanden hat (BFH, Urteil v. 23.2.2023, V R 30/20, BFH/NV 2023 S. 1045). Bei einer von den ursprünglichen Steuerfestsetzungen abweichenden zeitlichen Zuordnung eines Umsatzes, die gleichzeitig zu einer Steuernachforderung und einer Steuererstattung führt, seien tatsächlich nicht vorhandene Zinsvorteile auch nicht abzuschöpfen.

Hinweis

Billigkeitsmaßnahmen sind auf Einzelfälle begrenzt. Daher sollte weiterhin auf die sorgfältige, korrekte zeitliche Zuordnung und Anmeldung von Umsätzen und Umsatzsteuerbeträgen geachtet werden. Dennoch sollte in vergleichbaren Fällen geprüft werden, ob die Ausführungen des BFH genutzt werden können.

2.9.15 Organschaft I – finanzielle Eingliederung

Bisher forderten sowohl Finanzverwaltung und Rechtsprechung grundsätzlich für das Vorliegen der sog. finanziellen Eingliederung (als eine der Voraussetzungen der umsatzsteuerlichen Organschaft), dass der Organträger über die **Stimmrechtsmehrheit** an der jeweiligen Organgesellschaft verfügen muss. Der EuGH hält dagegen diese Stimmrechtsmehrheit des Organträgers nicht für erforderlich, sofern der Organträger ansonsten seinen Willen als Gesellschafter durchsetzen kann (EuGH, Urteil v. 1.12.2022, C-141/20, BFH/NV 2023 S. 253).

Dem folgt nun der BFH und ändert in diesem Punkt seine bisherige Sichtweise (BFH, Urteil v. 18.1.2023, XI R 29/22, BFH/NV 2023 S. 675). Der BFH betont aber, dass er weiterhin für erforderlich halte, dass der Organträger Mehrheitsgesellschafter ist. Weiterhin sei eine finanzielle Eingliederung ohne Stimmrechtsmehrheit eine schwach ausgeprägte und müsse durch eine besonders stark ausgeprägte organisatorische Eingliederung ausgeglichen werden.

Der BFH wies zudem darauf hin, dass seine Entscheidung nichts am Erfordernis der „eigenen Mehrheitsbeteiligung“ ändere, so dass eine **Organschaft zwischen Schwestergesellschaften** (ohne Einbeziehung des gemeinsamen Gesellschafters) auch weiterhin nicht in Betracht komme.

Hinweis

Die Änderung der Sichtweise des BFH ist von wesentlicher Bedeutung. Nun können Gesellschaften auch **ohne Stimmrechtsmehrheit** der Organträgerin **in die Organschaft eintreten**. Damit können Steuerpflichtige prüfen, ob eine bisher ausgeschlossene Gesellschaft in die Organschaft eintreten kann. Andererseits müssen auch Steuerpflichtige, die eine Gesellschaft aus der Organschaft heraushalten wollen, prüfen, ob diese nun Teil des Organkreises wird. Abzuwarten bleibt auch die Reaktion der Finanzverwaltung. Ändert auch sie ihre Auffassung, bleibt abzuwarten, ob sie eine Nichtbeanstandungsregelung für die Vergangenheit und ggf. für einen künftigen Übergangszeitraum einräumt. Für die Vergangenheit kommt bis zu der nun ergangenen Entscheidung ggf. auch Vertrauensschutz gemäß § 176 AO in Betracht.

2.9.16 Organschaft II – Beurteilung der Innenumsätze

Ist eine juristische Person finanziell, wirtschaftlich und organisatorisch in das Unternehmen eines Organträgers eingegliedert, so wird die juristische Person nach § 2 Abs. 2 Nr. 2 UStG als nicht selbstständig im umsatzsteuerlichen Sinne betrachtet. Insoweit gelten die juristische Person und der Organträger als ein Unternehmen. Erbringt eine Organgesellschaft eine Leistung an den Organträger (oder umgekehrt) oder erbringen Organgesellschaften untereinander Leistungen, gelten solche Leistungen als nicht steuerbare Innenumsätze.

In seinem Urteil v. 1.12.2022 (C-141/20) traf der EuGH in der Begründung Aussagen, die Nachfragen zur umsatzsteuerlichen Einordnung solcher Innenumsätze auslösen. Daher fragt der BFH den EuGH in einem neuen Vorabentscheidungsersuchen, ob **Innenumsätze** in einem Organkreis entgegen dem bisherigen **deutschen Verständnis umsatzsteuerbar** sind (BFH, Vorlage v. 26.1.2023, V R 20/22 (V R 40/19), BFH/NV 2023 S. 679). Der BFH sieht sowohl Argumente für die Steuerbarkeit von Innenumsätzen als auch dagegen. In einer zweiten Frage will der BFH wissen, ob Innenumsätze jedenfalls dann steuerbar sind, wenn der Leistungsempfänger nicht (oder nur teilweise) zum Vorsteuerabzug berechtigt ist, da es ansonsten zu **Steuerverlusten** kommen kann.

Hinweis

Für den Fall der Verneinung der **Nichtsteuerbarkeit** von Innenumsätzen wäre die Unselbstständigkeit aus den nationalen Regelungen (§ 2 Abs. 2 Nr. 2 UStG) dahingehend auszulegen, dass der Organträger die Umsätze der Organgesellschaften miterklären und versteuern muss, was auch für Innenumsätze gelten würde. Es bleibt somit abzuwarten, wie der EuGH entscheidet und dann (im nächsten Schritt), wie der BFH in seiner Folgeentscheidung die Antwort des EuGH umsetzt.

2.9.17 Organschaft III – Personengesellschaft als Organgesellschaft

Bislang konnte laut BFH und Finanzverwaltung eine Personengesellschaft nur dann Organgesellschaft sein, wenn der Organträger (mittelbar oder unmittelbar) sämtliche Anteile an ihr hält. Sobald ein **fremder Dritter** an der Personengesellschaft **beteiligt** war, konnte diese Personengesellschaft nicht Organgesellschaft sein. Hingegen genügt bei einer Körperschaft die mehrheitliche Beteiligung an den stimmberechtigenden Anteilen für die finanzielle Eingliederung. Dieser einschränkenden Auslegung in Bezug auf Personengesellschaften hatte der EuGH einer Absage erteilt (Urteil v. 15.4.2021, C-868/19, BFH/NV 2021 S. 925). Dem schloss sich der BFH an und hält es nun auch für unschädlich, wenn neben dem Organträger auch fremde dritte Personen, die nicht finanziell in das Unternehmen des Organträgers eingegliedert sind, an der Personenhandelsgesellschaft beteiligt sind (BFH, Urteil v. 16.3.2023, V R 14/21 (V R 45/19), BFH/NV 2023 S. 790).

Hinweis

Damit kann laut BFH eine **Personenhandelsgesellschaft mit einer kapitalistischen Struktur** doch Organgesellschaft sein. Dennoch dürften noch Fragen nach der genauen Ausgestaltung des Begriffs einer kapitalistischen Struktur offen sein. Außerdem ist noch offen, ob nicht kapitalistisch strukturierte Personengesellschaften weiterhin vollständig in den Organträger eingegliedert sein müssen.

Der BFH äußerte sich zudem zu **verfahrensrechtlichen Konsequenzen**. Organträger und Organgesellschaft könnten für einen gegebenen Veranlagungszeitraum nicht gegenläufig besteuert werden. Es sei somit nicht möglich, dass einerseits die Organgesellschaft auf ihrer Ebene aufgrund der geänderten Rechtsprechung als Teil des Organkreises behandelt werde, der Organträger aber andererseits aufgrund der bisherigen, nun überholten Rechtsprechung (noch) als Organträger ohne die Personengesellschaft als Organgesellschaft. Der Organträger, zu dessen Gunsten der Änderungsschutz nach § 176 Abs. 1 Satz 1 Nr. 3 AO wirken würde, müsse diesen Schutz durch die Stellung eines Änderungsantrags entfallen lassen, um so die Besteuerung der Umsätze der Organgesellschaft bei sich als Organträger zu ermöglichen. Der BFH sieht diese Einschränkung als durch den Grundsatz von Treu und Glauben gedeckt an.

Hinweis

Die Reaktion des BMF bleibt abzuwarten. Steuerpflichtige, die auch für die Vergangenheit einen Vorteil aus der geänderten Rechtsprechung haben können, sollten Handlungsbedarf prüfen, wenn für vergangene Veranlagungszeiträume droht, dass diese verfahrensrechtlich nicht mehr geändert werden können.

2.9.18 Behandlung von durchlaufenden Posten

Durchlaufende Posten (Beträge, die der Unternehmer im Namen und für Rechnung eines Dritten vereinnahmt und verausgabt) gehören nicht zum umsatzsteuerlichen Entgelt (§ 10 Abs. 1 Satz 5 UStG). Vereinnahmt der Unternehmer ein solches **Fremdgeld**, berechnet er hierauf somit **keine eigene Umsatzsteuer**. Verauslagt der Unternehmer das Fremdgeld, kann er aus diesem Betrag keine eigene Vorsteuer abziehen. Ein durchlaufender Posten im umsatzsteuerrechtlichen Sinn liegt aber nicht bereits dann vor, wenn der Betrag wirtschaftlich betrachtet „durchgereicht" wird. Er setzt vielmehr voraus, dass der Unternehmer einerseits **keinen eigenen Anspruch auf Zahlung** des Betrags hat und andererseits selbst auch **nicht zur Zahlung verpflichtet** ist. Der Unternehmer darf also nur Mittelsperson sein und muss am eigentlichen Leistungsaustausch zwischen den anderen unbeteiligt sein.

Unterschiedlich beantwortet wurde bisher die Frage, ob eine solche eigene Zahlungsverpflichtung besteht, wenn der Unternehmer lediglich gesamtschuldnerisch neben den eigentlichen Zahlungsverpflichteten – den Empfänger der umsatzsteuerlichen Leistung – tritt. Das BMF verneinte hier bisher die Annahme eines durchlaufenden Postens. Anders der BFH, der auch in Fällen der **Gesamtschuldnerschaft** einen durchlaufenden Posten bejahte (BFH, Urteil v. 3.7.2014, V R 1/14, BStBl 2023 II S. 89). In diesem Punkt folgt das BMF nun dem BFH. Nach dem neugefassten Abschn. 10.4 Abs. 4 UStAE kann somit auch nach der Auffassung des BMF im Fall einer Gesamtschuldnerschaft ein durchlaufender Posten vorliegen. Allerdings obliegt es in solchen Fällen der Gesamtschuldnerschaft, dem Unternehmer nachzuweisen, dass er lediglich die Funktion der Mittelsperson innehat (BMF, Schreiben v. 11.1.2023, BStBl 2023 I S. 179).

In einem anderen Punkt folgt das BMF dem BFH nicht: Der BFH legte im oben genannten Urteil die Norm des § 10 Abs. 1 Satz 5 UStG im Sinne von Art. 79 Abs. 1 Buchst c MwStSystRL aus, dass in fremdem Namen und für fremde Rechnung vereinnahmte Beträge nur dann als durchlaufende Posten zu behandeln sind, wenn sie auch als solche buchhalterisch erfasst sind. Das BMF wendet diese Grundsätze des BFH über den entschiedenen Einzelfall hinaus nicht an. Für das BMF bleibt es daher dabei, die **korrespondierende Behandlung in der Buchführung** nicht als Voraussetzung für die Behandlung als durchlaufenden Posten zu sehen.

Hinweis
Mit dem Schreiben v. 11.1.2023 wird das BMF-Schreiben v. 11.2.2000 zu „Deponiegebühren als durchlaufende Posten“ aufgehoben. Die Grundsätze des neuen BMF-Schreibens sind in allen offenen Fällen anzuwenden. Allerdings kann sich der Unternehmer noch für bis zum 31.12.2022 ausgeführte Umsätze auf die alte Verwaltungsauffassung berufen.

2.9.19 Nullsteuersatz bei Photovoltaikanlagen

Der durch das Jahressteuergesetz 2022 v. 16.12.2022 (BGBl 2022 I S. 2294) eingeführte § 12 Abs. 3 UStG ordnet einen Umsatzsteuersatz in Höhe von 0 % für die Lieferung und Installation bestimmter Solarmodule einschließlich weiterer „wesentlicher Komponenten“ an den Betreiber einer Photovoltaikanlage an. Dieser Steuersatz gilt bereits seit dem 1.1.2023. Das BMF äußert sich mit Schreiben v. 27.2.2023 (BStBl 2023 I S. 351) zur Anwendung dieser Regelung und übernimmt die Aussagen in den Umsatzsteuer-Anwendungserlass (UStAE).

Dabei äußert sich das BMF u.a. zum **Begriff der Lieferung** und stuft dabei auch die **Übernahme der Anmeldung** in das Marktstammdatenregister (MaStR) sowie die Bereitstellung von **Software zur Steuerung und Überwachung der Anlage** als Nebenleistung der Lieferung ein. Während Leasing- oder Mietkaufverträge je nach Vertragsgestaltung als Lieferung oder sonstige Leistung einzustufen sein können, hat die Finanzverwaltung die **Vermietung von Anlagen** ausdrücklich aus dem Anwendungsbereich ausgeschlossen (vgl. Abschn. 12.18 Abs. 1, Satz 4ff. UStAE). Ferner wurden die **Belegenheitsvoraussetzungen** für begünstigte PV-Anlagen erläutert (vgl. Abschn. 12.18 Abs. 3, Satz 6 UStAE) und der Katalog der wesentlichen Komponenten erweitert (vgl. Abschn. 12.18 Abs. 8 UStAE). Sowohl zu den **wesentlichen Komponenten** als auch zum Begriff der Installation wurden erläuternde Beispiele aufgenommen.

Weiterhin enthält das Schreiben Erläuterungen zum **Begriff des Betreibers** einer Photovoltaikanlage. So kommt es in diesem Zusammenhang weder auf die tatsächliche Einspeisung oder Förderung nach dem EEG noch auf die Unternehmereigenschaft des

Betreibers an. Auch die Vereinfachungsregel nach § 12 Abs. 3 Nr. 1 Satz 2 UStG gilt nicht für die Betreibereigenschaft (vgl. Abschn. 12.18 Abs. 2, Satz 4 ff. UStAE). Ebenfalls konkretisiert das BMF seine Auffassung zu gemischt genutzten Gebäuden, die sowohl für begünstigte als auch für nicht begünstigte Zwecke genutzt werden. Grundsätzlich ist in solchen Fällen von einem begünstigten Gebäude auszugehen (vgl. Abschn. 12.18 Abs. 4, Satz 1 UStAE). Sowohl im Hinblick auf die Vereinfachungsregel als auch auf die Nachweispflichten wurden ergänzende Ausführungen für nachträgliche Lieferungen und Erweiterungen von PV-Anlagen aufgenommen.

Hinweis

Die Regelungen des Schreibens sind erstmalig auf Umsätze anzuwenden, die nach dem 31.12.2022 bewirkt werden. Es wird nicht beanstandet, wenn die Vorschriften über den Teil des Entgelts, der auf zusätzliche Serviceleistungen entfällt, erst ab dem 1.4.2023 angewendet werden.

Mit BMF-Schreiben v. 30.11.2023 ergänzt das BMF sein Anwendungsschreiben und nimmt weitere Änderungen im UStAE auf. U. a. zur **Entnahme** einer Photovoltaikanlage, die grundsätzlich nicht rückwirkend erfolgen kann, führt das BMF ergänzend aus, dass im Hinblick auf bislang ungeklärte Rechtsfragen zur umsatzsteuerlichen Behandlung eine bis zum 11.1.2024 gegenüber dem Finanzamt erklärte Entnahme bei Vorliegen der übrigen Voraussetzungen des § 3 Abs. 1b Satz 1 Nr. 1 UStG **ausnahmsweise auch rückwirkend** zum 1.1.2023 erfolgen könne. Daneben äußert sich das BMF u. a. zur gleichzeitigen Anschaffung einer Photovoltaikanlage und eines Stromspeichers in einem einheitlichen (Werk-)Vertrag sowie zu weiteren Anwendungsfragen der **Kleinunternehmerregelung**. Weitere Erläuterungen betreffen z. B. Solar-Carports (vgl. Abschn. 12.18. Abs. 7 UStAE n. F.).

Hinweis

Für bestimmte Fälle gewährt das BMF Nichtbeanstandungsregelungen. So kann hinsichtlich der isolierten Erweiterung bzw. Erneuerung eines Zählerschranks im Zusammenhang mit der Installation einer PV-Anlage i. S. v. § 12 Abs. 3 UStG für vor dem 1.1.2024 ausgeführte Leistungen (unter bestimmten Voraussetzungen) der Regelsteuersatz gem. UStAE in der bis zum 29.11.2023 geltenden Fassung angewendet werden.

2.9.20 Spenden zur Reparatur kriegsbeschädigter Infrastruktur

Am 17.3.2022 hatte das BMF (steuerliche) Billigkeitsmaßnahmen im Zusammenhang mit dem Krieg in der Ukraine beschlossen, die mit BMF-Schreiben v. 17.11.2022 (BStBl 2022 I S. 1516) bis 31.12.2023 verlängert wurden.

Mit BMF-Schreiben v. 13.3.2023 (BStBl 2023 I S. 404) wurden diese Maßnahmen ergänzt. Danach sind unentgeltliche Wertabgaben im Billigkeitswege bis zum 31.12.2023 nicht zu besteuern, wenn es sich um unentgeltliche Leistungen handelt, die unmittelbar die **Reparatur von kriegsbeschädigter Infrastruktur** in der Ukraine zum Ziel haben. Davon sind die unentgeltliche Bereitstellung von u.a. Baumaterialien, Baumaschinen, Personal und etwaiger Transportleistungen umfasst. Beabsichtigt der Unternehmer bei Leistungsbezug schon eine entsprechende Verwendung, ist er entgegen Abschn. 15.15 UStAE dennoch unter den übrigen Voraussetzungen aus Billigkeitsgründen zum Vorsteuerabzug berechtigt.

Hinweis

Mit BMF-Schreiben v. 24.10.2023 (BStBl 2023 I S. 1869) wurde der zeitliche Anwendungsbereich dieser Maßnahmen erneut auf **bis 31.12.2024** durchgeführte Maßnahmen verlängert.

2.9.21 Unternehmereigenschaft und Vorsteuerabzug der Forschungseinrichtungen

Das BMF ergänzt mit Schreiben v. 27.1.2023 (BStBl 2023 I S. 314) den Umsatzsteuer-Anwendungserlass (UStAE) um einheitliche Regelungen zur Unternehmereigenschaft von Forschungseinrichtungen. Unter anderem werden Ausführungen zur Definition von Forschungseinrichtungen in Abschn. 2.10 Abs. 10 UStAE aufgenommen. Des Weiteren wird hier festgelegt, was zum unternehmerischen Bereich gehören kann. So gehört **Grundlagenforschung** z.B. zum unternehmerischen Bereich, wenn sie dazu dient, die unternehmerische Verkaufstätigkeit zu steigern und die Marktposition zu stärken. Fehlt eine nachhaltige Einnahmeerzielungsabsicht, gehört die Grundlagenforschung zum nichtunternehmerischen Bereich. Weiterhin gehören zum nichtunternehmerischen Bereich auch die **reine Lehre und Öffentlichkeitsarbeit**, wie z.B. ein Tag der offenen Tür oder ähnliches. Auch kann es für die Abgrenzung auf die Organisation und Eingliederung der Forschungseinrichtung in andere Einrichtungen ankommen.

Neben einer Reihe von Beispielen in Abschn. 2.10 Abs. 10 UStAE enthält der neue Abs. 11 ein zweistufiges Berechnungsschema zur **Ermittlung des Prozentsatzes** der nicht für das Unternehmen bezogenen **Vorsteuern**. Die Basis bilden die vorsteuerbelasteten Kosten der Gesamtleistung aus der Kosten- und Leistungsrechnung.

Hinweis
Die Regelungen des Schreibens sind auf alle offenen Fälle anzuwenden.

2.9.22 Vorsteuerabzug aus Reparaturkosten für Photovoltaik-Installationsschaden

Der Vorsteuerabzug für eine Eingangsleistung setzt u.a. voraus, dass sie für nicht-vorsteuerschädliche Ausgangsleistungen verwendet wird. Der BFH bejaht den Vorsteuerabzug für die Reparatur eines Daches eines nicht-unternehmerisch genutzten Wohnhauses, die durch die Installation einer unternehmerisch genutzten Photovoltaikanlage verursacht war (BFH, Urteil v. 7.12.2022, XI R 16/21, BFH/NV 2023 S. 788). Das Dach war Bestandteil eines nicht-unternehmerisch genutzten Wohngebäudes. Ursächlich für den Dachschaden – und damit für die Reparatur – war aber, dass eine unternehmerisch genutzte Photovoltaikanlage unsachgemäß auf dem Dach montiert worden war.

Die Frage, ob die bezogene Eingangsleistung für den Vorsteuerabzug ermöglichende Ausgangsleistungen verwendet wird, beantwortet sich laut BFH nicht ausschließlich danach, wie die Eingangsleistung verwendet wird. Kosten stünden auch dann im Zusammenhang mit einer unternehmerischen Tätigkeit, wenn sie durch diese Tätigkeit verursacht sind. Unerheblich war, dass das reparierte Dach selbst nicht-unternehmerisch genutzt wird und wurde. Die Zuordnung des reparierten Gegenstandes sei von der Zuordnung der Reparaturleistung zu unterscheiden.

Hinweis
In anderen Konstellationen erkennt die Finanzverwaltung die **Zuordnung nach der Verursachung** dagegen an. So können beispielsweise Vorsteuerbeträge aus Reparaturen infolge eines Unfalls während einer unternehmerisch

veranlassten Fahrt mit einem privaten Kfz unter den weiteren Voraussetzungen des § 15 UStG zum Abzug berechtigen (vgl. Abschn. 15.2c Abs. 3 Satz 3 UStAE). Insoweit dürfte auch zu erwarten sein, dass die Finanzverwaltung dem BFH-Urteil nicht widerspricht.

2.9.23 Vorsteuerabzug einer geschäftsleitenden Holding

Laut EuGH besteht der Vorsteuerabzug einer Holding nicht für Eingangsleistungen, die sie als Gesellschafterbeitrag in die Tochtergesellschaften einlegt (**unentgeltlicher Gesellschafterbeitrag**). Ein Recht zum Vorsteuerabzug setzt laut EuGH stattdessen voraus, dass die bezogenen Eingangsleistungen in direktem und unmittelbarem Zusammenhang mit eigenen (steuerpflichtigen) Ausgangsumsätzen oder mit der wirtschaftlichen Gesamttätigkeit der Holdinggesellschaft stehen (EuGH, Urteil v. 8.9.2022, C 98/21, BFH/NV 2022 S. 1279). Dem folgte der BFH in seiner Folgeentscheidung (BFH, Urteil v. 15.2.2023, XI R 24/22 (XI R 22/18), BStBl 2023 II S. 940).

Hinweis

Laut BFH ist daher einer Holdinggesellschaft der **Vorsteuerabzug** für Eingangsleistungen grundsätzlich **zu versagen**, die

- nicht in einem direkten und unmittelbaren Zusammenhang mit von der Holding erbrachten steuerpflichtigen Dienstleistungen, sondern mit von ihr als Gesellschafterbeitrag geschuldeten unentgeltlichen Dienstleistungen stehen,
- nicht in direktem und unmittelbarem Zusammenhang mit den eigenen Umsätzen der Holding, sondern mit den Umsätzen Dritter (der Tochtergesellschaften) stehen,
- in den Preis der an die Tochtergesellschaften erbrachten steuerpflichtigen Umsätze keinen Eingang finden und
- nicht zu den allgemeinen Kostenelementen der eigenen wirtschaftlichen Tätigkeit der Holding gehören.

2.9.24 Kein Vorsteuerabzug für Betriebsveranstaltung-„Koch-Events"

Der BFH versagte den Vorsteuerabzug für ein Koch-Event im Rahmen einer Weihnachtsfeier (Betriebsveranstaltung), da die bezogenen Leistungen dem privaten Bedarf der Mitarbeiter dienten (BFH, Urteil v. 10.5.2023, V R 16/21, BFH/NV 2023 S. 1161).

Hinweis
Zwar diene laut BFH ein Teambuilding-Event der Verbesserung des Betriebsklimas, allerdings erfolgten die Zuwendungen nicht aus einem vorrangigen Unternehmensinteresse, hinter dem das Interesse der Beschäftigten an der Feier zurücktrete. Der Streitfall sei mit der vom EuGH entschiedenen Fallgestaltung einer unentgeltlichen Abgabe von Mahlzeiten an das Personal nicht vergleichbar (vgl. u.a. EuGH, Urteil v. 11.12.2008, C-371/07). Der BFH stellte vielmehr auf die besondere Qualität des Essens und darauf ab, dass die Betriebsveranstaltung nicht während der Dienstzeit erfolgte.

Laut BFH lagen auch keine Aufmerksamkeiten i.S.d. § 3 Abs. 9a Nr. 2 UStG vor. Der BFH hält an der umsatzsteuerlichen Betrachtung als 110 EUR-**Freigrenze** pro Teilnehmer und Betriebsveranstaltung fest (auch vor dem Hintergrund zur aktuellen einkommensteuerlichen Betrachtung als **Freibetrag** in § 19 Abs. 1 Satz 1 Nr. 1a EStG, vgl. zur Erhöhung des Freibetrags durch das Wachstumschancengesetz Kapitel Ausblick Tz. 7.6.3). In die Berechnung der 110 EUR-Grenze bezog er sämtliche Kosten ein, weil es sich bei dem Koch-Event um eine einheitliche Leistung handelte (in Abgrenzung zum BFH-Urteil v. 16.5.2013, VI R 94/10, BStBl 2015 II S. 186).

Für den BFH sind die Gesamtkosten des Arbeitgebers zu gleichen Teilen auf die bei der Betriebsveranstaltung anwesenden Teilnehmer aufzuteilen (unter Hinweis auf BFH, Urteil v. 29.4.2021, VI R 31/18, BStBl 2021 II S. 606). Auf nicht teilnehmende Arbeitnehmer können demnach keinerlei Aufwendungen entfallen, für die ein Vorsteuerabzug in Betracht kommen könnte.

2.9.25 Vorsteuerabzug bei Transportdienstleistung für Waren Dritter

Gemäß § 15 Abs. 1 Satz 1 Nr. 2 UStG kann ein Unternehmer die entstandene Einfuhrumsatzsteuer für Gegenstände, die für sein Unternehmen nach § 1 Abs. 1 Nr. 4 UStG eingeführt worden sind, als Vorsteuerbetrag abziehen. Diese Vorschrift beruht auf Art. 168 Buchst. e der Mehrwertsteuersystemrichtlinie. Laut BFH können Transportdienstleister, die bei der Einfuhr einer Ware die **Einfuhrumsatzsteuer** schulden und entrichten, diese nicht als Vorsteuer abziehen (BFH, Beschluss v. 20.7.2023, V R 13/21, BFH/NV 2023 S. 1383). Im konkreten Fall hatte eine GmbH, die als indirekte Zollvertreterin Verzollungsdienstleistungen anbot und somit die Einfuhrumsatzsteuer schuldete, die von ihr entrichtete Einfuhrumsatzsteuer als Vorsteuer abgezogen. Diesen Abzug lehnte der BFH jedoch ab, da die Einfuhr für das Unternehmen eine **Verwendung des eingeführten Gegenstands für Zwecke der besteuerten Umsätze** des Unternehmers erfordere. Dies setze voraus, dass er den Gegenstand selbst und damit dessen Wert für diese Umsätze verwendet. Erbringt der Unternehmer in Bezug auf den eingeführten Gegenstand lediglich eine Verzollungs- oder eine Beförderungsdienstleistung, stehe ihm daher kein Abzugsrecht zu.

Hinweis

Für den BFH ergibt sich insoweit auch nichts anderes aus der jüngeren EuGH-Rechtsprechung (Beschluss v. 8.10.2020, C-621/19 „Weindel Logistik Service").

2.9.26 Umsatzsteuerliche Fiskalvertretung

Ausländische Unternehmer können unter bestimmten Bedingungen in Deutschland die Dienste eines Fiskalvertreters in Anspruch nehmen, um ihre steuerlichen Verpflichtungen im Zusammenhang mit der Umsatzsteuer zu erfüllen. Durch das Jahressteuergesetz 2019 wurden weitere Verpflichtungen eines Fiskalvertreters in § 22b Abs. 2 und Abs. 2a UStG aufgenommen. Seit 1.1.2020 müssen Fiskalvertreter nicht nur die jährliche Umsatzsteuererklärung abgeben, sondern auch **vierteljährliche Umsatzsteuervoranmeldungen** einreichen und **Zusammenfassende Meldungen** abgeben.

Das BMF nimmt mit Schreiben v. 9.10.2023 (BStBl 2023 I S. 1709) erstmals Ausführungen zum Fiskalvertreter in den Umsatzsteuer-Anwendungserlass (UStAE) auf und äußert sich dabei u. a. zu den Rechten und Pflichten eines Fiskalvertreters (vgl. Abschn. 22b.1 UStAE n. F.) und den daraus resultierenden Rechnungsangaben für vertretene Unternehmer (vgl. Abschn. 22c.1 UStAE n. F.).

Hinweis

Die Regelungen sind in allen offenen Fällen anzuwenden. Das bisherige BMF-Schreiben zur Fiskalvertretung v. 11.5.1999 (BStBl 1999 I S. 515) wurde aufgehoben.

2.10 Stromsteuer

2.10.1 Strom- und energiesteuerlicher Spitzenausgleich

Unternehmen des Produzierenden Gewerbes i.S.v. § 2 Nr. 3 StromStG können, unter engen Voraussetzungen, eine weitgehende Entlastung von der gezahlten Strom- und Energiesteuer im Rahmen des sog. „Spitzenausgleichs" des § 10 StromStG sowie § 55 EnergieStG beantragen. Für die Gewährung der Steuerentlastung ist u.a. grds. erforderlich, dass die von der Bundesregierung gesetzten jährlichen Zielwerte der Reduzierung der Energieintensität auf Ebene des gesamten produzierenden Gewerbes erreicht werden.

Mit dem Gesetz zur Änderung des Energiesteuer- und des Stromsteuergesetzes zur Verlängerung des sog. Spitzenausgleichs (BGBl 2022 I S. 2483) wurde die eigentlich 2022 auslaufende Möglichkeit der Beantragung der weitgehenden Entlastung von der gezahlten Strom- und Energiesteuer (§§ 10 StromStG, § 55 EnergieStG) für 2023 verlängert. Dabei wird die Gewährung für 2023 einmalig nicht davon abhängig gemacht, dass ein Zielwert für eine Reduzierung der Energieintensität erreicht wurde. Weitere Änderungen des Gesetzes betreffen u.a. auch eine Erweiterung der Verordnungsermächtigung des § 11 Satz 1 Nr. 4 StromStG, die bei bestimmten Unternehmen zum Verlust der Entlastungsberechtigung führen kann.

Hinweis

Als Teil des Haushaltsfinanzierungsgesetzes 2024 wurde die Stromsteuerentlastung für **Unternehmen des produzierenden Gewerbes** befristet für die Jahre 2024 und 2025 erhöht, vgl. dazu Kapitel Ausblick Tz. 3.

2.10.2 Umwandlung und Aufbereitung von Energieerzeugnissen

Strom, der zur Stromerzeugung verwendet wird, ist nach dem Unionsrecht (Art. 14 Abs. 1 Buchst. a der Richtlinie 2003/96/EG) von der Stromsteuer zu befreien, in Deutschland umgesetzt in § 9 Abs. 1 Nr. 2 StromStG.

Der EuGH äußerte sich im EuGH-Urteil v. 9.3.2023 (C-571/21) zum **Umfang der Steuerbefreiung** im Rahmen der **Kohleverstromung** aus Tagebauen. Dabei bestätigt er, dass der Strom, der zur **Brennstoffherstellung** verwendet wird, **nicht begünstigt** werden soll. Allerdings könne sich die Steuerbefreiung auf die **anschließende Umwandlung und Aufbereitung** dieses Energieerzeugnisses in Kraftwerken zum Zweck der Stromerzeugung erstrecken, wenn diese Vorgänge für den technologischen Prozess der Stromerzeugung unentbehrlich sind und hierzu unmittelbar beitragen (vgl. Rn. 42 des Urteils). Auch könne der Strom begünstigt sein, der für den Betrieb von **Anlagen zur Lagerung eines Energieerzeugnisses** wie Braunkohle und von **Transportmitteln** bestimmt ist, mit denen dieses Erzeugnis aus den Tagebauen zu den Kraftwerken transportiert werden kann. Das kann laut EuGH der Fall sein, wenn diese **Vorgänge innerhalb des Kraftwerks** stattfinden und sie für die Aufrechterhaltung der Fähigkeit des technologischen Prozesses, elektrischen Strom zu erzeugen, **unentbehrlich** sind und hierzu unmittelbar beitragen, weil diese Vorgänge erforderlich sind, um die Aufrechterhaltung der Fähigkeit einer ununterbrochenen Stromerzeugung zu gewährleisten.

Hinweis

Die Folgeentscheidung des FG Düsseldorf sowie die Reaktion der deutschen Zollverwaltung bleiben abzuwarten. Unternehmen, die die Steuerbefreiung „Strom zur Stromerzeugung" in Anspruch nehmen, sollten prüfen, ob sie die Ausführungen des EuGH als Argumentationshilfe bei der Abgrenzung von Strommengen nutzen können.

2.10.3 Keine Steuerbefreiung für aus Gasgemisch erzeugten Strom

Nach § 9 Abs. 1 Nr. 1 StromStG ist Strom, der in Anlagen mit einer elektrischen Nennleistung von mehr als **zwei Megawatt aus erneuerbaren Energieträgern** erzeugt und vom Betreiber der Anlage am Ort der Erzeugung zum Selbstverbrauch entnommen wird, von der Steuer befreit. Dabei liegt Strom aus erneuerbaren Energieträgern nur dann vor, wenn er ausschließlich aus Wasserkraft, Windkraft,

Sonnenenergie, Erdwärme, Deponiegas, Klärgas oder aus Biomasse erzeugt wird (§ 2 Nr. 7 StromStG). Strom, der mit einem aus dem Erdgasnetz entnommenen **Gemisch** von begünstigtem und nicht begünstigtem Gas erzeugt wird, ist laut BFH **nicht** von der Steuer **befreit**. Erforderlich sei vielmehr die ausschließliche Verwendung von Biogas oder anderen erneuerbaren Energieträgern zur Erzeugung von Strom (BFH, Beschluss v. 17.1.2023, VII R 54/20, BFH/NV 2023 S. 925). Dabei stellte der BFH auf die tatsächliche Betrachtungsweise ab. Voraussetzung für die Steuerbefreiung sei die tatsächliche, d.h. **physikalische, Verwendung** von erneuerbaren Energieträgern (hier: Biogas). Auf die kaufmännisch-bilanzielle Betrachtungsweise komme es nicht an. Aus dem Ausschließlichkeitskriterium in § 2 Nr. 7 StromStG ergebe sich, dass die Herstellung von Strom mit Gas aus dem allgemeinen Gasnetz, in das Biogas eingeleitet worden ist und sich mit dem dort vorhandenen Erdgas vermischt hat, nicht begünstigt ist.

Hinweis

Wie der BFH selbst erwähnt, sind am Ort der Erzeugung von Biogas oftmals keine ausreichenden Nutzungsmöglichkeiten gegeben. Deshalb muss das erzeugte Biogas in der Regel in das **allgemeine Gasnetz** eingespeist werden, damit es an anderer Stelle genutzt werden kann. Unternehmen, die die Steuerbefreiung nach § 9 Abs. 1 Nr. 1 StromStG in Anspruch nehmen, sollten daher die Auswirkungen der BFH-Entscheidung genau prüfen.

2.10.4 Wärmeverluste bei Fernwärme

Laut BFH sind die zur Kompensierung von Wärmeverlusten in Fernwärmenetzen eingesetzten Energieerzeugnisse grundsätzlich nach § 54 Abs. 1 Satz 1 EnergieStG durch das einspeisende Unternehmen entlastungsfähig (i.S. einer Nutzung der Wärme zu eigenen betrieblichen Zwecken). Dies gelte auch, wenn der Energieversorger **Wärme von anderen Unternehmen** abnehme und für den Ausgleich der nach dem Übergabepunkt eintretenden Wärmeverluste verantwortlich sei (BFH, Urteil v. 28.2.2023, VII R 27/20, BFH/NV 2023 S. 1131). Im konkreten Fall (Streitjahr 2014) speiste der Energieversorger die zum Betrieb der Netze notwendige Wärme aus **unterschiedlichen Anlagetypen** in ein gemeinsames Rohrleitungsnetz ein. Dabei sei laut BFH die Höhe der Entlastung durch die vom Energieversorger selbst verheizte Menge an Energieerzeugnissen begrenzt.

Hinweis

Hinsichtlich der **Zuordnung der Wärmeverluste** ist deren freie bilanzielle Zuordnung zu einer bestimmten Anlage laut BFH nicht zulässig. Vielmehr habe das Versorgungsunternehmen eine **Aufteilung** nach den jeweils von ihm selbst betriebenen Anlagen vorzunehmen und die Verluste anteilig nach den durch die KWK-Anlagen und die Heizkessel jeweils erzeugten Wärmemengen im Verhältnis zu der von ihm insgesamt erzeugten Wärmemenge aufzuteilen.

2.10.5 Verzinsung im Stromsteuerrecht

Laut EuGH besteht in Fällen, in denen ein Mitgliedstaat unter Verstoß gegen die Vorschriften des Unionsrechts Steuern erhoben hat, nicht nur ein Anspruch auf Erstattung dieser Steuern, sondern auch auf dazugehörige Zinsen. Sie stellen Einbußen aufgrund mangelnder Verfügbarkeit von Geldbeträgen dar (EuGH, Urteil v. 9.9.2021 „Hauptzollamt B“, C-100/20). Im Vorabentscheidungsersuchen hatte der EuGH seine bestehende Rechtsprechung auch auf fakultative Steuerbegünstigungen weiterentwickelt. Dieser Ansicht folgt auch der BFH im Urteil v. 15.11.2022 (VII R 29/21, BStBl 2023 II S. 803). Einer nationalen Rechtsgrundlage bedürfe es für den Anspruch nicht.

Hinweis

Im konkreten Fall (Nichtgewährung des ermäßigten Steuersatzes nach § 9 Abs. 3 StromStG a.F.) begann laut BFH der Zinslauf bereits mit der Entrichtung der Vorauszahlungen i.S.v. § 6 StromStV. Auf eine Festsetzung der Jahressteuer oder den Zeitpunkt der Aufrechnung mit den Vorauszahlungen komme es dagegen nicht an. Für die Berechnung des Zinsbetrags sei der gesamte Zeitraum ab Leistung der jeweiligen Vorauszahlung bis zur Erstattung der überzahlten Stromsteuer zugrunde zu legen. Die in § 238 AO vorgesehene Beschränkung auf volle Zinsmonate widerspräche dem Effektivitätsgrundsatz, da die Geltendmachung eines Teils des Zinsanspruchs im Ergebnis unmöglich gemacht würde.

2.11 Grunderwerbsteuer

2.11.1 Grunderwerbsteuerliche Konzernklausel

Die Finanzverwaltung reagiert mit einer Überarbeitung ihres Anwendungserlasses zur grunderwerbsteuerlichen Konzernklausel auf die entgegenstehende BFH-Rechtsprechung zur **Bestimmung des herrschenden Unternehmens** bei mehrstufigen Beteiligungen i.S.d. § 6a GrEStG (gleich lautende Ländererlasse v. 25.5.2023).

Hinweis
Mit Urteil v. 28.9.2022 (II R 13/20, BStBl 2023 II S. 666) bestätigte der BFH seine Rechtsprechung zur grunderwerbsteuerlichen Konzernklausel aus dem Jahr 2020 und entwickelte diese dahingehend fort, dass sich die Bestimmung des „herrschenden Unternehmens" und der „abhängigen Gesellschaft" nach dem jeweiligen nach § 6a GrEStG begünstigten Umwandlungsvorgang richtet (entgegen gleich lautende Ländererlasse v. 22.9.2020, Tz. 3.1).

Soweit an dem steuerbaren Rechtsvorgang nach § 6a Satz 1 GrEStG ein herrschendes Unternehmen und ein oder mehrere von diesem herrschenden Unternehmen abhängige Gesellschaften beteiligt sind (§ 6a Satz 3 1. Alt. GrEStG), übernimmt der Erlass die BFH-Rechtsprechung. Danach ist als herrschendes Unternehmen – soweit vorhanden – das **am steuerbaren Umwandlungsvorgang unmittelbar beteiligte Unternehmen** gemeint. Unerheblich ist, ob bei mehrstufigen Beteiligungen das herrschende Unternehmen selbst von einem oder weiteren Unternehmen abhängig ist. Ebenso wenig ist maßgebend, ob bei abhängigen Gesellschaften weitere Gesellschaften von herrschenden Unternehmen abhängen, wenn diese Unternehmen oder Gesellschaften selbst nicht am Umwandlungsvorgang beteiligt sind.

Hinweis
Für den Fall, dass **mehrere** von einem herrschenden Unternehmen **abhängige Gesellschaften** am Umwandlungsvorgang beteiligt sind (§ 6a Satz 3 2. Alt. GrEStG), ordnet der Erlass an, dass ausgehend von dem Umwandlungsvorgang der in der Beteiligungskette **am nächsten stehende (unterste) Rechtsträger**, der die Voraussetzungen nach § 6a Satz 3 und 4 GrEStG

erfüllt, das herrschende Unternehmen ist. Auch hier ist unerheblich, ob bei mehrstufigen Beteiligungen das herrschende Unternehmen selbst von einem oder weiteren Unternehmen abhängig ist.

Auch äußert sich die Finanzverwaltung zur **wirtschaftlichen Tätigkeit** in Fällen von **Vorratsgesellschaften** und **reinen Holdinggesellschaften** und konkretisiert ihre bis dahin geltende Auffassung. Mit Erlass v. 22.9.2020 stufte die Finanzverwaltung beispielsweise Vorratsgesellschaften und reine Holdinggesellschaften als „nicht wirtschaftlich tätige Gesellschaften" ein. Aus diesem Grund bestanden bislang Zweifel darüber, ob diese Gesellschaften nach den allgemeinen Grundsätzen auch über eine Beteiligung an einer abhängigen Gesellschaft am Markt teilnehmen und insofern wirtschaftlich tätig sein bzw. dem herrschenden Unternehmen eine solche Beteiligung vermitteln können. Hierfür ist erforderlich, dass mindestens eine am Umwandlungsvorgang beteiligte abhängige Gesellschaft am Markt wirtschaftlich tätig ist. Laut dem neuen Erlass soll dies nun offenbar auch für **nicht selbst wirtschaftlich tätige Gesellschaften** (z. B. Vorratsgesellschaften und reine Holdinggesellschaften) gelten. Demnach dürfte aus Sicht des herrschenden Unternehmens eine Beteiligung an einer Zwischenholding, die wiederum an einer wirtschaftlich tätigen Gesellschaft beteiligt ist, hinreichend sein.

Hinweis

Der Erlass enthält neben weiteren Änderungen auch redaktionelle Anpassungen an die neue Rechtslage durch die Grunderwerbsteuerreform, insbesondere die Einführung des § 1 Abs. 2b GrEStG, die Senkung der Beteiligungsgrenzen und Verlängerung der Fristen. Der neue Ländererlass ersetzt den bisherigen Erlass v. 22.9.2020 und ist in allen offenen Fällen anzuwenden.

2.11.2 Zurechnung von Grundstücken

Die Frage der Zurechnung von Grundstücken entfaltet im Hinblick auf die Verwirklichung der grunderwerbsteuerbaren **Ergänzungstatbestände** erhebliche Relevanz. In jüngster Vergangenheit hat der BFH hierzu Stellung genommen. Nun reagiert die Finanzverwaltung auf die BFH-Rechtsprechung mit den gleich lautenden Erlassen der obersten Finanzbehörden der Länder v. 16.10.2023 zur Frage der

Zurechnung von Grundstücken für die Ergänzungstatbestände in § 1 Abs. 2a bis 3a GrEStG und erkennt die Urteile des BFH in weiten Teilen an.

Hinweis
Mit Urteil vom 14.12.2022 (II R 40/20, BStBl 2023 II S. 1012) konkretisierte der BFH seine Rechtsprechung (Urteil v. 1.12.2021, II R 44/18, BStBl 2023 II S. 1009) zur Frage der **Zurechnung von Grundstücken i.S. des Gehörens** in einem Fall den § 1 Abs. 3 GrEStG betreffend. Sind die Grundstücke vor dem **Anteilseignerwechsel** – aufgrund des Abschlusses einer Vereinbarungstreuhand – bereits Gegenstand eines **Veräußerungsvorgangs** (entweder i.S. des § 1 Abs. 1 Nr. 1 oder i.S. des § 1 Abs. 2 GrEStG) gewesen, „gehören" diese nicht mehr zum Vermögen der Gesellschafterin der grundbesitzenden Gesellschaft. Insofern ist § 1 Abs. 3 GrEStG nicht verwirklicht.

Über die BFH-Rechtsprechung hinausgehend äußern sich die Erlasse zudem zu der Frage der Zurechnung bei Verwirklichung des § 1 Abs. 2a bzw. 2b GrEStG und des § 1 Abs. 3 bzw. 3a GrEStG. Hintergrund ist, dass die Ergänzungstatbestände § 1 Abs. 2a und Abs. 2b GrEStG (**Gesellschafterwechsel** an grundbesitzenden Personen- bzw. Kapitalgesellschaften) vorrangig gegenüber § 1 Abs. 3 und Abs. 3a GrEStG (**Anteilsvereinigung und wirtschaftliche Beteiligung**) anzuwenden sind.

Sofern eine **Verwirklichung** dieser Tatbestände **zeitgleich** erfolgt, verdrängt § 1 Abs. 2a bzw. 2b GrEStG die Anwendung von § 1 Abs. 3 bzw. 3a GrEStG, mit der Folge, dass kein Tatbestand nach § 1 Abs. 3 bzw. 3a GrEStG verwirklicht ist. Daher ändert sich in diesen Fällen auch die Zurechnung nicht. Anders verhält es sich laut den gleichlautenden Erlassen jedoch in den Fällen, in denen das Signing und das Closing und damit die **Besteuerungszeitpunkte** von § 1 Abs. 2a bzw. 2b GrEStG und § 1 Abs. 3 bzw. 3a GrEStG **zeitlich auseinanderfallen**. In diesen Fällen wird laut den Erlassen der Vorrang zwar durch die grunderwerbsteuerrechtliche Korrekturvorschrift des § 16 Abs. 4a i.V.m. Abs. 5 Satz 2 GrEStG umgesetzt. Dennoch gilt der Tatbestand des § 1 Abs. 3 bzw. 3a GrEStG als verwirklicht, mit der Folge, dass sich dann auch die Zurechnung ändert. Diese Zurechnung endet zudem laut Verwaltungsauffassung auch dann nicht, wenn der Bescheid nach § 16 Abs. 4a GrEStG aufgehoben oder geändert wird. Das bedeutet: trotz Aufhebung oder Änderung des Bescheids gilt das Grundstück nach Auffassung der Finanzverwaltung weiterhin als zugerechnet. Nach diesen Grundsätzen ist im Ergebnis nach

Verwaltungsauffassung insbesondere eine Doppelzurechnung und damit eine Doppelbesteuerung nach § 1 Abs. 2a und Abs. 2b GrEStG möglich.

Hinweis

Der Ländererlass vom 16.10.2023 (BStBl 2023 I S. 1872) ist in allen offenen Fällen anzuwenden. Soweit in gleich lautenden Erlassen, die vor diesem Erlass veröffentlicht worden sind, gegenteilige Ausführungen enthalten sind, sind diese Ausführungen nicht mehr anzuwenden. Es ist nicht auszuschließen, dass aus Sicht der Finanzverwaltung in Zukunft das Erfordernis besteht, auch **vergangene Fälle** noch einmal **auf ihre Anzeigepflicht hin** zu **untersuchen**.

2.11.3 Rückgängigmachung eines Grundstückserwerbs

Die Grundsätze für die Rückabwicklung eines Grundstückserwerbs für Zwecke der Nichtfestsetzung oder Aufhebung der Grunderwerbsteuer wurden in ständiger Rechtsprechung vom BFH herausgearbeitet. Im Urteil v. 25.4.2023 (II R 38/20, BStBl 2023 II S. 1018) hat der BFH die **Wiedererlangung der ursprünglichen Rechtsstellungen** der Vertragsparteien verneint, wenn der Ersterwerber bei der Rückgängigmachung des Grundstückserwerbs den aufgrund der Auflassungsvormerkung bestehenden Anschein einer Rechtsposition in seinem eigenen (wirtschaftlichen) Interesse verwertet hat.

Hinweis

Die Frage, unter welchen Voraussetzungen die Rückabwicklung eines Grundstückserwerbs i. S. v. § 16 Abs. 1 und 2 GrEStG und somit die Nichtfestsetzung oder Aufhebung einer Grunderwerbsteuerfestsetzung möglich ist, führt aufgrund der hohen Praxisrelevanz immer wieder zu Streitigkeiten vor den Finanzgerichten. Grundsätzlich setzt die Anwendung des § 16 Abs. 1 und 2 GrEStG eine **tatsächliche und vollständige Rückgängigmachung** des den Steuertatbestand erfüllenden Rechtsgeschäfts voraus. Laut ständiger Rechtsprechung ist hierfür neben der zivilrechtlichen Aufhebung die Wiederherstellung der ursprünglichen Rechtspositionen der Vertragsparteien erforderlich. Dies beinhaltet notwendigerweise die **gegenseitige Rückgewähr der ausgetauschten Leistungen** und damit u. a. die Löschung einer zugunsten des Ersterwerbers eingetragenen Auflassungsvormerkung.

Hinweis

In der Praxis ist für Zwecke der **zeitlichen Umsetzungsabfolge** zu beachten, dass der Notar die erforderliche Löschungsbewilligung für die Auflassungsvormerkung dem Grundbuchamt in der Regel erst dann vorlegt, wenn der Kaufpreis zurückgezahlt wurde. Aus der steuerlichen Praxissicht sollte die zeitliche Abfolge einer Transaktion im Allgemeinen sorgfältig abgestimmt und entsprechend umgesetzt werden, wenn die Rückgängigmachung eines Grundstückserwerbs und/oder eines Share Deals in Bezug auf grundbesitzende Gesellschaften absehbar ist.

2.11.4 Anzeigepflichten bei Rückgängigmachung eines Erwerbsvorgangs

Erwirbt der Veräußerer das Eigentum an einem veräußerten Grundstück zurück, wird nach § 16 Abs. 2 Nr. 1 GrEStG auf Antrag sowohl für den Rückerwerb als auch für den vorausgegangenen Erwerbsvorgang die Steuer nicht festgesetzt oder eine bereits erfolgte Steuerfestsetzung aufgehoben, wenn der Rückerwerb innerhalb von zwei Jahren seit der Entstehung der Steuer für den vorausgegangenen Erwerbsvorgang stattfindet. Gemäß § 16 Abs. 5 GrEStG gilt § 16 Abs. 2 GrEStG jedoch nicht, wenn der Erwerbsvorgang i. S. des § 1 Abs. 2 bis 3a GrEStG, der rückgängig gemacht wird, **nicht fristgerecht** und **in allen Teilen vollständig angezeigt** (§§ 18 bis 20) war.

Der BFH hat sich in seinem Urteil v. 21.6.2023 (II R 2/21) zu der Frage geäußert, ob die (nicht-fristgerechte) **Anzeige des Notars** i. S. des § 18 GrEStG innerhalb der nachlaufenden für den Steuerpflichtigen geltenden Frist des § 19 GrEStG ausreichend ist, um das Tatbestandsmerkmal der fristgerechten Anzeige i. S. des § 16 Abs. 5 GrEStG zu erfüllen.

Laut BFH **steht** der Rückgängigmachung eines Erwerbsvorgangs nicht entgegen, wenn ein **Notar** den Erwerbsvorgang nicht innerhalb der für ihn geltenden Frist, jedoch innerhalb der **für den Steuerschuldner (nachlaufenden) gültigen Frist** beim zuständigen Finanzamt anzeigt. Ausgehend vom Wortlaut und Zweck des § 16 Abs. 5 GrEStG sei ausreichend, dass der Erwerbsvorgang innerhalb der für den Notar nach § 18 Abs. 3 Satz 1 GrEStG oder der für den Steuerschuldner nach § 19 Abs. 3 Satz 1 GrEStG geltenden Anzeigefrist in allen Teilen vollständig angezeigt war. Dies unabhängig davon, von wem und für wen die Anzeige erfolgt ist. Nach dem Normzweck des § 16 Abs. 5 GrEStG genügt es, wenn der Erwerbsvorgang innerhalb der in § 18 Abs. 3 GrEStG und § 19 Abs. 3 GrEStG vorgesehenen Anzeigefrist dem Finanzamt in einer Weise bekannt wird, dass es die Verwirklichung eines Tatbestands nach § 1 Abs. 2 bis 3a GrEStG prüfen kann. Sodann kommt es nicht darauf an, ob die Anzeige durch den Notar oder den Steuerschuldner erfolgt ist und auch nicht, ob der Steuerschuldner Kenntnis davon hatte, ob und wenn ja zu welchem Zeitpunkt der Notar seiner Anzeigepflicht nach der für ihn geltenden Frist nachgekommen ist. Maßgebend für das Erfüllen des § 16 Abs. 5 GrEStG ist somit nur, dass **dem Finanzamt innerhalb der gesetzlichen Fristen** der grunderwerbsteuerbare Vorgang angezeigt wurde.

Hinweis
Das Urteil kann in vergleichbaren Fällen u. U. auch für die Neuregelung des § 16 Abs. 4a i. V. m. Abs. 5 Satz 2 GrEStG (doppelte Anzeige bei zeitlichem Auseinanderfallen von Signing und Closing) von Bedeutung sein.

2.12 Ertragsteuerliche Organschaft

2.12.1 Finanzielle Eingliederung und Umwandlungen

Die Anerkennung einer ertragsteuerlichen Organschaft erfordert u. a. die finanzielle Eingliederung der Organgesellschaft in den Organträger (§ 14 Abs. 1 S. 1 Nr. 1 S. 1 KStG). Dem Organträger muss dabei die **Mehrheit der Stimmrechte** an der Organgesellschaft **ununterbrochen** vom Beginn des Wirtschaftsjahrs der Organgesellschaft zustehen. Wird ein Organträger auf ein anderes Unternehmen verschmolzen, tritt ertragsteuerlich der übernehmende Rechtsträger in die Rechtsstellung des übertragenden Rechtsträgers ein. Dies gilt grundsätzlich auch für die Organträgereigenschaft. Unterschiedlich betrachtet wurden bisher Fälle, in denen der steuerliche Übertragungszeitpunkt nicht mit dem Beginn des Wirtschaftsjahres der Organgesellschaft zusammenfällt. Dazu äußerte sich der BFH in vier Urteilen (BFH, Urteile v. 11. 7.2023, I R 45/20, I R 36/20 und I R 21/20 zur **Verschmelzung des Organträgers** sowie I R 40/20 zum **Anteilstausch**).

Laut BFH tritt der übernehmende Rechtsträger als („neuer“) Organträger auch dann in die bereits beim übertragenden Rechtsträger (als „alter“ Organträger) erfüllte Voraussetzung einer finanziellen Eingliederung der Organgesellschaft ein, wenn die Umwandlung steuerlich nicht bis zum Beginn des Wirtschaftsjahres der Organgesellschaft zurückbezogen wird (oder im Falle des Anteilstauschs werden konnte). Insoweit widerspricht der BFH der Auffassung der Finanzverwaltung Umwandlungssteuererlass 2011 v. 11.11.2011 (BStBl 2011 I S. 1314, Rz. Org. 02). Der BFH führt damit seine sog. Fußstapfentheorie fort.

Hinweis
Die Auffassung des BMF ist auch im derzeit noch im Entwurf vorliegenden überarbeiteten neuen **Umwandlungssteuererlass** enthalten (ebenfalls Rz. Org. 02; vgl. Kapitel Rückblick Tz. 2.5.5). Es bleibt nun abzuwarten, ob die Finanzverwaltung im Zuge der Finalisierung des Erlasses noch auf diese Rechtsprechung des BFH reagiert.

In seinem Urteil I R 36/20 (Fall einer Aufwärtsverschmelzung eines Organträgers) äußert sich der BFH auch zum Umfang der gesonderten und einheitlichen Feststellung nach § 14 Abs. 5 KStG. Diese umfasse neben dem zuzurechnenden Einkommen zumindest „incidenter" auch den Status des (Nicht-/) Bestehens einer Organschaft. Außerdem führt der BFH aus, dass in **Verschmelzungsfällen**, in denen während der fünfjährigen Mindestvertragslaufzeit der Ergebnisabführungsvertrag (EAV) erlischt, das Erlöschen in entsprechender Anwendung des § 14 Abs. 1 Satz 1 Nr. 3 Satz 2 KStG unschädlich sei. Die Konfusion stelle einen wichtigen Grund für die Nichteinhaltung der Mindestvertragslaufzeit dar.

Hinweis
Laut Ausführungen des BFH in den Urteilen I R 36/20 und I R 21/20 kann das Merkmal der **Zuordnung der Beteiligung** an der Organgesellschaft zu einer **inländischen Betriebsstätte** des Organträgers gemäß § 14 Abs. 1 Satz 1 Nr. 2 Satz 4 KStG (wie die finanzielle Eingliederung) Gegenstand einer umwandlungssteuerlichen Rechtsnachfolge nach § 12 Abs. 3 (oder § 4 Abs. 2 Satz 1) i.V.m. § 4 Abs. 2 Satz 3 UmwStG sein.

2.12.2 Tatsächliche Durchführung eines Ergebnisabführungsvertrags

Die Anerkennung einer ertragsteuerlichen Organschaft erfordert u.a. auch einen zivilrechtlich wirksamen, auf mindestens fünf (Zeit-)Jahre abgeschlossenen Ergebnisabführungsvertrag, der während seiner gesamten Geltungsdauer auch tatsächlich durchgeführt wird (§ 14 Abs. 1 Satz 1 Nr. 3 Satz 1 KStG).

Laut BFH ist ein Ergebnisabführungsvertrag nicht tatsächlich durchgeführt, wenn der gegen die Organträgerin bestehende Anspruch auf Verlustübernahme in der Bilanz der Organgesellschaft nicht ausgewiesen wird (BFH, Urteil v. 2.11.2022, I R 37/19, BStBl 2023 II S. 409). Dies gelte auch dann, wenn die Zahlung des Verlustausgleichsbetrags tatsächlich erfolgt. Laut BFH muss der Ergebnisabführungsvertrag während der gesamten Geltungsdauer tatsächlich „gelebt" werden, d.h. die entsprechenden Forderungen und Verbindlichkeiten müssen auch **in den Jahresabschlüssen gebucht** werden.

Das Tatbestandsmerkmal der tatsächlichen Durchführung kann laut BFH auch nicht durch einen vorläufigen Jahresabschluss erfüllt werden (BFH, Urteil v. 2.11.2022, I R 29/19, BStBl 2023 II S. 405). Vielmehr komme es auf das Ergebnis an, das bei zutreffender Anwendung der handelsrechtlichen Bilanzierungsgrundsätze in einem **endgültigen Jahresabschluss** auszuweisen wäre. Dies gelte auch für den Fall der Insolvenz.

Hinweis

In beiden Fällen wurde der Ergebnisabführungsvertrag nicht tatsächlich durchgeführt, da der Verlustausgleichsanspruch gar nicht (I R 37/19) bzw. die (fehlerhafte) Ergebnisabführung in einem lediglich vorläufigen Jahresabschluss (I R 29/19) gebucht worden war. Die Nichtdurchführung konnte laut BFH auch nicht durch § 14 Abs. 1 Satz 1 Nr. 3 Satz 4 KStG geheilt werden, da diese Regelung nicht das Nichtbilanzieren der Ausgleichsansprüche selbst (I R 37/19) bzw. einen nur vorläufigen Jahresabschluss (I R 29/19) erfasse.

Die Nichtdurchführung des Ergebnisabführungsvertrags innerhalb der Mindestvertragslaufzeit führte daher insgesamt zu einer **rückwirkenden Nichtanerkennung der Organschaft seit ihrer Begründung**. Ob auch eine Nichtdurchführung des Ergebnisabführungsvertrags nach Ablauf der Mindestvertragslaufzeit zu einer rückwirkenden Nichtanerkennung der Organschaft von Anfang an geführt hätte, hat der BFH zwar nicht ausdrücklich verneint. Allerdings kann laut BFH aufgrund des systematischen Zusammenhangs der Durchführungsregel mit der Regelung der Mindestvertragslaufzeit jedenfalls auch nicht geschlossen werden, dass eine Nichtdurchführung des Ergebnisabführungsvertrags in einem Veranlagungszeitraum nach Ablauf der Mindestvertragslaufzeit zu einer rückwirkenden Nichtanerkennung der Organschaft seit Vertragsbeginn führen würde.

2.12.3 Zurechnung eines aufspaltungsbedingten Übertragungsgewinns

Bei der Aufspaltung einer Organgesellschaft war nach bisheriger Auffassung des BMF ein möglicher Übertragungsgewinn von der Organgesellschaft selbst zu versteuern (Umwandlungssteuererlass 2011 v. 11.11.2011, BStBl 2011 I S. 1314, Rz. Org.27 Satz 1). Anders der BFH, der der Organträgerin das Übertragungsergebnis für gewerbesteuerliche Zwecke zurechnet, weil das Ergebnis auch handelsrechtlich abgeführt werden müsse. Insoweit gelte uneingeschränkt die Maßgeblichkeit der Handelsbilanz für die Steuerbilanz (BFH, Urteil v. 11.8.2021, I R 27/18, BStBl 2023 II S. 195). Mit BMF-Schreiben v. 10.2.2023 (BStBl 2023 I S. 250) will die Finanzverwaltung dieses BFH-Urteil nun über den zugrundeliegenden Urteilsfall hinaus anwenden.

Hinweis

In Rz. 25 seines Urteils führte der BFH zur Entkräftung des Verwaltungsarguments, dass seine Handhabung die Nutzung vorvertraglicher Verluste der Organgesellschaft endgültig ausschließe, an, dass eine Umwandlung der Organgesellschaft auch zu einem Zwischenwert und **bis zum gemeinen Wert** erfolgen könne, um bestehende vororganschaftliche Verluste der Organgesellschaft zu nutzen. Dieser Aussage widerspricht das BMF im aktuellen Schreiben und betont, dass für eine Verlustnutzung in der Organschaft § 15 Satz 1 Nr. 1 KStG gelte. Ein **Verlustabzug** nach § 10d EStG ist bei der Organgesellschaft demnach **untersagt**; eine **Übertragung vorvertraglicher Verluste** auf den Organträger ist ebenfalls ausgeschlossen.

2.13 Forschungszulage

Das Anwendungsschreiben zur seit 2020 bestehenden Forschungszulage wurde an einigen Stellen neu gefasst (BMF, Scheiben v. 7.2.2023, BStBl 2023 I S. 364). So führt das BMF z.B. aus, dass lediglich über reine **vermögensverwaltende Gesellschaftsstrukturen** (z.B. Private Equity Fonds, Venture Capital Fonds oder auch Beteiligungen von sog. Business Angels) horizontal miteinander verbundene Beteiligungsunternehmen, die sich untereinander nicht koordinieren können, nicht als verbundene Unternehmen i.S. des § 3 Abs. 6 FZulG anzusehen sind (Rn. 184a).

Dies hat zur Folge, dass sich die jeweiligen Beteiligungsunternehmen das derzeit auf 1 Mio. EUR gekappte maximale **Fördervolumen nicht teilen** müssen.

Für die beihilferechtlich relevante Prüfung, ob ein sog. **Unternehmen in Schwierigkeiten** vorliegt, ist für die Forschungszulage laut BMF-Schreiben (Rn. 295b) künftig bei Unternehmen, die in einen konsolidierten Konzernabschluss (Vollkonsolidierung) einbezogen werden, der **konsolidierte Jahresabschluss des Unternehmensverbundes** maßgeblich. Nur bei nicht vollkonsolidierten Unternehmen soll demnach für die Beurteilung eines Unternehmens in Schwierigkeiten im Sinne des FZulG eine Einzelbetrachtung des anspruchsberechtigten Unternehmens durchzuführen sein.

Weitere Ergänzungen im BMF-Schreiben betreffen u. a. das **Optionsmodell nach § 1a KStG** (Rn. 99a), sog. **Treuhandmodelle** bei einer Kommanditgesellschaft (Rn. 17a, 92, 99a) sowie Erleichterungen beim **Nachweis des Arbeitseinsatzes** für Tätigkeiten innerhalb bzw. außerhalb eines begünstigten FuE-Vorhabens. Diese kann nunmehr auch anhand einer unternehmensinternen Dokumentation erfolgen (Rn. 115).

Werden im Rahmen eines eigenbetrieblichen FuE-Vorhabens auch **Teilbereiche als Auftragsforschung** vergeben, wird ausgeführt, dass die Bescheinigung die Förderfähigkeit des vergebenen Auftrags beinhalten muss (Rn. 50).

Hinweis

Das neue Schreiben ersetzt das BMF-Schreiben v. 11.11.2021 (BStBl 2021 I S. 2277) und ist ab dem Zeitpunkt seiner Bekanntgabe im Bundessteuerblatt (Nr. 6/2023 v. 30.3.2023) in allen noch offenen Fällen anzuwenden. Vgl. zu den Änderungen des Forschungszulagengesetzes im Wachstumschancengesetz Kapitel Ausblick Tz. 7.10.

2.14 Änderung steuerlicher Mantelverordnungen

Mit der Sechsten Verordnung zur Änderung steuerlicher Verordnungen (6. Mantel-VO; BGBl 2022 I S. 2432) wurden zahlreiche kleinere Anpassungen in steuerlichen Verordnungen vorgenommen.

Eine Änderung der StAuskV betrifft Form, Inhalt und Voraussetzungen eines Antrags auf Erteilung einer **verbindlichen Auskunft** nach § 89 Abs. 2 AO. Nach den Ausführungen im AEAO zu § 89 Nr. 4.1.2 ist in **Umwandlungsfällen** bislang jeder abgebende, übernehmende oder entstehende Rechtsträger bei der Erteilung einer verbindlichen Auskunft eigenständig zu beurteilen. In § 1 Abs. 2 Nr. 5 StAuskV wurde ergänzt, dass eine verbindliche Auskunft nur von **allen Beteiligten gemeinsam** beantragt werden kann, wenn diese sich auf einen Sachverhalt erstreckt, der sich nach den §§ 20, 21, 24 oder 25 UmwStG bei verschiedenen Rechtsträgern steuerlich auswirkt und der steuerliche Wertansatz beim einbringenden oder übertragenden Rechtsträger vom steuerlichen Wertansatz beim übernehmenden Rechtsträger abhängt.

Hinweis

Die Neuregelung gilt erstmals für Anträge auf verbindliche Auskunft, die nach dem 31.12.2022 bei der zuständigen Finanzbehörde eingehen (§ 3 Satz 2 StAuskV). Nach § 1 Abs. 3 Nr. 5 StAuskV ist in den betreffenden Fällen das Finanzamt für die Erteilung der verbindlichen Auskunft zuständig, das für die steuerliche Behandlung des übernehmenden Rechtsträgers zuständig ist. Über § 2 Abs. 2 StAuskV entfaltet die erteilte verbindliche Auskunft einheitlich für alle beteiligten Rechtsträger Bindungswirkung. Für die verbindliche Auskunft wird gem. § 89 Abs. 3 Satz 2 AO nur eine Gebühr erhoben, für die die Beteiligten Gesamtschuldner sind.

Weitere Änderungen von Mantelverordnungen betreffen u. a. die

- Ergänzung weiterer möglicher Belegnachweise neben den bisher ausdrücklich benannten Beförderungsbelegen für die **Gelangensvermutung** bei innergemeinschaftlichen Lieferungen (§ 17a Abs. 2 Nr. 1 UStDV).
- Möglichkeit der Einreichung von **Belegnachweiskopien** auf elektronischem Wege im Vergütungsverfahren für im übrigen Gemeinschaftsgebiet ansässige Unternehmer (§ 61 Abs. 2 und Abs. 5 UStDV).
- **Zuständigkeitsregelung** für außerhalb des Gemeinschaftsgebiets ansässige Unternehmer, die sich in einem anderen EU-Mitgliedstaat für das One-Stop-Shop-Verfahren registrieren lassen (§ 1 Abs. 2b UStZustV).
- Vereinfachung der gesonderten Feststellung bei **Aufgabe eines Betriebs wegen Liebhaberei** durch den Wegfall der Bescheiderteilung in Fällen von geringer Bedeutung (§ 8 VO zu § 180 Abs. 2 AO).

3 Das betrifft Personengesellschaften

3.1 Verbesserungen beim Optionsmodell

Mit der Einführung des sog. „Optionsmodells" nach § 1a KStG durch das Gesetz zur Modernisierung des Körperschaftsteuerrechts (KöMoG) v. 25.6.2021 (BGBl 2021 I S. 2050) wurde Personenhandels- oder Partnerschaftsgesellschaften ein (ertragsteuerliches und verfahrensrechtliches) Wahlrecht eingeräumt, sich wie eine Kapitalgesellschaft und ihre Gesellschafter wie die nicht persönlich haftenden Gesellschafter einer Kapitalgesellschaft besteuern zu lassen.

Mit Wirkung bereits ab dem VZ 2022 soll durch das Wachstumschancengesetz (Stand Bundestagsbeschluss v. 17.11.2023) der Anwendungsbereich des Optionsmodells zusätzlich auf **eingetragene GbRs** ausgeweitet werden, so dass künftig auch diese optieren können (§ 1a Abs. 1 Sätze 1 bis 4 KStG). Außerdem soll die zeitliche Regelung zur **Antragstellung** dergestalt angepasst werden, dass auch in Fällen einer Neugründung sowie eines Formwechsels eine Optionsausübung möglich ist (§ 1a Abs. 1 Satz 7 Nr. 1 und 2 KStG). Das heißt, **neu gegründete Personengesellschaften** können dann bis zu einem Monat nach Abschluss des Gesellschaftsvertrags bereits mit Wirkung für das laufende Wirtschaftsjahr einen Antrag stellen. Des Weiteren soll im Hinblick auf die für eine Buchwertfortführung erforderliche Miteinbringung von funktional wesentlichem Sonderbetriebsvermögen neu geregelt werden, dass künftig auf die Einbringung der Beteiligung an der **Komplementärin** verzichtet werden kann (§ 1a Abs. 2 Satz 2, Halbsatz 2 KStG).

Hinweis
Damit würde allein die **Zurückbehaltung der Beteiligung an der Komplementärin** die steuerneutrale Ausübung der Option nicht ausschließen.

Hinsichtlich der Ausschüttungsfiktion soll § 1a Abs. 3 Satz 5 KStG angepasst werden (Streichung „oder ihre Auszahlung verlangt werden kann"). Damit ist der (kapitalertragsteuerpflichtige) Zufluss erst bei tatsächlicher Entnahme anzunehmen. Dies gilt auch bei beherrschenden Gesellschaftern und damit anders als bei „echten" Kapitalgesellschaften, bei denen bei beherrschenden Gesellschaftern der Zufluss grundsätzlich bereits beim Beschluss über die Ausschüttung fingiert wird.

Hinweis

Die noch erforderliche Zustimmung des Bundesrats zum Wachstumschancengesetz erfolgte in 2023 nicht mehr. Die weitere Entwicklung des Gesetzgebungsverfahrens ist daher in 2024 zu beobachten.

3.2 Zurechnung von Einkünften

Die Einkünfte aus Vermietung und Verpachtung sind demjenigen zuzurechnen, der den Tatbestand des § 21 EStG verwirklicht. Grundsätzlich ist das derjenige, der Träger der Rechte und Pflichten aus einem Miet- oder Pachtvertrag ist, d.h. der im Außenverhältnis als Vermieter auftritt oder zumindest die Leistungsbeziehung beherrscht. Beherrscht der einzelne **Gesellschafter einer vermögensverwaltenden Personengesellschaft** das Nutzungsüberlassungsverhältnis nicht allein, sondern nur gemeinschaftlich mit anderen Gesellschaftern, kommt es laut BFH darauf an, ob ein Gesellschafter allein oder nur nach Vorgabe eines Dritten (z.B. Treugebers) oder gemeinsam mit einem Dritten (z.B. Nießbraucher) die ihm in der Gesellschaft zustehenden wesentlichen Mitbestimmungsrechte effektiv ausüben kann.

Von diesen Grundsätzen ausgehend können einem **Nießbraucher** am Anteil einer vermögensverwaltenden Personengesellschaft Einkünfte aus Vermietung und Verpachtung nur dann zugerechnet werden, wenn er verhindern kann, dass der Gesellschafter die **maßgeblichen Entscheidungen** allein oder gegen seinen Willen trifft. Dies gilt laut BFH auch für den **Quotennießbrauch** (BFH, Urteil v. 15.11.2022, IX R 4/20, BStBl 2023 II S. 389).

3.3 Ergänzungsbilanzen bei Ausscheiden eines Gesellschafters

Laut BFH sind **negative Ergänzungsbilanzen**, die anlässlich des Eintritts eines neuen Gesellschafters in eine bestehende Personengesellschaft für die **Altgesellschafter** nach § 24 UmwStG zum Zweck der Buchwertfortführung gebildet worden sind, nicht aufzulösen, wenn der zunächst neu eingetretene Gesellschafter nachfolgend gegen Abfindung und unter Auflösung der für ihn spiegelbildlich gebildeten positiven Ergänzungsbilanz aus der Personengesellschaft ausscheidet. Die negativen Ergänzungsbilanzen der Altgesellschafter sind bei Gesellschafteraustritt fortzuführen (BFH, Urteil v. 23.3.2023, IV R 27/19, BFH/NV 2023 S. 912).

Hinweis

In diesem Urteil bestätigt der BFH zudem seine Rechtsprechung, dass es für die Anwendung des § 24 Abs. 1 UmwStG ausreichend sei, wenn bei **erstmaliger Einräumung der Mitunternehmerstellung** der Wert des eingebrachten Betriebsvermögens neben dem Kapitalkonto I (Festkapitalkonto) auch dem gesamthänderisch gebundenen Rücklagenkonto gutgeschrieben wird. Des Weiteren bestätigt er, dass zur **bilanziellen Darstellung** der Buchwertfortführung gem. § 24 Abs. 1, 2 UmwStG die beiden Möglichkeiten der Netto- oder Bruttomethode bestehen. Auch dürfen die Besteuerungsfolgen bei einem späteren entgeltlichen Ausscheiden des neu eingetretenen Gesellschafters nicht davon abhängen, welche bilanzielle Darstellungsmethode im Zeitpunkt des Beitritts gewählt wurde.

3.4 Einbringung gegen Gewährung von Gesellschaftsrechten

Bemessungsgrundlage linearer Abschreibungen sind die Anschaffungs- oder Herstellungskosten eines Wirtschaftsguts (§ 7 Abs. 1 Satz 1 EStG). Bei **abnutzbaren Wirtschaftsgütern**, die nach einer Verwendung zur Erzielung von Einkünften i.S.v. § 2 Abs. 1 Nr. 4 bis 7 EStG in ein Betriebsvermögen eingelegt werden, ist der Einlagewert u.a. um Absetzungen für Abnutzung (AfA) zu mindern, die bis zum Zeitpunkt der Einlage vorgenommen wurden. Nach bisheriger höchstrichterlicher Rechtsprechung finden die Restriktionen des § 7 Abs. 1 Satz 5 EStG bei der **Übertragung von Einzelwirtschaftsgütern in eine Personengesellschaft** gegen Gewährung von Gesellschaftsrechten auch bei anteiliger Gutschrift des eingebrachten Werts auf dem Festkapitalkonto und einem gesamthänderisch gebundenen Rücklagenkonto keine Anwendung. Sofern es zu keinen Vermögensverschiebungen zwischen den Gesellschaftern kommt, gilt dies auch, soweit der Wert des übertragenen Einzelwirtschaftsguts nicht dem Festkapitalkonto, sondern einer gesamthänderisch gebundenen Rücklage oder einem anderen Kapitalkonto gutgeschrieben wird. Diese Sichtweise bestätigte der BFH mit Urteil v. 23.3.2023 (IV R 2/20, BFH/NV 2023 S. 895).

Hinweis

Im konkreten Fall leisteten die Gesellschafter einer GbR eine **Sacheinlage** in Form eines im Privatvermögen befindlichen **Grundstücks mit aufstehender Windkraftanlage**. Der die Einlageverpflichtung der Gesellschafter übersteigende Wert wurde einem gesamthänderisch gebundenen Rücklagenkonto gutgeschrieben. Zuvor wurden mit dem Grundstück Einkünfte aus Vermietung und Verpachtung erzielt und für die Windkraftanlage Absetzungen für Abnutzung (AfA) vorgenommen. Der BFH verneinte die Kürzung der Bemessungsgrundlage für die AfA gemäß § 7 Abs. 1 Satz 5 EStG.

Damit verneinte der BFH erneut das sog. **Kombinationsmodell** (Aufteilung in einen entgeltlichen und einen unentgeltlichen Teil bei anteiliger Gutschrift auf dem Festkapitalkonto und einem anderen Kapitalkonto, vgl. auch BFH, Urteil v. 24.1.2008, IV R 37/06, BStBl 2011 II S. 617). Während der BFH im Urteil v. 29.7.2015 (IV R 15/14, BStBl 2016 II S. 593) noch offengelassen hatte, ob er an seiner Rechtsprechung aus dem Jahr 2008 festhalten wolle, sprach er sich nun u.a. aus Gründen der Rechtsprechungskontinuität ausdrücklich dafür aus.

4 Das betrifft Kapitalgesellschaften

4.1 Steuerliches Einlagekonto für Drittstaatengesellschaften

EU-Kapitalgesellschaften können in entsprechender Anwendung des § 27 Abs. 1 bis 6 KStG eine nicht steuerbare **Einlagenrückgewähr** erbringen (§ 27 Abs. 8 KStG). Voraussetzung hierfür ist, dass die Kapitalgesellschaft einen **Antrag auf gesonderte Feststellung der Leistung** beim BZSt stellt. Wird die Leistung mangels Antragstellung nicht gesondert festgestellt, gilt sie beim inländischen Gesellschafter aufgrund der **Fiktion** des § 27 Abs. 8 Satz 9 KStG als steuerpflichtige Gewinnausschüttung. Durch eine Ergänzung durch das Jahressteuergesetz 2022 v. 16.12.2022 (BGBl 2022 I S. 2294) erfasst der persönliche Anwendungsbereich neben EU-Kapitalgesellschaften ab 2023 auch EWR- und Drittstaaten-Kapitalgesellschaften.

Hinweis

Damit müssen erstmals auch Drittstaaten- und EWR-Gesellschaften, die nach dem 31.12.2022 Leistungen i.S.d. § 20 Abs. 1 Nr. 1 oder 9 EStG an ihre Anteilseigner gewähren, einen formellen Antrag auf gesonderte Feststellung der Einlagenrückgewähr stellen (§ 34 Abs. 10 KStG). Der Antrag ist nach amtlich vorgeschriebenem Formular bis zum Ende des zwölften Monats zu stellen, der auf das Ende des Wirtschaftsjahres folgt, in dem die Leistung erbracht wurde.

Aufgrund der Streichung des § 7 Abs. 2 KapErhStG (die auch Nennkapitalrückzahlungen von einer Einlagenrückgewähr umfasst) wurde die Fiktion des § 27 Abs. 8 Satz 9 KStG auf Fälle der Nennkapitalrückzahlung erweitert. Auch in Fällen der gesonderten Feststellung der Einlagenrückgewähr nach § 27 Abs. 8 KStG ist die **Bescheinigung an die Anteilseigner** durch die antragstellende (die Leistung gewährende ausländische) Kapitalgesellschaft auszustellen und nicht durch das BZSt (§ 5 Abs. 1 Satz 1 Nr. 29 FVG).

4.2 Keine Drittanfechtung bei steuerlichem Einlagekonto

Ungeachtet der Bedeutung für die Besteuerung des Gesellschafters ist grundsätzlich **ausschließlich die Kapitalgesellschaft** als Adressatin des Bescheids über den Bestand des steuerlichen Einlagekontos i.S. des § 27 Abs. 2 KStG **klagebefugt**. Der Gesellschafter ist dagegen laut BFH nicht befugt, den gegen die Kapitalgesellschaft ergangenen Bescheid über die gesonderte Feststellung des Bestands des steuerlichen Einlagekontos anzufechten (BFH, Urteil v. 21.12.2022, I R 53/19, BStBl 2023 II S. 504).

Hinweis

Insoweit nahm der BFH eine Abgrenzung zu Fällen vor, in denen der BFH dem **Einbringenden** die Befugnis zuerkannte, den Körperschaftsteuerbescheid des aufnehmenden Unternehmens mit der Begründung anzufechten, der dort zugrunde gelegte Wertansatz für das eingebrachte Vermögen sei zu hoch bemessen. Das dort ausnahmsweise bestehende Drittanfechtungsrecht begründete der BFH u.a. damit, dass die Körperschaft in diesem Punkt (**mangels Beschwer** durch einen zu hohen Wertansatz) rechtlich nicht in der Lage sei, den Körperschaftsteuerbescheid erfolgreich anzufechten. Das unterscheide die Konstellation vom Fall des steuerlichen Einlagekontos, da die Körperschaft den Feststellungsbescheid vollumfänglich außergerichtlich und gerichtlich überprüfen lassen könne.

Außerdem würde die Zuerkennung der Klagebefugnis mangels Bekanntgabe gegenüber den Gesellschaftern zur **vollständigen Bestandskraftlosigkeit** und **Unverjährbarkeit von Feststellungsbescheiden** führen, sodass diese faktisch der Unanfechtbarkeit entzogen wären. Das sei für den BFH mit dem Gebot der Rechtssicherheit nicht vereinbar.

Hinweis

Gegen das BFH-Urteil wurde **Verfassungsbeschwerde** eingelegt, die beim BVerfG unter dem Az. 1 BvR 1060/23 anhängig ist. Betroffene Steuerpflichtige sollten in vergleichbaren Fällen prüfen, ob Einspruchsverfahren nach § 363 Abs. 2 Satz 2 AO unter Hinweis auf das anhängige Verfahren ruhen können.

4.3 Kein steuerliches Einlagekonto bei Stiftungen

Das steuerliche Einlagekonto (Ausweis von nicht in das Nennkapital geleistete Einlagen) gilt nach § 27 Abs. 1 Satz 1 KStG für Kapitalgesellschaften und nach § 27 Abs. 7 KStG für andere Körperschaften und Personenvereinigungen, die **Dividenden oder vergleichbare Gewinne** ausschütten können. Laut BFH ist für rechtsfähige private Stiftungen des bürgerlichen Rechts der Bestand des steuerlichen Einlagekontos nicht gesondert festzustellen (BFH, Urteile v. 17.5.2023, I R 42/19 sowie I R 46/21, NV). Obwohl sie ihren Destinatären mit Gewinnausschüttungen vergleichbare Ausschüttungen gewähren können, handelt es sich bei rechtsfähigen **privaten Stiftungen** um Vermögensmassen, die **nicht vom Wortlaut des § 27 Abs. 7 KStG erfasst** seien.

Hinweis

Die mögliche **Steuerfreiheit der Bezüge** der Destinatäre der Stiftung ist laut BFH jedoch nicht per se ausgeschlossen. Auch wenn § 20 Abs. 1 Nr. 1 Satz 3 EStG für die steuerfreie Einlagenrückgewähr auf die gesonderte Feststellung über den Bestand des steuerlichen Einlagekontos verweist, bedürfe es einer solchen bei der rechtsfähigen privaten Stiftung des bürgerlichen Rechts nicht. Ob Bezüge aus der Stiftung mit Gewinnausschüttungen i.S. des § 20 Abs. 1 Nr. 1 EStG wirtschaftlich vergleichbar und nach § 20 Abs. 1 Nr. 9 Satz 1 EStG beim Destinatär steuerpflichtig sind, ist laut BFH ausschließlich im Rahmen der **Veranlagungsverfahren der Destinatäre** zu berücksichtigen.

4.4 Behandlung von Genussrechtskapital

Genussrechte weisen als sog. hybride Finanzinstrumente sowohl Merkmale auf, die für Eigenkapital typisch sind, als auch für Fremdkapital typische Merkmale. Im BMF-Schreiben v. 11.4.2023 (BStBl 2023 I S. 672) äußert sich das BMF zur Abgrenzung von Genussrechtskapital zu anderen Kapitalüberlassungen, die steuerbilanzielle Qualifikation von Genussrechten als Fremd- bzw. Eigenkapital sowie die steuerliche Behandlung von Zahlungen auf Genussrechtskapital bei der Einkommensermittlung gem. § 8 KStG. Die **Kapitalüberlassung** von **fremden Dritten** will das BMF stets als **Fremdkapital** behandelt haben.

Hinweis

Das BMF-Schreiben beschränkt sich dabei auf die ertragsteuerliche Behandlung bei der **emittierenden Gesellschaft**. Keine Äußerungen enthält das BMF-Schreiben dagegen zur ertragsteuerlichen Behandlung des Genussrechts beim Genussrechtsinhaber. Das Schreiben ist in allen offenen Fällen anzuwenden. Das bisherige BMF-Schreiben v. 27.12.1995 (BStBl 1996 I S. 49) ist damit aufgehoben worden.

4.5 Inkongruenter Vorabgewinnausschüttungsbeschluss

Laut BMF ist eine von den Beteiligungsverhältnissen abweichende Gewinnausschüttung (sog. inkongruente Gewinnausschüttung) grundsätzlich steuerlich anzuerkennen, wenn diese zivilrechtlich wirksam ist. Bei einer GmbH als ausschüttende Gesellschaft ist dies der Fall, wenn im **Gesellschaftsvertrag** gem. § 29 Abs. 3 Satz 2 GmbHG ein **anderer Verteilungsmaßstab** als das Beteiligungsverhältnis festgesetzt ist oder die Satzung eine Klausel enthält, nach der alljährlich mit Zustimmung der beeinträchtigen Gesellschafter oder einstimmig über eine abweichende Gewinnverteilung beschlossen werden kann und der Beschluss mit der in der Satzung bestimmten

Mehrheit gefasst worden ist. Wenn die Gewinnverteilungsabrede nur **kurzzeitig oder wiederholt** geändert wird, gilt dies laut Verwaltung als Indiz für eine unangemessene Gestaltung (BMF, Schreiben v. 17.12.2013, BStBl 2014 I S. 63).

Der BFH hat in seinem Urteil v. 28.9.2022 (VIII R 20/20, BFH/NV 2023 S. 196) entschieden, dass ein **punktuell satzungsdurchbrechender Beschluss** über eine inkongruente Vorabausschüttung, der von der Gesellschafterversammlung einstimmig gefasst worden ist und von keinem Gesellschafter angefochten werden kann, als zivilrechtlich wirksamer Ausschüttungsbeschluss der Besteuerung zugrunde zu legen ist. Der Gesellschafter, an den nach einem solchen Beschluss kein Gewinn verteilt wird, verwirkliche dann auch nicht den Tatbestand der Einkünfteerzielung gemäß § 20 Abs. 1 Nr. 1 Satz 1 EStG.

Hinweis

Die Finanzverwaltung bewertete dagegen die inkongruenten Vorabgewinnausschüttungsbeschlüsse als **satzungsdurchbrechende Beschlüsse mit Dauerwirkung** und mangels Einhaltung der Voraussetzungen für solche Beschlüsse (insbesondere notarielle Beurkundung und Eintragung des Beschlusses im Handelsregister) als **nichtig.** Daher rechnete das Finanzamt dem Gesellschafter, dem keine Gewinnausschüttung zugeflossen war, eine vGA nach § 20 Abs. 1 Nr. 1 Satz 2 EStG und wegen Vorliegens eines Gestaltungsmissbrauchs nach § 42 AO die (im konkreten Fall hälftigen) Gewinnanteile nach § 20 Abs. 1 Satz 1 Nr. 1 EStG zu. Dem widersprach der BFH, der im konkreten Fall weder eine vGA noch einen Gestaltungsmissbrauch nach § 42 AO sah.

4.6 Nicht verzinstes Gesellschafterverrechnungskonto

In dem Fall, der dem BFH-Urteil v. 22.2.2023 (I R 27/20, BStBl 2023 II S. 840) zugrunde liegt, führte eine Kapitalgesellschaft ein **Verrechnungskonto** eines bei ihr **angestellten Gesellschafter-Geschäftsführers.** In Höhe der die Gehälter übersteigenden Sollbuchungen entstanden Forderungen der Gesellschaft. Aufgrund der wirtschaftlich schlechten Situation des Gesellschafters ordnete das Finanzamt den Forderungen **Darlehenscharakter** zu. Mangels Verzinsung bejahte es eine vGA, die es unter Ansatz eines fremdüblichen Zinssatzes von 4,5 % unter Anwendung des Margenteilungsgrundsatzes bewertete. Hierfür ging das Finanzamt von einer (geringen) Bandbreite von banküblichen Habenzinssätzen aus, die nur wenig über der

0 %-Marke lagen. Als bankübliche Sollzinssätze wurden revolvierende Kredite und Überziehungskredite an Privathaushalte herangezogen, die sich bei etwas über 9 % bewegten. Die Gesellschaft hatte selbst keine Kredite aufgenommen.

Der BFH bestätigte die Anwendung des **Margenteilungsgrundsatzes**. Sofern keine anderen Anhaltspunkte für die regelmäßig gebotene Schätzung der fremdüblichen Zinsen erkennbar sind, ist für den BFH nicht zu beanstanden, wenn von dem Erfahrungssatz ausgegangen wird, dass sich private Darlehensgeber und -nehmer die bankübliche Marge zwischen Sollzinsen (Obergrenze) und Habenzinsen (Untergrenze) teilen. Die Teilung der Marge selbst beruhe auf einer Beobachtung des Wirtschaftslebens und damit auf einem Erfahrungssatz, den der Senat als fremdübliches Verhalten auch für das Verhältnis zwischen Kapitalgesellschaft und Gesellschafter annimmt.

Hinweis

Einen Widerspruch zu seiner jüngeren Rechtsprechung, in dem der Preisvergleich als vorrangige Methode zur Ermittlung fremdüblicher Zinsen gesehen wurde, die das Kreditrisiko des Darlehensnehmers widerspiegeln, sah der BFH nicht. Die Situation des vorliegenden Falles sei gänzlich anders gelagert und durch die private Gelegenheitskreditvergabe durch eine personalistisch strukturierte Gesellschaft an ihren beherrschenden Gesellschafter und das Fehlen anderer Anhaltspunkte gekennzeichnet.

Der BFH verneint eine starre Orientierung an den Habenzinsen als alleinigen Maßstab für die Fremdvergleichsprüfung. Zum einen betrieb die Kapitalgesellschaft keine Bankgeschäfte, und habe daher auch nicht den damit verbundenen („einzupreisenden“ banküblichen) Aufwand. Zum anderen komme dem Risiko, dass das Darlehen nicht zurückgezahlt werden kann, besondere Bedeutung zu. Im Streitfall wurde das Kapital **ohne hinreichende Besicherung** an den Gesellschafter-Geschäftsführer ungeachtet dessen zweifelhafter Bonität überlassen. Eine Geldanlage bei einer inländischen Geschäftsbank wäre dagegen typischerweise nicht mit einem finanziellen Risiko verbunden gewesen. Aus diesen Gründen habe sich die Schätzung am Haben- und Sollzinssatz zu orientieren und es sei ein sich zwischen Haben- und Sollzinssatz bewegender Zinssatz heranzuziehen.

Hinweis

Der BFH wies der Darlehensgewährung den Charakter eines unbesicherten Privatkredits mit Ausfallrisiko zu, so dass er das **Abstellen auf Überziehungskreditzinssätze für private Haushalte** nicht beanstandete. Auch betonte er die besondere Bedeutung der fehlenden Besicherung für das Vorliegen einer vGA und für die Schätzung des anzuwendenden Zinssatzes.

4.7 Nebeneinander von Pensionszahlungen und laufendem Gehalt

Wird nach dem Eintritt des Versorgungsfalls neben der Altersrente bei voller Weiterbeschäftigung als Geschäftsführer für diese Tätigkeit lediglich ein reduziertes Gehalt gezahlt, stellen die Pensionszahlungen laut BFH dann keine verdeckten Gewinnausschüttungen (vGA) dar, wenn die Gehaltszahlung die Differenz zwischen der Altersrente und den letzten Aktivbezügen nicht überschreitet (BFH, Urteil v. 15.3.2023, I R 41/19, BFH/NV 2023 S. 1035).

Im Fall erhielt der Alleingesellschafter einer GmbH zunächst nach seiner Abberufung als Geschäftsführer monatliche Pensionszahlungen von der GmbH. Ein Jahr später wurde er erneut zum Geschäftsführer bestellt und erhielt neben der Pension geringe monatliche Zahlungen als Vergütung für seine Geschäftsführertätigkeit („Anerkennungsvergütung").

Hinweis

Grundsätzlich ist zwar von einer gesellschaftlichen Veranlassung und damit von einer vGA bei Fortführung des Arbeitsverhältnisses unter gleichzeitigem Bezug einer Versorgung einerseits und laufendem Geschäftsführergehalt andererseits auszugehen. Ein gewissenhafter Geschäftsleiter würde verlangen, entweder das Einkommen für die Tätigkeit als Geschäftsführer auf die Versorgungsleistung anzurechnen oder den vereinbarten Eintritt der Versorgungsfälligkeit aufzuschieben, bis der Begünstigte endgültig seine Geschäftsführerfunktion beendet hat. Werde aber für die Weiterbeschäftigung lediglich ein reduziertes Gehalt gezahlt, könne ein ordentlicher und gewissenhafter Geschäftsleiter auch nicht erwarten, dass ein pensionierter Geschäftsführer umsonst weiterarbeitet. Vielmehr wäre er grundsätzlich bereit, ein Gehalt bis zur Höhe der Differenz zwischen der Versorgung und den letzten Aktivbezügen zu zahlen. Im konkreten

Fall betrug das Gehalt und die Pension in der Summe nur ca. 26 % der vorherigen Gesamtbezüge, so dass diese Differenz weit unterschritten war. Damit verneinte der BFH eine vGA.

4.8 AdV für Verlustfeststellungsbescheid nach § 8c KStG

Bei innerhalb von fünf Jahren erfolgenden schädlichen (mittelbaren oder unmittelbaren) Beteiligungserwerben von mehr als 50 % sind bis zum schädlichen Beteiligungserwerb nicht ausgeglichene oder abgezogene negative Einkünfte (nicht genutzte Verluste) vollständig nicht mehr abziehbar (§ 8c Abs. 1 Satz 1 KStG). Der BFH gewährte Aussetzung der Vollziehung von Bescheiden, die auf § 8c Abs. 1 Satz 1 KStG gestützt sind. Dabei räumte er dem **Aussetzungsinteresse** gegenüber dem Interesse am Vollzug des Gesetzes den Vorrang ein (BFH, AdV-Beschluss v. 12.4.2023, I B 74/22). Der gegen die betroffenen Verlustfeststellungsbescheide erhobene Einspruch ruht vor dem Hintergrund des zurzeit vor dem BVerfG anhängigen Verfahrens (Az. 2 BvL 19/17).

Hinweis

Der BFH sieht ernstliche Zweifel an der Verfassungsmäßigkeit der Norm. Das BVerfG hatte die für den BFH vergleichbare Norm des ursprünglichen Satzes 1 des § 8c KStG (**teilweiser Verlustuntergang bei schädlichen Beteiligungserwerben** bis 50 %) mit Beschluss v. 29.3.2017 (2 BvL 6/11, BStBl 2017 II S. 1082) als verfassungswidrig eingestuft. Nach Sicht des BFH sei damit die nach seiner ständigen Rechtsprechung entwickelte Fallgruppe (**Überwiegen des Aussetzungsinteresses**) eröffnet, bei der das BVerfG eine „ähnliche Vorschrift (bereits) für nichtig erklärt hatte". In der Interessenabwägung zur Aussetzung der Vollziehung überwiege daher das Aussetzungsinteresse der Betroffenen.

4.9 Steuerbefreiung für Pensionskassen

Die Steuerbefreiung, die Pensionskassen nach § 5 Abs. 1 Nr. 3 KStG, § 3 Nr. 9 GewStG gewährt wird, ist u.a. an die Gewährung eines Rechtsanspruchs an einen bestimmten Personenkreis geknüpft (§ 5 Abs. 1 Nr. 3 Buchst. a KStG). Laut BFH schränkt diese Norm den Personenkreis konditional („wenn") in der Weise ein, dass als **Leistungsempfänger** ausschließlich **natürliche Personen** in Betracht kommen. Die Steuerfreiheit entfalle damit vollständig, wenn eine juristische Person einen unmittelbaren Rechtsanspruch auf Leistungen der Pensionskasse hat (BFH, Urteil v. 11.5.2023, V R 1/21, BStBl 2023 II S. 882).

Hinweis

Ob ein **Rechtsanspruch** gewährt wird, ist laut BFH dabei ausschließlich nach der Satzung der Pensionskasse und ihr gleichgestellten Vereinbarungen zu beurteilen. Im konkreten Fall (Streitjahr 2004) fungierte die Pensionskasse nach einer erfolgten Umstrukturierung der betrieblichen Altersversorgung auch als Rückdeckungsversicherung für eine **neu einbezogene Unterstützungskasse**, über die nach der Umstrukturierung alle neuen Altersvorsorgebeiträge und daraus resultierenden Leistungen für die Mitglieder der Pensionskasse abgewickelt wurden. Nach den maßgeblichen Satzungsregelungen war die Pensionskasse zum einen verpflichtet, ihren persönlichen Mitgliedern nach Eintritt des Versicherungsfalls für (alte) Beitragszahlungen Versorgungsleistungen zu zahlen. Daneben hatte aber auch die Unterstützungskasse gegenüber der Pensionskasse einen originären zivilrechtlichen Anspruch auf (zukünftige) Leistungen, welche die Unterstützungskasse von der Pensionskasse im Rahmen der zugesagten Rückdeckungsversicherung für (neu) gezahlte Beiträge erhielt oder erhalten sollte. Damit gewährte die Pensionskasse auch der Unterstützungskasse als juristischer Person einen Rechtsanspruch auf Leistungen, so dass der BFH die Voraussetzungen für die Steuerfreiheit verneinte.

4.10 Beteiligungsschwelle bei Streubesitzdividenden

Bezüge i.S. des § 8b Abs. 1 Satz 1 KStG sind nicht steuerfrei, wenn die **Beteiligung** einer Kapitalgesellschaft zu Beginn des Kalenderjahres unmittelbar **weniger als 10 %** des Grund- oder Stammkapitals der Beteiligungsgesellschaft beträgt (Streubesitzdividenden, Ausnahme von der 95 %igen Steuerfreiheit für sog. Schachteldividenden, § 8b Abs. 4 Satz 1 KStG). Der BFH stellt bei der Berechnung der relevanten Beteiligungsschwelle maßgeblich auf das **wirtschaftliche Eigentum an den Anteilen** ab (BFH, Urteil v. 7.6.2023, I R 50/19, BFH/NV 2023 S. 1367).

Der Begriff „Beteiligung“ beziehe sich laut BFH auf die allgemeinen Grundsätze der steuerrechtlichen Zurechnung von Wirtschaftsgütern nach § 39 AO. Beim Übergang des wirtschaftlichen Eigentums nach § 39 Abs. 2 Nr. 1 Satz 1 AO komme es beim Erwerb von Wertpapieren darauf an, wem nach dem Gesamtbild der tatsächlichen Verhältnisse die **wirtschaftliche Dispositionsbefugnis** zustehe. Dabei sei erforderlich, dass der Erwerber die „Rechtsmacht“ vom Inhaber des Wertpapiers ableite und der Verkäufer somit von der der wirtschaftlichen Inhaberschaft ausgeschlossen sei.

Hinweis

Die Finanzverwaltung stellte im konkreten Fall allein auf das zivilrechtliche Eigentum ab. Da dieses zu Beginn des streitgegenständlichen Kalenderjahres noch nicht vorlag, verwehrte das Finanzamt die Schachtelprivilegierung und ordnete die bezogenen Dividenden als steuerpflichtige Streubesitzdividenden ein. Dem widersprach der BFH.

5 Das betrifft Arbeitnehmer

5.1 Arbeitnehmer-Pauschbetrag

Mit dem Jahressteuergesetz 2022 v. 16.12.2022 (BGBl 2022 I S. 2294) wurde der Arbeitnehmer-Pauschbetrag (§ 9a Nr. 1 EStG) ab dem VZ 2023 von 1.200 EUR auf 1.230 EUR erhöht.

Hinweis

Der Arbeitnehmer-Pauschbetrag wird im Lohnsteuerabzugsverfahren in den Lohnsteuerklassen I bis V berücksichtigt. Die Anhebung des Pauschbetrags durch das Jahressteuergesetz 2022 war noch nicht in der ersten Version der für den Lohnsteuerabzug 2023 erforderlichen Programmablaufpläne enthalten. Das BMF hat deshalb mit Schreiben v. 13.2.2023 (BStBl 2023 I S. 251) geänderte Programmablaufpläne für 2023 bekannt gemacht, die u. a. die Anhebung des Arbeitnehmer-Pauschbetrags auf 1.230 EUR in § 9a Satz 1 Nr. 1 Buchst. a EStG berücksichtigen. Die geänderten Programmablaufpläne waren ab dem 1.4.2023 anzuwenden – der in den ersten Monaten des Jahres 2023 vorgenommene Lohnsteuerabzug war vom Arbeitgeber nach Inkrafttreten der neuen Tabellen zu korrigieren (§ 41c Abs. 1 Satz 1 Nr. 2 und Satz 2 EStG).

5.2 Häusliches Arbeitszimmer

Mit dem Jahressteuergesetz 2022 v. 16.12.2022 (BGBl 2022 I S. 2294) wurden die Regelungen zum häuslichen Arbeitszimmer mit Wirkung ab dem 1.1.2023 geändert (s. Kapitel Rückblick Tz. 1.10).

Bildet das häusliche Arbeitszimmer den Mittelpunkt der gesamten beruflichen Tätigkeit des Arbeitnehmers, können die Aufwendungen weiterhin in voller Höhe als Werbungskosten abgezogen werden. Die Aufwendungen sind in diesen Mittelpunktfällen auch dann abziehbar, wenn dem Arbeitnehmer ein anderer Arbeitsplatz zur Verfügung steht. Anstelle des Abzugs der tatsächlichen Aufwendungen ist nun auch ein pauschaler Abzug in Höhe von 1.260 EUR (Jahrespauschale) möglich. Diese Jahrespauschale ist monats- und personenbezogen zu berücksichtigen.

Hinweis

Bildet das häusliche Arbeitszimmer nicht den Mittelpunkt oder sind die besonderen Anforderungen an ein häusliches Arbeitszimmer nicht erfüllt, kommt ein Abzug der Aufwendungen nur über die Homeoffice-Pauschale (§ 4 Abs. 5 Satz 1 Nr. 6c EStG, s. nachfolgend) in Betracht.

5.3 Homeoffice-Tagespauschale

Mit dem Jahressteuergesetz 2022 v. 16.12.2022 (BGBl 2022 I S. 2294) wurde die Homeoffice-Pauschale auf **6 EUR pro Tag** angehoben. Außerdem wurde sie dauerhaft entfristet und der maximale Abzugsbetrag von 600 EUR auf 1.260 EUR pro Jahr erhöht (s. Kapitel Rückblick Tz. 1.10).

Die Homeoffice-Pauschale wird in die Werbungskostenpauschale eingerechnet und nicht zusätzlich gewährt. Nicht von der Homeoffice-Pauschale abgegolten sind Aufwendungen für Arbeitsmittel.

Hinweis

Die Änderungen in § 4 Abs. 5 Satz 1 Nr. 6b und Nr. 6c EStG sind erstmals für nach dem 31.12.2022 in der häuslichen Wohnung ausgeübte Tätigkeiten anzuwenden (§ 52 Abs. 6 Satz 12 EStG).

5.4 Pauschalversteuerungsoption

Der Arbeitgeber kann bei Arbeitnehmern, die nur **kurzfristig beschäftigt** werden, die Lohnsteuer mit einem Pauschsteuersatz von 25 % des Arbeitslohns erheben (Pauschalversteuerungsoption, § 40a Abs. 1 Satz 1 EStG). Hierzu darf u.a. eine Grenze des durchschnittlichen täglichen Arbeitslohns nicht überschritten werden. Mit dem Jahressteuergesetz 2022 v. 16.12.2022 (BGBl 2022 I S. 2294) wurde diese Grenze **ab VZ 2023** von 120 auf **150 EUR** angehoben, damit auch nach der Anhebung des Mindestlohns zum 1.10.2022 die Regelung weiterhin auf Löhne oberhalb des Mindestlohns angewendet werden kann.

5.5 Abfindungen und Startprämien

Für die Besteuerung von Abfindungszahlungen, die für den Verlust des Arbeitsplatzes ausgezahlt werden, kann die Tarifermäßigung gemäß § 34 EStG (sog. **Fünftel-Regelung**) in Anspruch genommen werden. Dies erfordert eine Zusammenballung von Einkünften, die in aller Regel nur vorliegt, wenn die Abfindung und weitere damit zusammenhängende Beträge in ein- und demselben Jahr ausgezahlt werden.

Im BFH-Urteil v. 6.12.2021 (IX R 10/21, BFH/NV 2023 S. 878) äußerte sich der BFH zur **Zusammenballung bei Zusatzabfindungen** und sog. Startprämien. Im Urteilsfall schloss ein Arbeitnehmer im Zuge von Restrukturierungsmaßnahmen einen Aufhebungsvertrag mit seinem ursprünglichen Arbeitgeber und wechselte zugleich in ein befristetes Arbeitsverhältnis mit einer Transfergesellschaft. Der Vertrag sah neben einer grundsätzlichen Abfindung („Sozialplanabfindung") auch mögliche Zusatzabfindungen vor. Für einen schnellen Austritt aus der Transfergesellschaft und den Beginn eines neuen Arbeitsverhältnisses bei einem anderen Arbeitgeber erhielt der Arbeitnehmer weitere gestaffelte Zusatzabfindungen (einen Betrag aufgrund des vorzeitigen Ausscheidens aus der Transfergesellschaft A sowie einen Betrag für den Verzicht auf Beschäftigungsanspruch in Transfergesellschaft B, sog. **Startprämie**). Die Sozialplanabfindung wurde in 2015 gezahlt. Aufgrund des (schnellen) Beginns einer neuen Arbeitsstelle (noch in 2015) wurden die beiden Startprämien im darauffolgenden VZ 2016 gezahlt. Der BFH sah in den Zahlungen eine einheitliche Entschädigung für dasselbe Schadensereignis. Eine isolierte Betrachtung des Austritts aus dem Arbeitgeberunternehmen und dem Ausscheiden aus der Transfergesellschaft sei nicht geboten, da alle vertraglichen Regelungen hierzu gleichzeitig im Zuge der Restrukturierung geschlossen wurden. Die Auszahlung der Abfindungsleistungen in verschiedenen Jahren führte daher zu keiner Zusammenballung und daher zu einer Verneinung der Tarifermäßigung.

Hinweis
Vom Grundsatz der Auszahlung in ein- und demselben Veranlagungszeitraum räumt der BFH zwar Ausnahmen ein, die jedoch nur in Einzelfällen gewährt werden. Als Fallkonstellationen dieser Art führt der BFH spätere Entschädigungsleistungen aus sozialer Fürsorge oder eine Aufteilung der Abfindung in eine überwiegende Haupt- und spätere, geringfügige Teilleistung an. Solche sah der BFH im konkreten Fall jedoch nicht.

6 Das betrifft Vermieter und Kapitalanleger

6.1 Sonderabschreibung im Mietwohnungsneubau

Durch das Jahressteuergesetz 2022 v. 16.12.2022 (BGBl 2022 I S. 2294) wurde die Sonderabschreibung im Mietwohnungsneubau in § 7b EStG verlängert und dabei modifiziert. Die Inanspruchnahme der Sonderabschreibung ist danach auch für neue Wohnungen möglich, die aufgrund eines Bauantrags oder einer Bauanzeige in den **Jahren 2023 bis 2026** hergestellt werden. Dabei muss das Gebäude, in dem die neue Wohnung hergestellt wird, die Kriterien für ein „Effizienzhaus 40" mit **Nachhaltigkeitsklasse/Effizienzgebäude-Stufe 40** erfüllen. Voraussetzung ist das „Qualitätssiegel Nachhaltiges Gebäude" (QNG). Darüber hinaus werden die bisherige **Baukostenobergrenze** von 3.000 EUR auf 4.800 EUR je Quadratmeter Wohnfläche und die maximal förderfähige Bemessungsgrundlage der Sonderabschreibung von 2.000 EUR auf 2.500 EUR je Quadratmeter Wohnfläche erhöht.

6.2 Erhöhter AfA-Satz für zu Wohnzwecken dienende Gebäude

Mit dem Jahressteuergesetz 2022 v. 16.12.2022 (BGBl 2022 I S. 2294) wurde der typisierte lineare AfA-Satz für (neue) Gebäude, die Wohnzwecken dienen und nach dem 31.12.2022 fertig gestellt worden sind, auf jährlich 3 % erhöht. Der typisierte lineare AfA-Satz bei Fertigstellung vor dem 1.1.2023 und nach dem 31.12.1924 beträgt weiterhin jährlich 2 % und bei Fertigstellung vor dem 1.1.1925 jährlich 2,5 % (§ 7 Abs. 4 Satz 1 Nr. 2 Buchst. a bis c EStG).

Hinweis
Eine **niedrigere tatsächliche Nutzungsdauer** kann (wie bisher) nachgewiesen werden (§ 7 Abs. 4 Satz 2 EStG).

6.3 Energetische Gebäudesanierung

Die Steuerermäßigung für energetische Maßnahmen bei zu eigenen Wohnzwecken genutzten Gebäuden des § 35c EStG flankiert direkt die „Einzelmaßnahmen der Bundesförderung für effiziente Gebäude" (BEGEM). Um die zuletzt im Juli 2022 erfolgten Änderungen dieser Förderrichtlinie in das Steuerrecht zu übertragen, erfolgten durch die „Zweite Verordnung zur Änderung der Energetische Sanierungsmaßnahmen-Verordnung" (BGBl 2022 I S. 2414) entsprechende Anpassungen der in der „Energetische Sanierungsmaßnahmen-Verordnung" (ESanMV) aufgeführten **Mindestanforderungen an Art und technische Ausführung** der energetischen Maßnahmen. U.a. ist die Förderung **gasbetriebener Heizungstypen** wie z.B. gasbetriebene Wärmepumpen und Gas-Hybridheizungen entfallen.

§ 3 ESanMV bestimmt die Anwendung der Änderungsverordnung ab dem **VZ 2023** für nach dem 31.12.2022 begonnene energetische Maßnahmen.

Hinweis
Im Rahmen des Wachstumschancengesetzes (Stand Bundestagsbeschluss v. 17.11.2023) soll der Fördersatz der steuerlichen Förderung nach § 35c EStG befristet auf zwei Jahre auf (insgesamt) 30 % erhöht werden (vgl. Kapitel Ausblick Tz. 7.1.10).

6.4 Einkünfteerzielungsabsicht bei Vermietung

Bei Vermietungen i.S.d. § 21 Abs. 1 Satz 1 Nr. 1 EStG ist im Falle einer auf Dauer angelegten Vermietungstätigkeit grundsätzlich und typisierend davon auszugehen, dass ein **Einnahmenüberschuss** durch den Steuerpflichtigen **beabsichtigt** ist. Dies gilt laut BFH selbst dann, wenn sich über längere Zeiträume Werbungskostenüberschüsse ergeben. Allerdings fehle es bei aufwendig gestalteten oder ausgestatteten **Wohnungen ab** einer **Größe von 250 m^2** mangels einer entsprechenden Zahl von

Vermietungen (keine Vergleichsmiete mittels Mietspiegel) an der Grundlage für die typisierende Annahme der Einkünfteerzielungsabsicht (BFH, Urteil v. 20.6.2023, IX R 17/21, BFH/NV 2024 S. 76).

Hinweis

Allerdings betont der BFH, dass es sich nicht um eine unwiderlegbare Vermutung handelt, so dass eine Einkünfteerzielungsabsicht anhand einer **Totalüberschussprognose** über einen Zeitraum von 30 Jahren nachgewiesen werden könne. In seinem Urteil verdeutlicht der BFH seine dafür erforderlichen Anforderungen (u.a. hinsichtlich der Berücksichtigung von Mieterhöhungen, Zinsanpassungen und Abschreibungen) an eine solche Prognose. Da die Vorinstanz diesen Anforderungen nicht vollumfänglich genügt hat, verwies der BFH den konkreten Fall zur Entscheidung an das FG zurück.

6.5 Anhebung des Sparerpauschbetrags

Einkünfte aus Kapitalvermögen werden, auch soweit sie der Abgeltungsteuer unterliegen, um den einheitlichen Sparer-Pauschbetrag gem. § 20 Abs. 9 EStG gekürzt. Der Sparer-Pauschbetrag wurde mit dem Jahressteuergesetz 2022 v. 16.12.2022 (BGBl 2022 I S. 2294) ab dem VZ 2023 von 801 EUR bzw. 1.602 EUR bei Zusammenveranlagung auf **1.000 EUR** bzw. 2.000 EUR angehoben.

6.6 Veräußerungen von Kryptowährungen

Gewinne aus dem Verkauf von Kryptowährungen sind laut BFH grundsätzlich als private Veräußerungsgeschäfte i. S. des § 23 Abs. 1 Satz 1 Nr. 2 Satz 1 EStG steuerpflichtig (BFH, Urteil v. 14.2.2023, IX R 3/22, BStBl 2023 II S. 571). Werden Kryptowährungen innerhalb eines Jahres angeschafft und wieder veräußert, unterliegen sie dem persönlichen Einkommensteuersatz. Wie das dem Verfahren beigetretenen BMF sieht der BFH in virtuellen Währungen **„andere Wirtschaftsgüter“** i. S. des § 23 EStG. Die gehandelten „Currency Token“ (Einheiten einer Kryptowährung) seien digitale Vermögenswerte, die wirtschaftlich betrachtet als **Zahlungsmittel** anzusehen und selbstständig bewertbar wären. Der Einwand, dass sich aufgrund der starken Wechselkursschwankungen virtueller Währungen Ähnlichkeiten zu steuerfreien Glücksspielgewinnen aufdrängen, ließ der BFH mit Verweis auf das von Investoren geprägte Spekulationsgeschehen nicht gelten. Der BFH verneinte, dass ein normatives Vollzugsdefizit zur Verfassungswidrigkeit der Besteuerung entsprechender Veräußerungsgewinne führen würde. Dabei wies er auf die Möglichkeiten der Finanzbehörden hin, besteuerungserhebliche Tatsachen durch **Sammelauskunftsersuchen** bei Betreibern von Krypto-Handelsplattformen einzuholen.

Hinweis
Steuerpflichtige sind im Rahmen der allgemeinen verfahrensrechtlichen Grundsätze verpflichtet, entsprechende Gewinne aus der Veräußerung von Kryptowährungen zu erklären und geeignete Aufzeichnungen und Nachweise vorzuhalten. Noch offen sind Verwaltungsanweisungen zu Aufzeichnungs- und Dokumentationspflichten, die bisher nur in der Entwurfsfassung vorliegen.

7 Erben und Schenken

7.1 Neue Vorschriften für die Grundbesitzbewertung

Mit dem Jahressteuergesetz 2022 v. 16.12.2022 (BGBl 2022 I S. 2294) wurden die Vorschriften zur Grundstücksbewertung im Bewertungsgesetz insbesondere bei Anwendung des **Ertrags- und Sachwertverfahrens** sowie der Verfahren in Erbbaurechtsfällen und Fällen mit Gebäuden auf fremdem Grund und Boden an die neue Immobilienwertermittlungsverordnung (ImmoWertV) v. 14.7.2021 (BGBl 2021 I S. 2805) angepasst. U. a. wurde die **Höhe der Zinssätze** in § 188 Abs. 2 Satz 2 BewG (Liegenschaftszinssätze) und in § 191 Satz 2 BewG i.V.m. Anlage 25 zum BewG (Wertzahlen für das Sachwertverfahren) an das aktuelle **Marktniveau** angepasst.

Hinweis
Die für Bewertungsstichtage nach dem 31.12.2022 geänderten Bewertungsregelungen können insbesondere bei Übertragungen von Ein- und Zweifamilienhäusern sowie Eigentumswohnungen zum **Anstieg der Schenkung- und Erbschaftsteuer** führen, soweit im Einzelfall das Sachwertverfahren einschlägig ist. Auch bei Mehrfamilienhäusern, bei denen regelmäßig auf den Ertragswert statt auf den Sachwert abgestellt wird, kann wegen der sich ändernden Wertermittlung eine Steuererhöhung resultieren.

Die Finanzverwaltung äußerte sich in den gleich lautenden Erlassen der obersten Finanzbehörden der Länder v. 20.3.2023 zur Anwendung der neuen Bewertungsregelungen. Zugleich wurden entsprechende Anpassungen und Ergänzungen der R B ErbStR 2019 vorgenommen. Der Erlass enthält u.a. Ausführungen zur zeitlichen Anwendung von weiterhin noch maßgeblichen Daten der **Gutachterausschüsse**, zur Höhe der gesetzlichen **Liegenschaftszinssätze** nach § 188 BewG sowie zum Ansatz der **Bewirtschaftungskosten** (statt pauschalem Prozentsatz in Abhängigkeit von der Restnutzungsdauer und der Grundstücksart Unterscheidung nicht nur nach Grundstücksart, sondern auch nach Verwaltungskosten, Instandhaltungskosten und Mietausfallwagnis). Ebenfalls enthalten sind Erläuterungen zu den neu im Rahmen des Sachwertverfahrens zu beachtenden **Regionalfaktoren** sowie zu den **Sonderfällen**, wie etwa der Bewertung von Erbbaurechtsfällen und Fällen mit Gebäuden auf fremden Grund und Boden.

7.2 Junges Verwaltungsvermögen und junge Finanzmittel bei Umwandlungen

Junges Verwaltungsvermögen und junge Finanzmittel unterliegen nicht den erbschaftsteuerlichen Begünstigungsvorschriften. **Junges Verwaltungsvermögen** ist das Verwaltungsvermögen, das dem Betrieb, der Gegenstand des Erwerbs ist, im Besteuerungszeitpunkt weniger als zwei Jahre zuzurechnen war (§ 13b Abs. 7 Satz 2 ErbStG). **Junge Finanzmittel** sind der positive Saldo der eingelegten und entnommenen Finanzmittel innerhalb von zwei Jahren vor dem Besteuerungszeitpunkt (§ 13b Abs. 4 Nr. 5 Satz 2 ErbStG). Zu den Folgen von Umwandlungen für junges Verwaltungsvermögen und junge Finanzmittel äußert sich die Finanzverwaltung in den gleich lautenden Erlassen der obersten Finanzbehörden der Länder v. 13.10.2022 (BStBl 2022 I S. 1517). Danach kann sich bei **Umwandlungen** für einzelne Wirtschaftsgüter ein **Rechtsträgerwechsel** ergeben, der zur Begründung jungen Verwaltungsvermögens führen kann. Für die Frage, ob junges Verwaltungsvermögen vorliegt, ist eine **betriebsbezogene Betrachtungsweise** sowie die **Änderung der Betriebszuordnung** des Wirtschaftsguts entscheidend.

Laut der Erlasse wird bei einer **Aufwärtsverschmelzung** dem aufnehmenden Rechtsträger junges Verwaltungsvermögen zugeführt. Eine Anrechnung der Zurechnungszeit des bisherigen Rechtsträgers erfolgt nicht, vielmehr beginnt die Frist von zwei Jahren bei der aufnehmenden Gesellschaft neu (vgl. dazu auch BFH, Urteil v. 22.1.2020, II R 41/18, BStBl 2020 II S. 577). Dies gelte auch für **andere Verschmelzungsrichtungen** und unabhängig davon, ob bilanziell ein Aktivtausch vorliegt oder nicht.

Weiter erläutern die Erlasse die Auswirkung von Umwandlungen auf die Auf-, Abspaltung und Ausgliederung, Einbringung, Formwechsel sowie Anwachsung. Auch für junge Finanzmittel ist laut der Erlasse die gesellschaftsbezogene Betrachtungsweise anzuwenden. Die Begriffe der Einlage oder Entnahme sind nach erbschaft- und schenkungsteuerlichen Kriterien zu bestimmen. Maßgebend sei, ob die Umwandlung zu einem Rechtsträgerwechsel führt. Darüber hinaus erläutern die Erlasse bewertungsrechtliche Fragen (u.a. Ausführungen zu den Folgen von Umwandlungsvorgängen für das vereinfachte Ertragswertverfahren).

Hinweis

Im Hinblick auf die Auswirkungen des Optionsmodells nach § 1a KStG für die Erbschaft- und Schenkungsteuer verweist die Finanzverwaltung auf die gleich lautenden Ländererlasse v. 5.10.2022 (BStBl 2022 I S. 1494).

7.3 Auswirkungen des Optionsmodells auf Erbschaften und Schenkungen

Durch das Körperschaftsteuermodernisierungsgesetz v. 25.6.2021 (BGBl 2021 I S. 2050) wurde mit Wirkung ab dem 1.1.2022 eine Optionsmöglichkeit zur Körperschaftsbesteuerung für Personenhandelsgesellschaften geschaffen (§ 1a KStG). Dabei wird ertragsteuerlich ein **Formwechsel fingiert** (§ 1a Abs. 2 KStG), zivilrechtlich bleibt die optierende Gesellschaft eine Personengesellschaft. Für Zwecke der Erbschaft- und Schenkungsteuer sowie für die Bewertung von Beteiligungen an Personengesellschaften wird die optierende Personengesellschaft weiterhin als Personengesellschaft behandelt (vgl. § 97 Abs. 1 Satz 1 Nr. 5 Satz 1 BewG, § 13a Abs. 6 Satz 1 Nr. 1 und Nr. 3 Satz 1 ErbStG, § 13b Abs. 1 Nr. 2 und Abs. 4 Nr. 5 Satz 5 ErbStG). Eine Anknüpfung an die ertragsteuerliche Behandlung der optierenden Gesellschaft als Kapitalgesellschaft findet nicht statt. Zu den erbschaft- und schenkungsteuerlichen Implikationen der Optionsausübung äußert sich die Finanzverwaltung in den gleich lautenden Erlassen der obersten Finanzbehörden der Länder v. 5.10.2022 (BStBl 2022 I S. 1494).

7.4 Geleistete Anzahlungen

Zum Verwaltungsvermögen i.S. des § 13b Abs. 2 Satz 2 Nr. 4a ErbStG a.F. gehören auch **andere Forderungen**, unter denen laut BFH primär „auf Zahlungsmittel gerichtete Ansprüche“ zu verstehen sind. Geleistete Anzahlungen seien jedenfalls dann nicht davon erfasst, wenn bei Erfüllung Wirtschaftsgüter erworben werden, die kein Verwaltungsvermögen darstellen (BFH, Urteil v. 1.2.2023, II R 36/20, BFH/NV 2023 S. 906). Geleistete Anzahlungen seien keine „anderen Forderungen“, sondern vielmehr die bilanztechnische Darstellung eines **Sachleistungsanspruchs**. Denn aufgrund des Verbots der Bilanzierung von Ansprüchen aus schwebenden Geschäften werde die Anzahlung und nicht der Sachleistungsanspruch aktiviert. Da im konkreten Streitfall (Streitjahr 2013) Wirtschaftsgüter, die nicht zum Verwaltungsvermögen zählten, angezahlt wurden, ließ der BFH die Frage offen, ob die Anzahlungen zum Verwaltungsvermögen rechnen würden, wenn mit den Anzahlungen Wirtschaftsgüter des Verwaltungsvermögens erworben werden sollten.

Hinweis

Die Aussagen des BFH betreffen zwar die alte Rechtslage, sollten aber auch für die aktuelle Norm des § 13b Abs. 4 Nr. 5 ErbStG gelten, wobei zu beachten ist, dass in der aktuellen Fassung explizit von Finanzmitteln die Rede ist.

7.5 Erweiterte unbeschränkte Schenkungsteuerpflicht

Die unbeschränkte Schenkungsteuerpflicht tritt grundsätzlich für den gesamten Vermögensfall ein, wenn entweder der Schenker zur Zeit der Ausführung der Schenkung oder der Erwerber zur Zeit der Entstehung der Steuer ein Inländer ist (§ 2 Abs. 1 Nr. 1 ErbStG). Als Inländer gelten dabei auch deutsche Staatsangehörige, die sich nicht länger als fünf Jahre dauernd im Ausland aufgehalten haben, ohne einen Wohnsitz im Inland zu haben (sog. erweiterte unbeschränkte Schenkungsteuerpflicht, § 2 Abs. 1 Nr. 1 Satz 1 i.V.m. Satz 2 Buchst. b ErbStG). Für den BFH ist diese Regelung weder verfassungs- noch unionsrechtlich zu beanstanden (BFH, Urteil v. 12.10.2022, II R 5/20, BStBl 2023 II S. 659).

Hinweis

Zwar bestehe laut BFH eine steuerliche Ungleichbehandlung Wegziehender mit deutscher Staatsangehörigkeit und Wegziehender ohne deutsche Staatsangehörigkeit. Das **Anknüpfen** der unbeschränkten Steuerpflicht **an die Staatsangehörigkeit** stelle jedoch ein hinreichendes Differenzierungsmerkmal für die Ungleichbehandlung dar. Für den Eintritt der persönlichen Steuerpflicht müssten zudem weitere Voraussetzungen, u.a. die Fünfjahresfrist, erfüllt sein, die einen Inlandsbezug rechtfertigten. Darüber hinaus sah der BFH weder eine Verletzung der unionsrechtlichen Kapitalverkehrsfreiheit (Art. 63 Abs. 1 AEUV) noch (da im konkreten Fall ein Wegzug in die Schweiz betroffen) des Freizügigkeitsabkommens mit der Schweiz. Gegen das Urteil wurde Verfassungsbeschwerde erhoben (Az. beim BVerfG: 1 BvR 325/23).

7.6 Erwerb von Inlandsvermögen durch Vermächtnis

Sind weder Erblasser noch Erbe in Deutschland ansässig, greift die sog. Beschränkte Erbschaftsteuerpflicht, wenn vom Vermögensanfall auch inländisches Vermögen i.S. des § 121 BewG umfasst ist (§ 2 Abs. 1 Nr. 3 Satz 1 ErbStG). Die beschränkte Steuerpflicht besteht laut BFH jedoch nicht, wenn nicht das inländische Grundstück selbst, sondern ein Vermächtnis an diesem Grundstück durch den im Ausland ansässigen Erblasser an einen ebenfalls im Ausland ansässigen Vermächtnisnehmer zugewandt wird (BFH, Urteil v. 23.11.2022, II R 37/19, BFH/NV 2023 S. 641). Der Begriff des **Inlandsvermögens** ist laut BFH abschließend in § 121 BewG normiert. Ausdrücklich genannt ist in § 121 Nr. 2 BewG inländisches Grundvermögen. Die Zuwendung inländischen Grundvermögens ist aus Sicht des BFH jedoch nicht gegeben im Fall eines vermächtnisweisen Anspruchs, da dieser ein bloßer schuldrechtlicher Anspruch ist (sog. „**Sachleistungsanspruch**“). Schließlich, so der BFH, sei auch denkbar, dass der Anspruch auf die Eigentumsübertragung niemals vollzogen würde. Eine (ergänzende) Auslegung gegen den insoweit klaren Gesetzeswortlaut lehnt der BFH ab.

Hinweis

Für nach dem 17.8.2015 eintretende Erbfälle ist zudem die EU-Erbrechtsverordnung (EU Nr. 650/2012) zu beachten, wonach dinglich wirkende Vermächtnisse in den Erbrechtsordnungen anderer Mitgliedstaaten (etwa in Polen) auch als solche im Inland anzuerkennen sind.

Hinweis

Mit dem Wachstumschancengesetz (Stand Bundestagsbeschluss v. 17.11.2023) soll § 2 Abs. 1 Nr. 3 Satz 1 ErbStG entsprechend ergänzt und die beschränkte Erbschaftsteuerpflicht damit auch auf Fälle eines Vermächtnisses erweitert werden. Die Ergänzung (Anspruch auf Übertragung von Inlandsvermögen

i. S. d. § 121 BewG) soll auf Erwerbe anzuwenden sein, für die die Steuer nach dem Tag der Verkündung des Wachstumschancengesetzes entsteht (§ 37 Abs. 20 ErbStG).

7.7 Erbfallkostenpauschale für Nacherbschaft

Zivilrechtlich kann ein Erblasser einen Erben bestimmen, nachdem zunächst ein anderer Erbe geworden ist (§ 2100 BGB, Vor- und Nacherbschaft), wobei **beide Rechtsnachfolger** des ursprünglichen Erblassers sind. Erbschaftsteuerrechtlich sind die Vor- und Nacherbschaft als zwei getrennte Erbvorgänge zu sehen. Für jeden dieser Erwerbe gilt laut BFH als Bereicherung der Wert des Vermögensanfalls abzüglich der nach § 10 Abs. 3 bis 9 ErbStG abzugsfähigen **Nachlassverbindlichkeiten**. Dazu gehöre auch der Pauschbetrag nach § 10 Abs. 5 Nr. 3 Satz 2 ErbStG, der nicht nur beim Vorerben, sondern jeweils in voller Höhe (10.300 EUR) beim Vorerben als auch beim Nacherben abzuziehen sei (BFH, Urteil v. 1.2.2023, II R 3/20, BStBl 2023 II S. 717).

Der BFH grenzt die Vor- und Nacherbschaft von Fällen des Erwerbs durch mehrere Miterben ab, in denen die Pauschale nur einmal (da auch nur ein Erbfall) zu gewähren ist.

Hinweis

In diesem Urteil ändert der BFH seine bisherige Sichtweise zum **Nachweis**. Der Pauschbetrag kann nun laut BFH auch ohne Nachweis, ob Kosten dem Grunde nach tatsächlich entstanden sind, angesetzt werden.

7.8 Bindungswirkung von Wertfeststellungsbescheiden

Bei **mehreren Erwerben** (insbesondere Schenkungen) innerhalb von **zehn Jahren** von derselben Person werden die Erwerbe zusammengerechnet (§ 14 Abs. 1 Satz 1 ErbStG). Dabei entfaltet laut BFH ein gesondert festgestellter Grundbesitzwert als Grundlagenbescheid Bindungswirkung für alle Schenkungsteuerbescheide, bei denen er in die steuerliche Bemessungsgrundlage einfließt. Dies gilt auch unabhängig von seiner Richtigkeit und für die Berücksichtigung eines früheren Erwerbs nach § 14 Abs. 1 ErbStG (BFH, Urteil v. 26.7.2023, II R 35/21, BFH/NV 2023 S. 1458).

Hinweis

Seine Sichtweise begründete der BFH u.a. damit, dass es einem Steuerpflichtigen zumutbar sei, bei einer unzutreffenden Wertfeststellung bereits im Rahmen des Vorerwerbs den Wertfeststellungsbescheid rechtzeitig anzufechten.

7.9 Unterschiedlicher Ansatz von Vermietungsimmobilien

Für im Inland und in EU-/EWR-Staaten belegene vermietete (und nicht zum begünstigten Betriebsvermögen i.S.v. § 13a ErbStG gehörende) Wohngrundstücke sieht das ErbStG einen **Abschlag** in Höhe von 10 % des gemeinen Werts vor, für im **Drittland** belegene entsprechende Wohngrundstücke dagegen **nicht** (§ 13c Abs. 1 und Abs. 3 Nr. 2 ErbStG 2009; jetzt § 13d ErbStG). Der EuGH sieht darin einen Verstoß gegen die unionsrechtlich geschützte Kapitalverkehrsfreiheit (EuGH, Urteil v. 12.10.2023, C-670/21).

Hinweis

Der EuGH sah auch keine ausreichenden Rechtfertigungsgründe für eine Schlechterstellung von in einem Drittland befindlichen Vermietungsgrundstücken (vorliegend weder durch Gründe der sozialen Wohnungspolitik eines Mitgliedstaats noch durch die Notwendigkeit, die Wirksamkeit der Steueraufsicht zu gewährleisten).

7.10 Wegfall ausländischer Schenkungsteuer

Mit Wirkung zum 1.1.2005 hat Schweden die Schenkungsteuer abgeschafft. Bei ab diesem Zeitpunkt getätigten Schenkungen besteht laut BFH keine Ansässigkeit in Schweden für Zwecke der Schenkungsteuer. Damit unterliegt die Schenkung eines in Deutschland und zugleich in Schweden ansässigen Schenkers der deutschen Schenkungsteuer, das **DBA Schweden** steht dem laut BFH nicht entgegen (BFH, Urteil v. 24.5.2023, II R 27/20, BFH/NV 2023 S. 1429).

Hinweis

Für den BFH bestimmt sich die Ansässigkeit im abkommensrechtlichen Sinne allein nach dem inländischen Recht und erfordert eine tatsächlich existierende nationale Vorschrift, die für die (unbeschränkte) Steuerpflicht der Schenkung an den Wohnsitz des Schenkers oder ein ähnliches ortsbezogenes Merkmal anknüpft. Für Deutschland folge dies aus § 2 Abs. 1 Nr. 1 Buchst. a ErbStG. Für Schweden fehle es aber aufgrund der Abschaffung der Schenkungsteuer im Schenkungszeitpunkt an einer entsprechenden nationalen Norm für die Begründung der unbeschränkten Steuerpflicht in Bezug auf die Schenkungsteuer. Wird in einem Vertragsstaat die Steuerart abgeschafft, fehle es laut BFH nicht nur an einer tatsächlichen, sondern auch an einer abstrakten (virtuellen) Steuerpflicht in diesem Staat und damit an dem **Anknüpfungspunkt für die abkommensrechtliche Ansässigkeit**. Auch bestehe der bei Abschluss des DBA-Schweden 1992 gegebene Rechtszustand nicht für die gesamte Laufzeit fort. Vielmehr ist im Fall der Schenkung allein der Zeitpunkt der Ausführung der Schenkung für die Anwendung des Abkommens maßgebend. Vgl. auch BFH, Urteile v. 24.5.2023 (II R 28/20 BFH/NV 2023 S. 1431 und II R 29/20, BFH/NV 2023 S. 1433).

Das aktuelle DBA-Änderungsprotokoll zwischen Deutschland und Schweden v. 18.1.2023 sieht eine Streichung der erbschaft- und schenkungsteuerlichen Regelungen vor (vgl. Kapitel Ausblick Tz. 5).

8 Gemeinnützigkeit/Öffentliche Hand

8.1 Gemeinnützigkeit einer ausländischen Stiftung

Laut BFH richtet sich die Anerkennung einer ausländischen Stiftung als gemeinnützig allein nach deutschem Recht. **Maßstab der Prüfung**, ob die formelle Satzungsmäßigkeit nach § 60a Abs. 1 Satz 1 AO gegeben ist, ist laut BFH allein das **inländische Recht** (BFH, Urteil v. 18.8.2022, V R 15/20, BStBl 2023 II S. 302). Auch sei der deutsche Gesetzgeber unionsrechtlich nicht verpflichtet, einen Gemeinnützigkeitsstatus nach ausländischem Recht (im konkreten Fall handelte es sich um eine rechtsfähige nach österreichischem Recht errichtete Stiftung, die nach österreichischem Recht als gemeinnützig anerkannt war) anzuerkennen. Dabei genüge eine in ausländischer Sprache abgefasste Satzung nicht schon dann den

Anforderungen des § 60 Abs. 1 Satz 2 AO, wenn diese **materiell vergleichbare Festlegungen** enthalte. Laut BFH sollen die Bestimmungen der Satzung die Überprüfung der Steuervergünstigung durch nationale Behörden erleichtern. Dieser Zweck sei nicht erfüllt, wenn in der Satzung auf ausländische Regelungen verwiesen wird, die vom nationalen Recht abweichen und sich aus der Satzung selbst nicht ergibt, dass die Anforderungen des nationalen Gemeinnützigkeitsrechts gewahrt werden.

Hinweis

Im konkreten Fall war aus der Satzung nicht ersichtlich, dass die Stiftung mildtätige Zwecke i. S. des § 53 AO verfolgte. Damit erfüllte die Satzung nicht die Voraussetzungen des deutschen Gemeinnützigkeitsrechts und der Antrag auf Feststellung der formellen Satzungsmäßigkeit war im Ergebnis abzulehnen. Offengelassen hat der BFH u. a., ob die Mustersatzung wörtlich übernommen werden muss.

8.2 Übergangsregelung bei Verpachtungs-Betrieben gewerblicher Art

Mit Schreiben v. 15.12.2021 (BStBl 2021 I S. 2483) äußerte sich das BMF zu Anwendungsfragen bei der Besteuerung von Betrieben gewerblicher Art (BgA) und Eigengesellschaften der öffentlichen Hand. Unter anderem äußerte sich das BMF aufgrund von BFH-Rechtsprechung u. a. zum Vorliegen eines Verpachtungs-BgA. Jedoch wurde es bis zum 31.12.2022 nicht beanstandet, wenn die bisher geltenden Regelungen (vor 15.12.2021) weiter angewandt wurden.

Mit Schreiben v. 26.1.2023 (BStBl 2023 I S. 206) teilt das BMF mit, dass die Übergangsregelung zur Vermeidung von Nachteilen beim Vorsteuerabzug für die öffentliche Hand analog zur Übergangsfrist des § 2b UStG bis zum 31.12.2024 verlängert wird. Dies gilt jedoch nur, wenn § 2b UStG noch keine Anwendung findet und von der bisherigen Übergangsregelung bis zum 31.12.2022 bereits Gebrauch gemacht wurde.

8.3 Temporäre Billigkeitsregelung bei unberechtigtem USt-Ausweis durch jPöR

Vor dem Hintergrund, dass die Übergangsregelung zur Anwendung von § 2b UStG sehr kurzfristig mit dem Jahressteuergesetz 2022 v. 16.12.2022 (BGBl 2022 I S. 2294) bis zum 31.12.2024 verlängert wurde, gewährt das BMF temporäre Nichtbeanstandungsregelungen zum **unberechtigten Steuerausweis** i.S.v. § 14c Abs. 2 UStG (BMF, Schreiben v. 2.2.2023, BStBl 2023 I S. 321). Danach kann ein Leistungsempfänger die Vorsteuer aus einer Rechnung einer jPöR mit unberechtigtem Steuerausweis bis zu Höhe der gesetzlichen Steuer (unter fiktiver Anwendung des § 2b UStG) unter den übrigen Voraussetzungen des § 15 UStG abziehen. Die Steuer nach § 14c Abs. 2 UStG aus einer mit Steuerausweis erteilten Rechnung schuldet eine jPöR für eine **nach dem 31.12.2022** außerhalb des unternehmerischen Bereichs tatsächlich erbrachte Leistung. Auf die Festsetzung und Abführung dieser kann bei der jPöR verzichtet werden, wenn für diese eindeutig feststeht, dass die **Rechnung nicht für Zwecke** verwendet werden kann, die den **Vorsteuerabzug** ermöglichen. Weiter ist die jPöR nicht zum Vorsteuerabzug im Zusammenhang mit dem unberechtigten Steuerausweis berechtigt.

Hinweis

Das BMF weist darauf hin, dass die Regelung bis zum Ablauf des Folgemonats nach Veröffentlichung dieses BMF-Schreibens gilt. Die Veröffentlichung des BMF-Schreibens erfolgte in der Nr. 4 des BStBl 2023 I v. 8.3.2023.

Steuerausblick

1 Änderungen durch das Kreditzweitmarktförderungsgesetz

Mit dem Kreditzweitmarktförderungsgesetz, das am 13.12.2023 nach mehreren Änderungsanträgen im Finanzausschuss des Bundestags auf Bereiche erweitert wurde, die zuvor Teil des Wachstumschancengesetzes waren, wurden – neben der Streichung der Besteuerung der Dezemberhilfe 2022 (s. Kapitel Rückblick Tz. 1.9) – auch die aus dem Wachstumschancengesetz ausgekoppelten MoPeG-Steueranpassungen sowie die Regelungen zur überarbeiteten Zinsschranke am 14.12.2023 im Bundestag und am 15.12.2023 im Bundesrat verabschiedet. Die zum endgültigen Inkrafttreten noch erforderliche Verkündung im Bundesgesetzblatt lag bei Drucklegung noch nicht vor.

1.1 Steuerrechtliche Anpassungen infolge des MoPeG

Zum 1.1.2024 tritt das Gesetz zur Modernisierung des Personengesellschaftsrechts (MoPeG) v. 25.6.2021 (BGBl 2021 I S. 3436) in Kraft. Mit dem Gesetz geht u.a. die **zivilrechtliche Aufgabe des Gesamthandsprinzips** bei Personengesellschaften einher. Ertragsteuerlich soll dagegen das Gesamthandsprinzip weitergelten. Entsprechende Regelungen zur Weitergeltung wurden mit dem Kreditzweitmarktförderungsgesetz normiert. Das betrifft u.a. folgende Bereiche:

Änderungen in der AO:

- Aufnahme einer Legaldefinition des Begriffs „Personenvereinigung“ in § 14a AO.
- Normierung des Gesamthandsprinzips in § 39 Abs. 2 AO
  - Nr. 2 Satz 1: (anteilige) Zurechnung von Wirtschaftsgütern, die einer rechtsfähigen Personengesellschaft zustehen, zu den Beteiligten oder Gesellschaftern, soweit eine getrennte Zurechnung für die Besteuerung erforderlich ist.
  - Nr. 2 Satz 2: Geltung von rechtsfähigen Personengesellschaften für Zwecke der Ertragsbesteuerung als Gesamthand und deren Vermögen als Gesamthandsvermögen.
- Verfahrensrechtliche Folgeänderungen (u.a. in § 152 AO, § 181 AO, § 183 AO, § 352 AO).

Änderungen im GrEStG:

Durch die Aufnahme eines § 24 GrEStG, wonach rechtsfähige Personengesellschaften (§ 14a Abs. 2 Nr. 2 AO) für Zwecke der Grunderwerbsteuer als Gesamthand und deren Vermögen als Gesamthandsvermögen gelten, wird für 2024 der Status Quo für die Begünstigungsnormen der §§ 5, 6 und 7 Abs. 2 GrEStG befristet sichergestellt.

Hinweis
Zu beachten ist, dass die Regelung des § 24 GrEStG nur temporär für 2024 gilt. Hier gilt es daher die weitere Entwicklung zu beobachten. U.a. arbeitet derzeit eine Expertenkommission an einer umfassenden Reform des Grunderwerbsteuerrechts. Ein erster umfangreicher Diskussionsentwurf wurde im Juli 2023 vorgelegt.

Änderungen im ErbStG und BewG:

- § 2a Satz 1 ErbStG: Rechtsfähige Personengesellschaften i.S.d. § 14a Abs. 2 Nr. 2 AO gelten für Zwecke der Erbschaft- und Schenkungsteuer als Gesamthand und deren Vermögen als Gesamthandsvermögen.

  § 2a Sätze 2 und 3 ErbStG: Bei einem Erwerb nach § 1 Abs. 1 Nr. 1 bis 3 ErbStG durch eine rechtsfähige Personengesellschaft gelten deren Gesellschafter als Erwerber und bei einer Zuwendung durch eine rechtsfähige Personengesellschaft deren Gesellschafter als Zuwendende.
- Weitere Folgeanpassungen u.a. in § 13b Abs. 4 Nr. 1 Satz 2 Buchst. d ErbStG, § 97 Abs. 2 BewG und § 153 Abs. 2 BewG.

1.2 Änderungen bei der Zinsschranke

Nach § 4h Abs. 1 Satz 1 EStG sind Zinsaufwendungen eines Betriebs nur in Höhe des Zinsertrags, darüber hinaus nur bis zur Höhe des verrechenbaren EBITDA, abziehbar (sog. Zinsschranke). Der vollständige Abzug der Zinsaufwendungen wird gewährt, wenn

- die Nettozinsaufwendungen die **Freigrenze** von 3 Mio. EUR nicht übersteigen,
- der Betrieb nicht oder nur anteilsmäßig zu einem Konzern gehört (sog. Konzern- oder **Stand-alone-Klausel**) oder

- der Betrieb zu einem Konzern gehört und seine Eigenkapitalquote (das Verhältnis des Eigenkapitals zur Bilanzsumme) am Schluss des vorangegangenen Abschlussstichtags gleich hoch oder höher ist als die des Konzerns (sog. **Eigenkapital-Escape**). Ein Unterschreiten der Konzerneigenkapitalquote um bis zu 2 Prozentpunkte ist dabei unschädlich.

Die Regelungen des § 4h EStG (entsprechend über § 8a KStG für das Körperschaftsteuerrecht) wurden umfassend angepasst.

Definition der Zinsaufwendungen und Zinserträge

In § 4h Abs. 3 Satz 2 EStG wurde der Begriff der Zinsaufwendungen durch die Aufnahme eines Verweises auf Art. 2 Abs. 1 ATAD-Richtlinie erheblich erweitert. Neben Vergütungen für (die Überlassung von) Fremdkapital sind dann künftig Zinsaufwendungen für alle Arten von Forderungen oder andere wirtschaftlich mit Zinsen vergleichbare Aufwendungen sowie Aufwendungen im Zusammenhang mit der Beschaffung von Finanzmitteln bzw. (Fremd-)Kapital erfasst. Das Ganze führt zu einem Bedeutungszuwachs der Abgrenzung zu den gewerbesteuerlich hinzuzurechnenden Finanzierungsaufwendungen.

Hinweis

Unter den Begriff der Zinserträge fallen künftig (entsprechend den ATAD-Vorgaben) neben den Erträgen aus Kapitalforderungen jeglicher Art auch wirtschaftlich gleichwertige Erträge im Zusammenhang mit Kapitalforderungen (§ 4h Abs. 3 Satz 3 EStG).

Anpassung der Konzernklausel

Die Konzernklausel greift künftig nur noch, wenn der Steuerpflichtige keiner Person i.S.d. § 1 Abs. 2 AStG nahesteht und über keine Betriebsstätte außerhalb des (Wohn-)Sitzstaats, des Staats des gewöhnlichen Aufenthalts oder der Geschäftsleitung verfügt (§ 4h Abs. 2 Satz 1 Buchst. b EStG neu).

Anpassung beim Eigenkapital-Escape

Der Eigenkapital-Escape bleibt im Wesentlichen bestehen. Nach bisheriger Konzernabgrenzung in § 4h Abs. 3 Satz 5 EStG gehörten solche Betriebe zu einem Zinsschrankenkonzern, die mit einem oder mehreren anderen Betrieben konsolidiert werden oder werden könnten. Um dem Mindeststandard der ATAD zu entsprechen, wurden die Wörter „werden könnte" gestrichen. Das schränkt den Umfang des Zinsschrankenkonzerns etwas ein.

Anpassungen bei Zins- und EBITDA-Vorträgen

Ein nicht verbrauchter Zins- oder EBITDA-Vortrag geht auch im Fall der Aufgabe oder Übertragung eines Teilbetriebs anteilig unter (§ 4h Abs. 5 Satz 4 EStG neu).

Hinweis
Weiterhin erfolgte eine Anpassung der Regelung zur Förderung von sog. langfristigen öffentlichen Infrastrukturprojekten (§ 4h Abs. 6 EStG). Zinsaufwendungen und -erträge, die aus Darlehen zur Finanzierung solcher Projekte resultieren und auf Grund von allgemeinen Förderbedingungen vergeben werden, sind unter gewissen Voraussetzungen keine Zinsaufwendungen und -erträge i.S.v. § 4h Abs. 3 Satz 2 und 3 EStG und bleiben entsprechend auch bei der Ermittlung des verrechenbaren EBITDA außer Ansatz (§ 4h Abs. 6 Satz 3 EStG).

Ergänzend zu den Änderungen in § 4h EStG wurde die Norm des § 8a Abs. 1 Satz 4 KStG dahingehend ergänzt, dass bei Steuerpflichtigen i.S.d. KStG **alle Einkünfte** als **in einem Betrieb** i.S.d. § 4h Abs. 1 Satz 1 EStG **erzielt** gelten.

Hinweis
Laut Gesetzesbegründung soll damit verhindert werden, dass beschränkt steuerpflichtige und unbeschränkt steuerpflichtige Körperschaften i.S.d. § 1 Abs. 1 Nr. 4 und Nr. 5 KStG u.U. mehrere Betriebe haben können. Unterhält etwa eine beschränkt steuerpflichtige französische Gesellschaft in Deutschland zwei eigenständige Betriebe, werden die beiden Betriebe für Zwecke der Zinsschranke künftig als lediglich ein Betrieb angesehen.

Infolge der Anpassung der Konzernklausel erfolgte die Streichung des § 8a Abs. 2 KStG. Hinsichtlich der Prüfung der 10 %-Grenze zur schädlichen Gesellschafterfremdfinanzierung erfolgt in § 8a Abs. 3 KStG zum einen eine Anpassung an die ATAD-Vorgaben hinsichtlich der maßgeblichen Beteiligungsgrenze („mindestens" statt „mehr als 25 %"). Zum anderen wird in das Gesetz aufgenommen, dass die

Vergütungen für Fremdkapital der einzelnen qualifiziert beteiligten Gesellschafter zusammenzurechnen sind (Gesamtbetrachtung, Reaktion auf BFH-Urteil v. 11.11.2015, I R 57/13, BStBl 2017 II S. 319, vgl. BMF-Schreiben v. 4.7.2008, BStBl 2008 I S. 718, Tz. 82).

Hinweis

Die Anpassungen in § 4h EStG und § 8a KStG sind erstmals für Wirtschaftsjahre anzuwenden, die nach dem 14.12.2023 (Tag des Gesetzesbeschlusses des Bundestags) beginnen und nicht vor dem 1.1.2024 enden (§ 52 Abs. 8b EStG, § 34 Abs. 4 Satz 2 KStG).

2 Zukunftsfinanzierungsgesetz: Förderung von Mitarbeiterbeteiligungen

Der sich aus der unentgeltlichen oder verbilligten Überlassung von Mitarbeiterbeteiligungen an Arbeitnehmer ergebende geldwerte Vorteil ist unter den Voraussetzungen des § 3 Nr. 39 EStG bis zu einem Betrag von bisher 1.440 EUR im Kalenderjahr steuerfrei. Dieser **Freibetrag** erhöht sich durch das Zukunftsfinanzierungsgesetz v. 11.12.2023 (BGBl 2023 I Nr. 354) mit Wirkung ab dem VZ 2024 auf **2.000 EUR**.

Hinweis

Die ursprünglich noch vorgesehene Erhöhung auf 5.000 EUR ist damit nicht erfolgt. Im Gegenzug unterblieben dafür auch die diskutierten Restriktionen im Hinblick auf die Entgeltumwandlungen sowie die Koppelung der Steuerfreiheit an Haltefristen.

Ebenfalls mit dem Zukunftsfinanzierungsgesetz wurde mit Wirkung ab dem VZ 2024 die Norm des § 19a EStG modifiziert, mit der die Voraussetzungen für eine **aufgeschobene Besteuerung des geldwerten Vorteils** aus Vermögensbeteiligungen von Arbeitnehmern (Vermeidung von dry income) normiert werden.

Erweiterung des Anwendungsbereichs

- Der Anwendungsbereich wird durch das künftige Abstellen des doppelten KMU-Schwellenwertes (bei Jahresumsatz und Jahresbilanzsumme) bzw. das Vierfache des KMU-Schwellenwertes (Anzahl der beschäftigten Mitarbeiter) erweitert: Die Unternehmen dürfen einen Jahresumsatz von max. 100 Mio. EUR oder eine Jahresbilanzsumme von höchstens 86 Mio. EUR erzielen und es dürfen max. 1.000 Mitarbeiter beschäftigt werden. Dabei ist es ausreichend, wenn diese Schwellen in einem der sechs vorangegangenen Kalenderjahre nicht überschritten wurden. Ausgeweitet wurde außerdem der maßgebliche Gründungszeitraum des Unternehmens von 12 auf 20 Jahre vor dem Beteiligungszeitpunkt (§ 19a EStG Abs. 3 EStG).
- Die Regelung umfasst auch Beteiligungen, die von den (Gründungs-)Gesellschaftern des Arbeitgebers gewährt werden (§ 19a EStG Abs. 1 Satz 1 EStG).
- Die Regelung umfasst außerdem vinkulierte Anteile (bei denen die Verwertung der Vermögensbeteiligungen erst nach Zustimmung der Gesellschaft möglich ist); § 19a EStG Abs. 1 Satz 3 EStG.

Hinweis

Die noch im Regierungsentwurf enthaltene **Konzernklausel**, nach der Vermögensbeteiligungen an anderen Unternehmen, die demselben Konzern angehören, auch begünstigt sind, wurde letztlich **nicht umgesetzt**.

Änderung bei Nachversteuerungsregelung (§ 19a Abs. 4 EStG)

- Verlängerung des **spätestmöglichen Zeitpunkts der aufgeschobenen Besteuerung** von 12 auf **15 Jahre** nach der Übertragung der Vermögensbeteiligung (die Verschiebung des Besteuerungszeitpunkts gilt laut Gesetzesbegründung auch für Vermögensbeteiligungen, die vor 2024 übertragen werden bzw. wurden)
- bei Rückerwerb der Anteile mit Verlassen des Unternehmens (sog. **Leaver-Event**) ist nur die tatsächlich an den Arbeitnehmer gezahlte Vergütung maßgeblich (§ 19a Abs. 4 Satz 4 EStG).

Besondere neue Haftungsregelung

Für die Tatbestände „Ablauf von 15 Jahren" und „Beendigung des Dienstverhältnisses" kann künftig die neue Haftungsregelung des § 19a Abs. 4a EStG genutzt werden. Danach lösen die beiden genannten Tatbestände keine sofortige Besteuerung aus, wenn der Arbeitgeber spätestens mit der dem betreffenden Ereignis folgenden Lohnsteuer-Anmeldung unwiderruflich erklärt, bei Eintritt der Ereignisse für die betreffende Lohnsteuer zu haften. Die Besteuerung erfolgt dann erst bei tatsächlicher Übertragung der Vermögensbeteiligung.

Hinweis

Mit dem Zukunftsfinanzierungsgesetz wurden ebenfalls umfangreiche kapitalmarkt- und gesellschaftsrechtliche Maßnahmen umgesetzt, u.a. die Einführung von Börsenmantelaktiengesellschaften, die Möglichkeit der Begebung elektronischer Aktien, die Wiedereinführung von Mehrstimmrechtsaktien sowie die Erleichterung von Kapitalerhöhungen.

3 Haushaltsfinanzierungsgesetz 2024: Stromsteuer

Ende 2023 läuft der stromsteuerliche Spitzenausgleich aus (vgl. Kapitel Rückblick Tz. 2.10.1). Im Rahmen des Verfahrens zum Haushaltsfinanzierungsgesetz 2024 wird zeitlich befristet für die Jahre 2024 und 2025 die **Stromsteuerentlastung** für Unternehmen des produzierenden Gewerbes auf 20 EUR/MWh erhöht (neuer Abs. 2a in § 9b StromStG).

Hinweis

Die am 13.12.2023 von den Spitzen der Bundesregierung verkündete Grundsatzeinigung zum Bundeshaushalt enthielt neben der Einigung zur Stromsteuer auch die Ankündigung, die Plastikabgabe künftig an die Inverkehrbringer zu belasten, die Ankündigung der künftigen Besteuerung von Kerosin im nationalen Luftverkehr sowie die Erhöhung des CO2-Preises von derzeit 30 EUR pro Tonne CO2 zum 1.1.2024 auf 45 EUR (statt auf 40 EUR, wie zuletzt vorgesehen).

Hinweis

Das Haushaltsfinanzierungsgesetz 2024 wurde unmittelbar nach Beschluss im Bundestag am 15.12.2023 durch den Bundesrat gebilligt. Nach (der noch erforderlichen) Unterzeichnung durch den Bundespräsidenten und Verkündung im Bundesgesetzblatt treten die Regelungen zum 1.1.2024 in Kraft.

4 Digitale Schnittstelle für Buchführungsdaten

Aufgrund der durch das DAC7-Umsetzungsgesetz v. 20.12.2022 (BGBl 2022 I S. 2730) eingeführten Ermächtigungsnorm des § 147b AO hat das BMF am 1.12.2023 einen ersten Diskussionsentwurf einer **Buchführungsdatenschnittstellenverordnung** (DSFinVBV) an die Verbände versandt. Mit der Verordnung soll eine digitale Schnittstelle für einen standardisierten Export von Daten im Rahmen einer Außenprüfung oder Kassen-Nachschau bestimmt werden, die mit einem Datenverarbeitungssystem erstellt worden und nach § 147 Abs. 1 AO aufzubewahren sind.

Der Entwurf enthält u.a.

- Vorgaben, welche Datensätze mindestens enthalten sein müssen (Mindeststandard),
- Vorgaben, in welchem Format die Daten geliefert werden sollen. Neben den bisher bekannten Zugriffen auf die Buchführungsdaten (z.B. Z1 und Z3) handelt es sich hier um eine Vereinheitlichung der exportierten Datensätze.
- Beschreibung des Datenstandards, der insbesondere die Bezeichnung der Felder und deren Inhalt regelt.

Nach § 7 DSFinVBV-E soll der Steuerpflichtige mehrere CSV-Dateien und beschreibende XML-Dateien zur Verfügung stellen und ggf. mit Zusatzfeldern und -tabellen ergänzen müssen. Das BMF soll durch § 7 Abs. 3 DSFinVBV-E ermächtigt werden, die genaue Struktur und Beschreibung der CSV- und XML-Dateien in einem Schreiben bekanntzumachen.

Hinweis
Die Verordnung soll am 31.12. des dritten auf die Verkündung folgenden Jahres in Kraft treten und für Wirtschaftsjahre gelten, die nach dem Inkrafttreten beginnen. Würde die Verordnung bis Ende 2024 verkündet werden, würde sie zum 31.12.2027 in Kraft treten und wäre dann für nach dem 31.12.2027 beginnende Wirtschaftsjahre anzuwenden (§ 9 Abs. 2 DSFinVBV-E).

5 Änderungen bei Doppelbesteuerungsabkommen

In 2023 hat Deutschland zu einigen Änderungsprotokollen von Doppelbesteuerungsabkommen die nationalen Umsetzungsverfahren abgeschlossen bzw. auf den Weg gebracht. Dabei setzt sich der Trend fort, dass Deutschland Maßnahmen des BEPS-Projekts vorzugsweise bilateral umsetzt, anstatt den Mechanismus des sog. Multilateralen Instruments (**MLI**) zu nutzen. In sämtlichen nachfolgend genannten DBA wird die Präambel nach Vorbild des Artikels 6 des MLI angepasst sowie regelmäßig ein sog. Principal Purpose Test zur Verhinderung von Abkommensmissbrauch eingeführt.

DBA Luxemburg, Schweiz und Österreich

Die neuen Abkommen mit Luxemburg, der Schweiz und Österreich enthalten u.a. neue Regelungen hinsichtlich der Behandlung von grenzüberschreitend erfolgenden **Homeoffice-Tätigkeiten**.

Hinweis

Mit dem Wachstumschancengesetz (Stand Bundestagsbeschluss v. 17.11.2023) soll eine Änderung in § 49 Abs. 1 Nr. 4 Buchst. a Satz 2 EStG erfolgen, die insbesondere die Abbildung von DBA-Regelungen zu grenzüberschreitenden Homeoffice-Tätigkeiten im nationalen Recht zum Hintergrund hat (vgl. Kapitel Ausblick Tz. 7.6.6).

Im **DBA Luxemburg** erfolgt u.a. auch eine Änderung hinsichtlich der Besteuerung von **Fondsstrukturen**. Zukünftig sollen Organismen für gemeinsame Anlagen, die in einem Vertragsstaat errichtet wurden und aus dem anderen Vertragsstaat stammende Einkünfte beziehen, im Vertragsstaat ihrer Errichtung als für steuerliche Zwecke ansässig gelten.

Im **DBA Schweiz** wird darüber hinaus u.a. die Pflicht zur **Gegenberichtigung von Gewinnkorrekturen** festgeschrieben.

Hinweis

Die geänderten DBA Luxemburg und Österreich greifen abhängig vom Zeitpunkt des Austausches der Ratifikationsurkunden zum 1.1.2024 oder ab Beginn eines späteren Jahres. Der Gesetzgebungsprozess zur Umsetzung der Änderung des DBA Schweiz ist zum Zeitpunkt des Redaktionsschlusses noch nicht abgeschlossen, sodass die Erstanwendung frühestens mit Beginn des Jahres 2025 möglich ist.

DBA Schweden

Die Änderungen beim DBA Schweden betreffen u.a. die Festschreibung einer Pflicht zur Gegenberichtigung von Gewinnkorrekturen, die Neufassung der Artikel zum Informationsaustausch und zur Amtshilfe sowie die Streichung der erbschaft- und schenkungsteuerlichen Regelungen aus dem DBA.

Hinweis

Schweden hatte bereits im Jahr 2005 seine Erbschaft- und Schenkungsteuer abgeschafft. Vgl. zu den Folgen auch BFH, Urteil v. 24.5.2023, II R 27/20, BFH/NV 2023 S. 1429 (s. Kapitel Rückblick Tz. 7.10). Das geänderte DBA greift abhängig vom Zeitpunkt des Austausches der Ratifikationsurkunden zum 1.1.2024 oder ab Beginn eines späteren Jahres.

DBA Bulgarien, Litauen und Lettland

Auch in den geänderten DBA mit Bulgarien, Litauen und Lettland stehen die Anpassungen an das MLI im Vordergrund. Das DBA Litauen enthält neu auch die Pflicht zur Gegenberichtigung von Gewinnkorrekturen. Die geänderten DBA greifen abhängig vom Zeitpunkt des Austausches der Ratifikationsurkunden zum 1.1.2024 oder ab Beginn eines späteren Jahres.

DBA Mexiko

Kernpunkte beim aktualisierten DBA Mexiko sind u.a. die Ergänzung einer Mindesthaltedauer für den reduzierten Quellensteuerabzug von Dividendenzahlungen an Körperschaften, eine Tatbestandsausweitung bei Veräußerung von Anteilen, deren Wert zu mehr als 50 % auf unbeweglichem Vermögen beruht (Immobilienklausel), eine Flexibilisierung der bisherigen 10-Jahresfrist zur Umsetzung von Verständigungsregelungen sowie eine geringfügige Änderung des Wortlauts der Ausschlusstatbestände für das Bestehen einer Betriebsstätte. Das Änderungsprotokoll ist bereits in Kraft getreten und findet ab dem 1.1.2024 Anwendung.

Hinweis

Russland hatte am 8.8.2023 unilateral per Präsidialdekret veranlasst, die DBA mit 38 „unfreundlichen" Staaten (darunter Deutschland) in Teilen zeitweise auszusetzen. Die Aussetzung führt insbesondere zum Wegfall von vergünstigten Quellensteuersätzen für Dividenden, Zinsen und Lizenzgebühren (vgl. Kapitel Rückblick Tz. 2.6.6).

6 OECD BEPS 2.0 und Mindeststeuergesetz

Das sog. Inclusive Framework on BEPS der OECD (bestehend aus mehr als 140 Staaten) widmet sich seit mehreren Jahren einer Reform der internationalen Unternehmensbesteuerung mit dem Ziel der weltweiten **Bekämpfung von Gewinnverkürzung und Gewinnverlagerung** in Form von schädlichem Steuerwettbewerb und aggressiver Steuergestaltung (BEPS). Bestandteile der aus zwei Arbeitssträngen bestehenden Reform, der sog. **Zwei-Säulen-Lösung** für die steuerlichen Herausforderungen im Zusammenhang mit der Digitalisierung der Wirtschaft, sind

1. die partielle Neuzuordnung der Besteuerungsrechte auf Marktstaaten (Pillar 1) und
2. die globale effektive Mindestbesteuerung der Gewinne multinationaler Unternehmen (Pillar 2).

Pillar 2 verfolgt im Wesentlichen die Zielsetzung, dass große Konzerne in jedem Staat, in dem sie über Geschäftseinheiten verfügen, effektiv mit mindestens 15 Prozent besteuert werden.

6.1 Besteuerung der digitalisierten Wirtschaft (Pillar 1)

BEPS Pillar 1 setzt sich aus Amount A und Amount B zusammen. Ziel der Regelungen zu Amount A ist die **Neuzuordnung von Besteuerungsrechten** für einen Teil des Gewinns von besonders großen und hochprofitablen Unternehmen auf sog. Marktstaaten, also Jurisdiktionen, in denen Waren und Dienstleistungen konsumiert werden. Dem Anwendungsbereich von Amount A sollen Unternehmen unterliegen, deren **globaler Umsatz größer als 20 Mrd. EUR** und deren Profitabilität **größer als 10 Prozent** ist.

Am 11.10.2023 hat die OECD ein Paket mit Dokumenten zur Umsetzung von Amount A veröffentlicht. Schwerpunkt ist das sog. multilaterale Abkommen (Multilateral Convention, **MLC**), daneben finden sich begleitende Dokumente zu weiteren Details der Umsetzung, das sog. Explanatory Statement und das sog. Understanding on the Application of Certainty. Ziel dieser Regelungen ist es, bei der Neuzuordnung von Besteuerungsrechten **Doppelbesteuerung** zu **vermeiden**, Rechtssicherheit in diesem steuerlichen Bereich zu schaffen und Streitbeilegungsprozesse aufzuzeigen sowie die Einführung jeglicher Arten von nationalen Digitalsteuern (unabhängig von ihrem Bezug zu von Amount A erfassten Unternehmen) zu verhindern.

Hinweis

Das Inkrafttreten des MLC ist von der **Ratifizierung** durch mindestens 30 Staaten abhängig, welche mindestens 60 % der vom Anwendungsbereich von Amount A betroffenen multinationalen Unternehmen abdecken. Nach Ablauf eines 7-Jahres-Zeitraums soll eine Überprüfung der Umsetzung des MLC und ggf. eine Herabsetzung des Umsatzschwellenwerts von 20 Mrd. EUR auf 10 Mrd. EUR erfolgen. Unabhängig davon dürften die Bemühungen nach einer langfristigen abgestimmten Lösung zur Besteuerung der digitalen Wirtschaft nicht abreißen.

Der unter Pillar 1 ebenfalls entwickelte Ansatz des sog. **Amount B** verfolgt hingegen ganz generell eine vereinfachte und **gezieltere Anwendung des Fremdvergleichsgrundsatzes** für Basistätigkeiten im Bereich Marketing und Vertrieb. Erfasst sein sollen demnach einfache Vertriebstätigkeiten ohne den Einsatz einzigartiger immaterieller Werte, deren Vergütung anhand einer sog. one-sided method (z.B. transaktionsbezogene Nettomargenmethode) bestimmt wird. Festhaltend an dem Grundprinzip des Amount B sieht das neue Konsultationspapier der OECD vom 17.7.2023 im Vergleich zu der Fassung aus Dezember 2022 wesentliche Anpassungen im Hinblick auf den Anwendungsbereich sowie Spezifizierungen hinsichtlich der fremdüblichen Bestimmung des sog. „return under the simplified and streamlined approach“, d.h. des Betrags, der die Vergütung für die Basistätigkeiten darstellt, vor.

Hinweis

Die konkrete Umsetzung von Amount B, ob etwa als verpflichtende Vorschrift oder als Safe Harbour Regelung, ist derzeit noch offen und soll bis zum Jahresende ausgearbeitet werden. Weiterhin ist eine Umsetzung und Einführung von Amount B bereits für das Jahr 2024 geplant.

6.2 Umsetzung der Mindeststeuer (Pillar 2)

Das Gesetz zur Gewährleistung einer globalen Mindestbesteuerung für Unternehmensgruppen (Mindeststeuergesetz – MinStG) ist Teil des Mindestbesteuerungsrichtlinie-Umsetzungsgesetzes (MinBestRL-UmsG), welches der nationalen Umsetzung der europäischen Richtlinie (EU) 2022/2523 des Rates vom 14.12.2022 zur Gewährleistung einer globalen effektiven Mindestbesteuerung für multinationale Unternehmensgruppen und große inländische Gruppen in der Union dient.

Das MinBestRL-UmsG (Bundesratszustimmung vom 15.12.2023) übernimmt die Vorschriften der EU Richtlinie und der OECD Model Rules und orientiert sich im Wortlaut in weiten Teilen eng an diesen. Umgesetzt sind zudem die sog. Agreed Administrative Guidance des Inclusive Framework on BEPS vom 2.2.2023 bzw. 17.7.2023. Darüber hinaus sind im Zusammenhang mit der Einführung der Mindeststeuer begleitende Anpassungen im Handelsgesetzbuch, im Finanzverwaltungsgesetz und der Abgabenordnung vorgesehen.

Hinweis

Das MinBestRL-UmsG tritt am Tag nach der Verkündung in Kraft, nach den EU-Vorgaben soll dies spätestens am 31.12.2023 erfolgen. Das MinStG wird grundsätzlich auf Geschäftsjahre anwendbar sein, die nach dem 30.12.2023 beginnen. Eine fristgerechte Umsetzung der EU-Mindestbesteuerungsrichtlinie in Deutschland zum Ende des Jahres ist damit absehbar.

Grundzüge der Umsetzung der globalen Mindeststeuer im deutschen Steuerrecht:

Der rechtsformneutralen Mindeststeuerpflicht unterliegen im Inland belegene Geschäftseinheiten großer Unternehmensgruppen, welche in mindestens zwei der vier vorangegangenen Geschäftsjahre **konsolidierte Umsatzerlöse** von mindestens **750 Mio. EUR** jährlich ausweisen. Erfasst werden international und rein national tätige Unternehmensgruppen. Die Mindeststeuer stellt eine eigenständige Steuer vom Einkommen dar und tritt als solche neben die Einkommensteuer und Körperschaftsteuer. Finanzverfassungsrechtlich soll die Mindeststeuer dem Typus der Körperschaftsteuer unterfallen.

Das MinStG setzt die globale Mindestbesteuerung über drei zusammenhängende **Nachversteuerungsvorschriften** um – die Primärergänzungssteuer (PES), die Sekundärergänzungssteuer (SES) und die nationale Ergänzungssteuer (NES). Dabei stellt die **PES-Regelung** sicher, dass ausgehend von der Muttergesellschaft eine Nachversteuerung für alle nachgeordneten und niedrig besteuerten Geschäftseinheiten sowie für die Muttergesellschaft selbst erfolgt (sog. Top-Down-Ansatz). Die **SES-Regelung** stellt den Nachversteuerungsmechanismus in Fällen sicher, in denen die PES-Regelung auf eine bestimmte Geschäftseinheit keine Anwendung findet. Zudem steht den Steuerhoheitsgebieten das Recht zu, eine NES einzuführen und die Ergänzungssteuer selbst zu erheben. Die **NES** wird dann auf die PES oder SES grundsätzlich angerechnet, kann bei Anwendung des Safe Harbours für anerkannte nationale Ergänzungssteuern die PES und SES aber auch verdrängen.

Die Berechnung der Mindeststeuer erfolgt unter Zugrundelegung eines **Mindeststeuersatzes von 15 %** auf Basis der handelsrechtlichen Rechnungslegung (in der Regel Rechnungslegungsstandard der obersten Muttergesellschaft) und bestimmter erforderlicher Anpassungen.

Hinweis

Alle mindeststeuerpflichtigen Geschäftseinheiten einer Unternehmensgruppe bilden eine **Mindeststeuergruppe**. Das Besteuerungsverfahren erfolgt beim Finanzamt des – im Inland belegenen – Gruppenträgers dieser Mindeststeuergruppe mittels einzureichender Steuererklärung und selbst zu berechnender Ergänzungssteuer (Steueranmeldung). Ferner ist beim Bundeszentralamt für Steuern (BZSt) ein Mindeststeuer-Bericht einzureichen.

Sog. **Safe-Harbour-Regelungen** sollen international abgestimmte Vereinfachungen in der Mindestbesteuerung umsetzen. Dazu zählen der temporäre CbCR-Safe-Harbour (§§ 84-87 MinStG), eine Safe-Harbour-Regelung bei anerkannter nationaler Ergänzungssteuer (§ 81 MinStG) und ein Sekundärergänzungssteuerbetrag-Safe-

Harbour (§ 89 MinStG) sowie Safe-Harbour für vereinfachte Berechnungen (§§ 79f. MinStG). Unternehmensgruppen mit lediglich **untergeordneter internationaler Tätigkeit** sind in den ersten fünf Jahren von der **Mindeststeuer befreit** (§ 83 MinStG)

6.3 Absenkung der Niedrigsteuergrenze

Mit dem Mindestbesteuerungsrichtlinie-Umsetzungsgesetz (Bundesratszustimmung vom 15.12.2023, s. Kapitel Ausblick Tz. 6.2) wird bei der Hinzurechnungsbesteuerung die Niedrigsteuergrenze des § 8 Abs. 5 AStG von derzeit 25 % auf 15 % abgesenkt. Die Absenkung findet erstmals Anwendung für **Zwischeneinkünfte** aus einem Wirtschaftsjahr, das **nach dem 31.12.2023** endet bzw. für Aufwendungen, die nach dem 31.12.2023 entstehen.

Hinweis

Für davorliegende VZ (konkret den VZ 2016 betreffend) hat der BFH in einem Verfahren des vorläufigen Rechtsschutzes sowohl verfassungsrechtliche als auch unionsrechtliche Zweifel an der bestehenden Niedrigsteuergrenze von 25 % geäußert (BFH, AdV-Beschluss v. 13.9.2023, I B 11/22 BFH/NV 2023 S. 1426).

Entsprechend der Absenkung in § 8 Abs. 5 AStG wird auch die in § 4j Abs. 2 EStG (**Lizenzschranke**) maßgebliche Niedrigsteuergrenze für nach dem 31.12.2023 entstandene Aufwendungen auf 15 % abgesenkt.

Hinweis

Als weitere Begleitmaßnahme wird das AStG um Regelungen zur **elektronischen** Übermittlung von **Steuererklärungen und Anzeigen** sowie um eine Missbrauchsvermeidungsvorschrift für bestimmte Altfälle bei der **Wegzugsbesteuerung** ergänzt.

7 Maßnahmen aus dem Wachstumschancengesetz

Das „Gesetz zur Stärkung von Wachstumschancen, Investitionen und Innovation sowie Steuervereinfachung und Steuerfairness“ – kurz Wachstumschancengesetz (WtChancenG) wurde am 17.11.2023 im Bundestag beschlossen. Allerdings hat der Bundesrat am 24.11.2023 seine Zustimmung verwehrt und den Vermittlungsausschuss einberufen. Eine Einigung im Vermittlungsverfahren und eine anschließende Zustimmung des Bundestags und Bundesrats zum WtChancenG konnten im Jahr 2023 nicht mehr erreicht werden.

Hinweis
Da eine Verabschiedung des WtChancenG im Jahr 2023 nicht mehr möglich war, wurden am 13.12.2023 die dringend notwendigen steuerlichen Anpassungen an das zum 1.1.2024 in Kraft tretende Gesetz zur Modernisierung des Personengesellschaftsrechts (MoPeG) sowie einige weitere Änderungen im EStG in das Gesetzgebungsverfahren zum Kreditzweitmarktförderungsgesetz ausgekoppelt und mit diesem am 14.12. im Bundestag und am 15.12.2023 im Bundesrat verabschiedet (s. Kapitel Ausblick Tz. 1).

Im Folgenden sind die wichtigsten Maßnahmen aus dem Wachstumschancengesetz dargestellt, die nicht in das Kreditzweitmarktförderungsgesetz ausgelagert wurden. Sie haben den Stand des Bundestagsbeschlusses vom 17.11.2023. Die weiteren Abstimmungen hierzu werden voraussichtlich im Januar 2024 fortgesetzt. Dabei ist nicht völlig auszuschließen, dass Teile des Gesetzes nochmals aufgerollt oder in andere Gesetzgebungsverfahren übergeleitet werden, was eine (weitere) Aufspaltung des Wachstumschancengesetzes und damit verbunden ggf. auch Änderungen bei den Anwendungsregelungen zur Folge hätte. Auch die komplette Nichtumsetzung einiger in der Bundestagsfassung enthaltener Vorhaben ist nicht ausgeschlossen. Hier ist die weitere Entwicklung genau zu beobachten.

7.1 Einkommensteuer

7.1.1 Änderungen bei der Verlustverrechnung

Die durch die Corona-Steuergesetzgebung erhöhten Höchstbeträge beim Verlustrücktrag von 10 Mio. EUR (bzw. bei Zusammenveranlagung 20 Mio. EUR, vgl. Kapitel Rückblick, Tz. 1.5) sollen mit dem WtChancenG nochmals für die VZ 2024 und 2025 verlängert werden (§ 10d Abs. 1 Satz 1 EStG). Außerdem soll der **Verlustrücktragszeitraum** ab dem VZ 2024 auf drei Jahre verlängert werden (§ 10d Abs. 1 Satz 2 EStG).

Mit Wirkung ab dem VZ 2026 soll der Höchstbetrag dann auf 5 Mio. EUR bzw. 10 Mio. EUR bei Zusammenveranlagung zurückgeführt werden (§§ 10d Abs. 1 Satz 1, 52 Abs. 18b Satz 4 EStG).

Hinweis

Die Änderungen beim Verlustrücktrag sollen für die Einkommen- und die Körperschaftsteuer greifen, weiterhin aber **nicht für die Gewerbesteuer**.

Ein **Verlustvortrag** ist bisher bis zu einem **Sockelbetrag** von 1 Mio. EUR (bzw. 2 Mio. EUR bei Zusammenveranlagung) unbegrenzt, darüber hinaus nur bis 60 % des Gesamtbetrags der Einkünfte des Verlustvortragsjahres möglich (§ 10d Abs. 2 Satz 1 EStG). Mit dem Wachstumschancengesetz soll der über dem Sockelbetrag liegende Verlustvortrag **temporär** für die VZ 2024 bis 2027 auf **75 %** des Gesamtbetrags der Einkünfte des Verlustvortragsjahres erhöht werden.

Hinweis

Ab dem VZ 2028 greift dann wieder die bisherige Prozentgrenze von 60 % (§§ 10d Abs. 2 Satz 1, 52 Abs. 18b Satz 5 EStG). Eine entsprechende Änderung soll auch bei § 10a GewStG erfolgen. Die ursprünglich noch im Referentenentwurf vorgesehene temporäre Aussetzung der Mindestbesteuerung wurde im Laufe des Gesetzgebungsverfahrens nicht umgesetzt.

7.1.2 Verbesserungen der Thesaurierungsbegünstigung

Die Thesaurierungsbegünstigung des § 34a EStG verfolgt das Ziel, die steuerliche Belastung der Innenfinanzierung durch thesaurierte Gewinne von Personengesellschaften an eine pauschalierte Ertragsbelastung von Kapitalgesellschaften i. H. von 28,25 % (pauschalierte GewSt und KSt) anzugleichen. Durch das Wachstumschancengesetz soll das Thesaurierungsvolumen mit Wirkung ab dem VZ 2024 erhöht werden. Hierzu soll der nicht entnommene Gewinn (= begünstigungsfähiger Gewinn) um die gezahlte Gewerbesteuer und die Beträge, die zur Zahlung der Einkommensteuer nach § 34a Abs. 1 EStG entnommen werden, erhöht werden. Dabei gelten Entnahmen vorrangig bis zur Höhe der Einkommensteuer nach § 34a Abs. 1 Satz 1 EStG und des darauf entfallenden SolZ als zur Zahlung dieser Beträge verwendet. Damit werden Entnahmen zur Zahlung der Einkommen- und Gewerbesteuer, die auf den nicht entnommenen Gewinn entfallen, dem Thesaurierungssteuersatz unterworfen. Weitere außerbilanzielle Gewinnkorrekturen sollen laut Gesetzesbegründung dagegen den Begünstigungsbetrag nicht erhöhen.

Hinweis

Bislang wurde das Thesaurierungsvolumen wegen der Ertragssteuerentnahmeregelung unsachgerecht verringert und die gezahlte Gewerbesteuer und die Einkommensteuer auf die thesaurierten Gewinne galten als tariflich besteuerte Entnahmen. Durch die Einbeziehung der Ertragsteuern in die Thesaurierungsbegünstigung wird die effektive **Einkommensteuerlast** thesaurierter Gewinne auf die „angestrebten" 28,25 % **reduziert**.

Durch das Wachstumschancengesetz wird die Thesaurierungsbegünstigung jedoch auch teilweise verschärft. Neben den bisherig gesetzlich geregelten Fällen der Nachversteuerung (u.a. Betriebsveräußerung oder -aufgabe) werden weitere **nachversteuerungspflichtige Tatbestände** geregelt, die eine anteilige Nachversteuerung auslösen. So wird der Umfang der Nachversteuerung für die Fälle geregelt, in denen nur Teilbetriebe, Teile von Einzelunternehmen oder Teilmitunternehmeranteile entgeltlich oder unentgeltlich übertragen werden (§ 34a Abs. 6 Satz 2 EStG).

Hinweis

Die im Referentenentwurf angekündigte Verbesserung der Reihenfolge und die Berücksichtigung im Vorauszahlungsverfahren wurden im Verlauf des Gesetzgebungsverfahren zurückgenommen.

7.1.3 Beschränkung bei Einlagen junger Wirtschaftsgüter

Nach § 6 Abs. 1 Nr. 5 Satz 1 Buchst. a EStG können in das Betriebsvermögen eingelegte Wirtschaftsgüter, die innerhalb der letzten drei Jahre vor dem Zeitpunkt der

Zuführung angeschafft oder hergestellt worden sind („junge Wirtschaftsgüter“), mit fortgeführten Anschaffungs-/Herstellungskosten (statt: Teilwert) bewertet werden. Der bisherige Gesetzeswortlaut enthält keine Unterscheidung danach, ob die Wirtschaftsgüter aus dem Privat- oder einem anderen Betriebsvermögen eingelegt werden. Für nach dem Tag der Verkündung des Wachstumschancengesetzes eingelegte Wirtschaftsgüter soll der Wortlaut des § 6 Abs. 1 Nr. 5 Satz 1 Buchst. a EStG auf **Einlagen aus dem Privatvermögen** beschränkt werden.

7.1.4 Anhebung der Geschenkegrenze

Aufwendungen für Geschenke an Personen, die nicht Arbeitnehmer des Steuerpflichtigen sind, unterliegen bisher nicht dem Betriebsausgabenabzugsverbot, wenn die Anschaffungs- oder Herstellungskosten der dem Empfänger im Wirtschaftsjahr zugewendeten Gegenstände insgesamt 35 EUR nicht übersteigen (§ 4 Abs. 5 Nr. 1 EStG). Diese Grenze soll ab 2024 auf **50 EUR** angehoben werden.

Hinweis

Die Anhebung der Grenze hat in der Folge u. a. auch Auswirkungen auf die Pauschalierungsmöglichkeit nach § 37b EStG, die Abzugsfähigkeit von Vorsteuerbeträgen (§ 15 Abs. 1a Satz 1 UStG) sowie den Werbungskostenabzug (§ 9 Abs. 5 EStG).

7.1.5 Anhebung der GWG-Grenze und Sammelposten

Bei selbstständig nutzungsfähigen Wirtschaftsgütern, deren Anschaffungs- und Herstellungskosten den Wert von 800 EUR nicht übersteigen, können die Anschaffungs- und Herstellungskosten in voller Höhe sofort im Jahr der Anschaffung oder Herstellung (anstelle der gestreckten Verteilung über die AfA) als Betriebsausgaben abgezogen werden (GWG-Regelung des § 6 Abs. 2 EStG). Die bisherige **GWG-Grenze** von 800 EUR soll für nach dem 31.12.2023 angeschaffte, hergestellte oder in das Betriebsvermögen eingelegte Wirtschaftsgüter auf **1.000 EUR** angehoben werden (§ 52 Abs. 12 Satz 7 EStG).

Hinweis
Als Anschaffungs- und Herstellungskosten gelten unter den Voraussetzungen des § 9b Abs. 1 EStG die Kosten ohne Vorsteuer. Wirtschaftsgüter, deren Anschaffungs- und Herstellungskosten den Wert von 250 EUR übersteigen, sind in ein besonderes, laufend zu führendes Verzeichnis aufzunehmen (§ 6 Abs. 2 Satz 4 Buchst. f. EStG).

Für Wirtschaftsgüter i.S.v. § 6 Abs. 2 EStG, deren Anschaffungs- und Herstellungskosten 250 EUR, aber nicht 1.000 EUR übersteigen, kann ein **Sammelposten** gebildet werden und der Aufwand über das Jahr der Anschaffung und Herstellung und die vier folgenden Wirtschaftsjahre verteilt werden (§ 6 Abs. 2a EStG). Für nach dem 31.12.2023 angeschaffte, hergestellte oder in das Betriebsvermögen eingelegte Wirtschaftsgüter soll sich die obere Wertgrenze auf 5.000 EUR erhöhen. Der **Aufwandsverteilungszeitraum** soll sich von bisher fünf auf **drei Jahre** verkürzen (§ 6 Abs. 2a Satz 1 und 2 EStG, § 52 Abs. 12 Satz 11 EStG).

7.1.6 Befristete Wiedereinführung der degressiven AfA

Die mit dem 4. Corona-Steuerhilfegesetz v. 22.6.2022 (BGBl 2022 I S. 911) verlängerte degressive AfA ist auf nach dem 31.12.2019 und vor dem 1.1.2023 angeschaffte oder hergestellte (bewegliche) Wirtschaftsgüter begrenzt. Durch das Wachstumschancengesetz soll die degressive AfA befristet wiedereingeführt und auch für nach dem 30.9.2023 und vor dem 1.1.2025 angeschaffte oder hergestellte (bewegliche) Wirtschaftsgüter ermöglicht werden (§ 7 Abs. 2 Satz 1 EStG).

Hinweis
Aufgrund dieser Anwendungsregelung kann für von Anfang Januar 2023 bis Ende September 2023 angeschaffte oder hergestellte Wirtschaftsgüter keine degressive AfA genutzt werden.

7.1.7 Degressive AfA für Wohngebäude

Für in einem EU-/EWR-Staat belegene Wohngebäude, mit deren Herstellung nach dem 30.9.2023 und vor dem 1.10.2029 begonnen wurde oder deren Anschaffung auf Grund eines im vorgenannten Zeitraum rechtswirksam abgeschlossenen obligatorischen Vertrags erfolgt, soll die Möglichkeit einer degressiven Gebäude-AfA (§ 7 Abs. 5a EStG) eingeführt werden.

Hinweis

Ein **Übergang zur linearen AfA** nach § 7 Abs. 4 EStG ist möglich (§ 7 Abs. 5a Satz 7 EStG). Nach Ablauf des maßgebenden Begünstigungszeitraums einer Sonderabschreibung (z.B. der Sonderabschreibung für den Mietwohnungsneubau nach § 7b EStG) kann sich die weitere AfA auch nach § 7 Abs. 5a EStG bemessen (§ 7a Abs. 9 EStG).

Die **Sonderabschreibung für den Mietwohnungsneubau** nach § 7b EStG soll (zeitlich) auf Wohnungen erweitert werden, für die der Bauantrag oder die Bauanzeige nach dem 31.12.2022 und vor dem 1.10.2029 gestellt wird (§ 7b Abs. 2 Satz 1 Nr. 1 und Nr. 2 Satz 2 Nr. 2 EStG). Die maximalen Anschaffungs- und Herstellungskosten als **Baukostenobergrenze** sollen von 4.800 EUR auf **5.200 EUR** (§ 7b Abs. 2 Satz 2 Nr. 2 EStG) und die maximale **Bemessungsgrundlage** von 2.500 EUR auf **4.000 EUR** erhöht werden (§ 7b Abs. 3 Nr. 2 EStG).

Hinweis

Dabei kann § 7b EStG auch neben der neuen degressiven AfA für neue Wohngebäude angewendet werden (§ 7b Abs. 1 Satz 1 EStG).

7.1.8 Erhöhung der Sonderabschreibung nach § 7g Abs. 5 EStG

Für nach dem 31.12.2023 angeschaffte oder hergestellte Wirtschaftsgüter soll die Sonderabschreibung des § 7g Abs. 5 EStG auf bis zu 50 % erhöht werden (§ 52 Abs. 16 Satz 6 EStG).

Hinweis

Laut Gesetzesbegründung bleibt die Sonderabschreibung von bis zu 20 % für nach § 7g Abs. 5 i.V.m. Abs. 6 EStG begünstigte Wirtschaftsgüter bestehen, die vor dem 1.1.2024 angeschafft oder hergestellt wurden, auch wenn der Begünstigungszeitraum nach § 7g Abs. 5 EStG noch nicht beendet ist.

7.1.9 Freigrenze für Einnahmen aus Vermietung und Verpachtung

Für die Steuerfreiheit von Einnahmen aus Vermietung und Verpachtung i.S.d. § 21 Abs. 1 EStG soll eine Freigrenze i.H.v. (laut Gesetzesbegründung: personenbezogen) 1.000 EUR eingeführt werden.

Sofern die Ausgaben die mit ihnen in unmittelbarem wirtschaftlichem Zusammenhang stehenden Einnahmen übersteigen, besteht die Möglichkeit eines Antrags auf steuerpflichtige Behandlung der Verluste in der Einkommensteuererklärung (§ 3 Nr. 73 EStG).

7.1.10 Energetische Sanierungsmaßnahmen

Der Fördersatz der steuerlichen Förderung energetischer Sanierungsmaßnahmen bei zu eigenen Wohnzwecken genutzten Gebäuden nach § 35c EStG (vgl. Kapitel Rückblick Tz. 6.3) soll befristet auf zwei Jahre auf (insgesamt) 30 % erhöht werden. Von der befristeten Erhöhung sind entsprechende energetische Maßnahmen umfasst, mit deren Durchführung nach dem 31.12.2023 begonnen wurde und die vor dem 1.1.2026 abgeschlossen sind. Damit soll die Steuerermäßigung im Kalenderjahr des Abschlusses der Maßnahme und im nächsten Kalenderjahr je 10 % (bisher: 7 %) der Aufwendungen betragen, höchstens jedoch je 14.000 EUR und im übernächsten Kalenderjahr weitere 10 % (bisher 6 %) der Aufwendungen, höchstens jedoch 12.000 EUR (§ 35c Abs. 1a EStG).

7.1.11 Anhebung der Freigrenze für private Veräußerungsgeschäfte

Gewinne aus privaten Veräußerungsgeschäften bleiben steuerfrei, wenn der im Kalenderjahr erzielte Gesamtgewinn weniger als derzeit 600 EUR beträgt (Freigrenze). Die Freigrenze soll ab VZ 2024 auf **1.000 EUR** erhöht werden (§ 23 Abs. 3 Satz 5 EStG).

Hinweis

Werden Ehegatten zusammen zur Einkommensteuer veranlagt und hat jeder von ihnen Veräußerungsgewinne erzielt, steht jedem Ehegatten die Freigrenze einzeln zu.

7.2 Körperschaftsteuer: Negative Einkünfte bei ertragsteuerlicher Organschaft

Nach § 14 Abs. 1 Satz 1 Nr. 5 KStG bleiben bislang negative Einkünfte des **Organträgers oder** der **Organgesellschaft** bei der inländischen Besteuerung unberücksichtigt, soweit sie in einem ausländischen Staat im Rahmen der Besteuerung des Organträgers, der Organgesellschaft oder einer anderen Person berücksichtigt werden. Mit Wirkung ab dem VZ 2024 soll § 14 Abs. 1 Satz 1 Nr. 5 KStG ersatzlos gestrichen werden.

Hinweis
Laut Begründung ist die Regelung des § 14 Abs. 1 Satz 1 Nr. 5 KStG u.a. mit der Einführung von § 4k Abs. 4 EStG überflüssig geworden. Durch die Streichung der Regelung wird auch die unterschiedliche Sichtweise von BMF (getrennte Betrachtung) und BFH (konsolidierte Betrachtungsweise) hinfällig. Vgl. BMF-Schreiben v. 14.1.2022, BStBl 2022 I S. 160, zum BFH-Urteil v. 12.10.2016, I R 92/12.

7.3 Gewerbesteuer

7.3.1 Änderungen beim Verlustvortrag

Entsprechend der Änderung bei der einkommen- und körperschaftsteuerlichen Verlustnutzung (vgl. Kapitel Ausblick Tz. 7.1.1) soll sich temporär für die EZ 2024 bis 2027 die maßgebende Prozentgrenze in § 10a GewStG von 60 % auf 75 % erhöhen.

Hinweis
Im Rahmen der Gewerbesteuer gibt es weiterhin keinen Verlustrücktrag.

7.3.2 Hinzurechnungsumfang bei Hybrid-Kfz

§ 8 Nr. 1 Buchst. d GewStG sieht die gewerbesteuerliche Hinzurechnung von Miet- und Pachtzinsen (einschließlich Leasingraten) für die Benutzung von beweglichen Wirtschaftsgütern des Anlagevermögens, die im Eigentum eines anderen stehen, vor. Diesbezügliche Entgelte finden zu einem Fünftel Eingang in die Ermittlung der Summe der insgesamt hinzurechnungspflichtigen Beträge.

Der **Hinzurechnungsumfang halbiert sich** nach § 8 Nr. 1 Buchst. d Satz 2 GewStG u.a. bei Miet- Pacht- oder Leasingaufwendungen für die Anmietung von extern aufladbaren Hybridelektrofahrzeugen, die eine Kohlendioxidemission von höchstens 50 g/km haben oder deren **elektrische Mindestreichweite 80 Kilometer** (bei Verträgen, die vor dem 1.1.2025 geschlossen werden, 60 Kilometer) beträgt (§ 8 Nr. 1 Buchst. d Satz 2 Doppelbuchst. bb GewStG).

Entsprechend der Anpassung im Zusammenhang mit der Berechnung der Entnahme für die private Kfz-Nutzung betrieblicher Fahrzeuge (entsprechend des geldwerten Vorteils bei Dienstwagen) soll mit dem WtChancenG die alternative elektrische Mindestreichweite bei extern aufladbaren Hybridelektrofahrzeugen mit Wirkung ab dem EZ 2025 **entfallen.**

7.4 Umwandlungssteuer: Nachspaltungsveräußerungssperre

Der Buchwertansatz ist im Fall einer Spaltung u.a. ausgeschlossen, wenn durch die Spaltung die **Voraussetzungen für eine Veräußerung geschaffen** werden (§ 15 Abs. 2 Satz 3 UmwStG). Nach dem Wortlaut des bisherigen Satzes 4 ist davon auszugehen, wenn innerhalb von fünf Jahren nach dem steuerlichen Übertragungsstichtag Anteile an einer an der Spaltung beteiligten Körperschaft, die mehr als 20 % der vor Wirksamwerden der Spaltung an der Körperschaft bestehenden Anteile ausmachen, veräußert werden. Laut BFH hat der Satz 3 keinen eigenständigen, über die Fälle des Satzes 4 hinausgehenden Anwendungsbereich (kein eigenständiger Ausschlussgrund, BFH, Urteil v. 11.8.2021, I R 39/18, BFH/NV 2022 S. 297).

Mit dem Wachstumschancengesetz soll § 15 Abs. 2 UmwStG neu gefasst werden. Danach soll § 11 Abs. 2 UmwStG auch dann keine Anwendung finden, wenn durch die Spaltung eine Veräußerung an außenstehende Personen zwar nicht vollzogen, aber vorbereitet wird (§ 15 Abs. 2 Satz 2 UmwStG). Der Buch- oder Zwischenwertansatz im Fall der **Vorbereitung einer Veräußerung** ist nur dann nach dem geänderten Satz 2 ausgeschlossen, wenn es innerhalb von fünf Jahren nach dem steuerlichen Übertragungsstichtag tatsächlich zur Veräußerung mindestens eines Anteils an einer an der Spaltung beteiligten Körperschaft kommt (Satz 4). Der neue Satz 5 enthält eine **unwiderlegbare Vermutung** zur Vorbereitung einer Veräußerung i.S.d. geänderten Satzes 2. Danach ist der Buch- oder Zwischenwertansatz stets ausgeschlossen, wenn es innerhalb des Fünf-Jahres-Zeitraums zu einer Veräußerung von Anteilen an einer an der Spaltung beteiligten Körperschaft, die mehr als 20 %

des Wertes der Anteile an der übertragenden Körperschaft am steuerlichen Übertragungsstichtag ausmachen, an Außenstehende kommt.

Die **„außenstehende Person"** i.S.d. § 15 Abs. 2 UmwStG wird im neuen Satz 3 legal definiert als alle Personen, „die nicht ununterbrochen fünf Jahre vor der Spaltung an der übertragenden Körperschaft beteiligt waren". Jedoch gelten **verbundene Unternehmen** i.S.d. § 271 Abs. 2 HGB **nicht** als außenstehende Personen (§ 15 Abs. 2 Satz 7, Halbsatz 1 UmwStG).

Hinweis

Laut Gesetzesbegründung gilt zur Verhinderung von Umgehungsmöglichkeiten als Veräußerung eines Anteils einer an der Spaltung beteiligten Körperschaft auch die **mittelbare Veräußerung** dieses Anteils durch ein **verbundenes Unternehmen** (§ 15 Abs. 2 Satz 7, Halbsatz 2 UmwStG).

Für Fälle der Beteiligung von außenstehenden Personen an der übertragenden Körperschaft soll die Spaltung nur dann als Veräußerung an außenstehende Personen i.S.d. Satzes 2 gelten, wenn die Spaltung zu einer **Wertverschiebung** zugunsten dieser Personen führt (§ 15 Abs. 2 Satz 6 UmwStG).

Hinweis

Die angepasste Nachspaltungsveräußerungssperre soll bereits auf **Spaltungen** anzuwenden sein, bei denen die Anmeldung zur Eintragung in das für die Wirksamkeit des jeweiligen Vorgangs maßgebende öffentliche Register **nach dem 14.7.2023** (Tag der Veröffentlichung des Referentenentwurfs zum Wachstumschancengesetz) erfolgt (§ 27 Abs. 19 UmwStG). Hier bleibt abzuwarten, wie sich das Gesetzgebungsverfahren in 2024 weiterentwickelt.

7.5 Umsatzsteuer

7.5.1 Einführung der eRechnung

Mit dem Wachstumschancengesetz soll die obligatorische elektronische Rechnung (eRechnung) im deutschen **B2B-Bereich** eingeführt (§ 14 UStG) werden. Ab dem 1.1.2025 sind dann nur noch strukturierte elektronische Rechnungen zulässig, die den Vorgaben der Richtlinie 2014/55/EU (CEN-Norm EN 16931) entsprechen oder mit diesem Format kompatibel (z.B. EDI) sind. Papierrechnungen und andere elektronische Formate gelten dann als „sonstige Rechnungen". Der **Empfang einer eRechnung** wird ab diesem Datum **verpflichtend.**

Für die **Ausstellung einer eRechnung** sind in § 27 Abs. 39 UStG gesonderte **Übergangsregelungen** vorgesehen. Für Umsätze, die bis zum 31.12.2026 ausgeführt werden, sind weiterhin (mit der Zustimmung des Empfängers) Papierrechnungen oder Rechnungen in einem anderen elektronischen Format zulässig. Für Unternehmen, deren Gesamtumsatz im Vorjahr weniger als 800.000 EUR betrug, wird diese Übergangsregelung um ein weiteres Jahr bis zum 31.12.2027 verlängert. Für vom 1.1.2026 bis zum 31.12.2027 ausgeführte Umsätze sind befristet bis zum 31.12.2027 weiterhin sonstige Rechnungen in anderen elektronischen Formaten unter Zustimmung des Empfängers zulässig, sofern diese mittels EDI übermittelt werden.

Hinweis

Ausnahmeregelungen von der obligatorischen Verwendung einer Rechnung im B2B-Bereich sind im Bereich der **Kleinbetragsrechnungen** und bei **Fahrscheinen** vorgesehen.

7.5.2 Lieferung von Gas und Wärme

Für die Lieferung von Gas über ein Erdgasnetz und von Wärme über ein Wärmenetz soll ab 1.3.2024 statt dem ermäßigten Steuersatz von 7 % wieder der Regelsteuersatz von 19 % gelten. Ursprünglich war eine Befristung des ermäßigten Steuersatzes bis 31.3.2024 vorgesehen, zuletzt war eine Verkürzung bis 31.12.2023 diskutiert worden. Mit dem Wachstumschancengesetz soll die befristete ermäßigte Umsatzbesteuerung für Gas- und Wärmelieferungen zum 29.2.2024 auslaufen (§ 28 Abs. 5 und 6 UStG).

7.5.3 Änderungen für Kleinunternehmer

Für sog. Kleinunternehmer i.S.d. § 19 Abs. 1 UStG werden diverse Änderungen vorgenommen, u.a. bei der

- **Umsatzsteuer-Jahreserklärung:** Kleinunternehmer sollen ab dem Besteuerungszeitraum 2023 grundsätzlich von der Pflicht der Übermittlung von Umsatzsteuererklärungen für das Kalenderjahr befreit werden (§ 19 Abs. 1 Satz 4

UStG i. V. m. § 27 Abs. 38 UStG). Dies betrifft jedoch nicht die Fälle des § 18 Abs. 4a UStG. Auch bei Aufforderung zur Abgabe durch das Finanzamt (vgl. § 149 Abs. 1 Satz 2 AO) bleibt die Erklärungspflicht noch bestehen.

- **Umsatzsteuer-Voranmeldung (§ 18 UStG)**: Kleinunternehmer sollen ab dem Besteuerungszeitraum 2024 durch das Finanzamt von der Verpflichtung zur Abgabe der Voranmeldung und Entrichtung der Vorauszahlung befreit werden, wenn die Steuer für das vorausgegangene Kalenderjahr nicht mehr als 2.000 EUR (bisher 1.000 EUR) betragen hat.

7.5.4 Neue Grenze für die Ist-Versteuerung

Der für die umsatzsteuerliche Ist-Versteuerung (Möglichkeit zur Berechnung der Steuer nach vereinnahmten Entgelten gem. § 20 Satz 1 Nr. 1 UStG) maßgebliche Schwellenwert soll von 600.000 EUR auf **800.000 EUR** erhöht werden.

7.5.5 Durchschnittssteuersatz für LuF-Umsätze

Mit dem Wachstumschancengesetz soll der Durchschnittssteuersatz und die Vorsteuerpauschale für Land- und Forstwirte ab dem Besteuerungszeitraum 2024 von 9 % auf 8,4 % gesenkt werden (§ 24 Abs. 1 Satz 1 Nr. 3 und Satz 3 UStG).

Hinweis
Im Einzelfall ist dann zu erwägen, auf die Anwendung der Durchschnittssatzbesteuerung zu verzichten, wenn erhebliche Investitionen mit hohem Vorsteuerabzug getätigt werden.

7.6 Lohnsteuer

7.6.1 Wegfall der Fünftelungsregelung im Lohnsteuerabzug

Nach § 34 Abs. 1 EStG können bestimmte zusammengeballte Einkünfte nach der sog. Fünftelungsregelung ermäßigt besteuert werden. Diese Tarifermäßigung galt bisher für (die Voraussetzungen erfüllende) zusammengeballte besondere Arbeitslöhne (z. B. Abfindungen, Vergütungen für mehrjährige Tätigkeiten) bereits bei der Berechnung der Lohnsteuer im Lohnsteuerabzugsverfahren (§ 39b Abs. 3 Sätze 9 und 10 EStG). Diese Möglichkeit soll mit dem Wachstumschancengesetz ersatzlos gestrichen werden. Davon unberührt bleibt jedoch die Möglichkeit für Arbeitnehmer, die Tarifermäßigung im Rahmen der **Einkommensteuerveranlagung** geltend zu machen.

Hinweis

Die Änderung soll erstmals für den Lohnsteuerabzug 2024 anzuwenden sein.

Daraus resultierend sollen auch die Sonderregelungen nach § 42b Abs. 2 Satz 2 und 6 EStG beim **Lohnsteuer-Jahresausgleich durch den Arbeitgeber** für tarifermäßigt zu besteuernde sonstige Bezüge und der **Pflichtveranlagungstatbestand** nach § 46 Abs. 2 Nr. 5 EStG abgeschafft werden.

Hinweis

In der Lohnsteuerbescheinigung sollen die für die Tarifermäßigung des § 34 Abs. 1 EStG in Frage kommenden Arbeitslöhne jedoch weiterhin gesondert auszuweisen sein.

7.6.2 Dienstwagenbesteuerung

Nach der **1-%-Regelung** des § 6 Abs. 1 Nr. 4 Satz 2 Nr. 3 EStG ist für die Bewertung der privaten Nutzung eines betrieblichen Kraftfahrzeugs (entsprechend für die Bewertung des geldwerten Vorteils für die private Nutzung von Dienstwagen, § 8 Abs. 2 EStG), das keine CO2-Emissionen hat (reine Elektrofahrzeuge, inklusive Brennstoffzellenfahrzeuge) nur **ein Viertel** der Bemessungsgrundlage (**Bruttolistenpreis**) und bei Ansatz der **Fahrtenbuchregelung** nach § 6 Abs. 1 Nr. 4 Satz 3 Nr. 3 EStG nur **ein Viertel der Anschaffungskosten** oder vergleichbarer Aufwendungen anzusetzen. Dies gilt bislang jedoch nur, wenn der Bruttolistenpreis des Kraftfahrzeugs nicht mehr als 60.000 EUR beträgt.

Mit dem Wachstumschancengesetz soll wird die für die Anwendung von nur einem Viertel der 1 %-Bemessungsgrundlage erforderliche Grenze des **Brutto-Listenpreises für reine Elektrofahrzeuge** (inkl. Brennstoffzellenfahrzeuge), die nach dem 31.12.2023 (und vor dem 1.1.2031) angeschafft werden, von derzeit 60.000 EUR auf **70.000 EUR** erhöht werden. Entsprechend soll auch die Höchstgrenze bei der Anwendung der Fahrtenbuchmethode erhöht werden (§ 6 Abs. 1 Nr. 4 Satz 2 Nr. 3 und Satz 3 Nr. 3 EStG, § 52 Abs. 12 Satz 5 EStG).

Hinweis
In § 6 Abs. 1 Nr. 4 Satz 2 Nr. 5 und Satz 3 Nr. 5 EStG (insbesondere extern aufladbare Hybridelektrofahrzeuge) soll für nach dem 31.12.2024 (und vor dem 1.1.2031) angeschaffte Kfz die **alternative Reichweitengrenze** (elektrische Mindestreichweite des Fahrzeugs von mind. 80 km) **entfallen.** Künftig soll die geminderte Bemessungsgrundlage damit nur noch an die Erfüllung des entsprechenden CO2-Grenzwerts anknüpfen.

7.6.3 Freibetrag Betriebsveranstaltung

Zu den Einkünften aus nichtselbständiger Arbeit gehören grundsätzlich auch Zuwendungen des Arbeitsgebers an seinen Arbeitnehmer und dessen Begleitpersonen anlässlich von Betriebsveranstaltungen (§ 19 Abs. 1 Satz 1 Nr. 1a Satz 1 EStG). Soweit solche Zuwendungen den Betrag von derzeit 110 EUR je Betriebsveranstaltung und teilnehmenden Arbeitnehmer – unter den weiteren in § 19 Abs. 1 Satz 1 Nr. 1a EStG genannten Voraussetzungen – nicht übersteigen, sind sie jedoch von den Einkünften aus nichtselbständiger Arbeit ausgenommen (§ 19 Abs. 1 Satz 1 Nr. 1a Satz 3 EStG). Dieser **Freibetrag** soll von derzeit 110 EUR auf **150 EUR** erhöht werden (§ 19 Abs. 1 Satz 1 Nr. 1a Satz 3 EStG).

Hinweis
Die Änderung soll erstmals für den VZ bzw. Lohnsteuerabzug 2024 anzuwenden sein.

7.6.4 Anhebung Verpflegungspauschalen

Die gem. § 9 Abs. 4a Satz 3 EStG als Werbungskosten abzugsfähigen inländischen Pauschalbeträge für Verpflegungsmehraufwendungen sollen ab 2024 wie folgt angehoben werden:

- An- und Abreisetage, Tage mit mehr als 8 Stunden Abwesenheit: von 14 EUR auf **16 EUR**;
- volle Abwesenheitstage: von 28 EUR auf **32 EUR.**

Der Pauschbetrag für **Berufskraftfahrer**, die im Fahrzeug übernachten, soll ab 2024 von 8 EUR auf **9 EUR** angehoben werden (§ 9 Abs. 1 Satz 3 Nr. 5b Satz 2 EStG).

Hinweis

Im Rahmen der Dreizehnten Verordnung zur Änderung der Sozialversicherungsentgeltverordnung (SvEV) v. 16.12.2022 (BGBl 2022 I S. 2431) wurden die neuen Sachbezugswerte 2024 festgelegt. Danach beträgt der Sachbezugswert für verbilligte oder unentgeltliche Mahlzeiten, die dem Arbeitnehmer während einer beruflich veranlassten Auswärtstätigkeit oder im Rahmen einer doppelten Haushaltsführung vom Arbeitgeber oder auf dessen Veranlassung von einem Dritten zur Verfügung gestellt werden, ab 1.1.2024 für ein Frühstück 2,17 EUR und für ein Mittag- oder Abendessen 4,13 EUR. Mit BMF-Schreiben v. 21.11.2023 aktualisierte das BMF sein Schreiben zur steuerlichen Behandlung von Reisekosten und Reisekostenvergütungen bei betrieblich und beruflich veranlassten Auslandsreisen ab 1.1.2024.

7.6.5 Pauschalierung von Gruppenunfallversicherungsbeiträgen

Von den Beiträgen für eine Unfallversicherung des Arbeitnehmers kann der Arbeitgeber die Lohnsteuer mit einem Pauschsteuersatz von 20 % der Beiträge erheben, wenn mehrere Arbeitnehmer gemeinsam in einem Unfallversicherungsvertrag versichert sind und der Durchschnittsbetrag pro begünstigten Arbeitnehmer (ohne Versicherungsteuer) 100 EUR im Kalenderjahr nicht übersteigt (§ 40b Abs. 3 EStG). Dieser Grenzbetrag soll ab 2024 **aufgehoben** werden.

7.6.6 Beschränkte Einkommensteuerpflicht

Hinsichtlich der beschränkten Einkommensteuerpflicht von Arbeitnehmern soll mit dem Wachstumschancengesetz die Norm des § 49 Abs. 1 Nr. 4 Buchst. a EStG um einen **Satz 2 ergänzt** werden. Danach soll die nichtselbstständige Arbeit auch als im Inland ausgeübt oder verwertet gelten, soweit die Tätigkeit im Ansässigkeitsstaat des Steuerpflichtigen oder in einem oder mehreren anderen Staaten ausgeübt wird und ein mit dem Ansässigkeitsstaat abgeschlossenes DBA (oder eine zwischenstaatliche Vereinbarung) für diese im Ansässigkeitsstaat oder in einem oder mehreren anderen Staaten ausgeübte Tätigkeit **Deutschland** ein **Besteuerungsrecht** zuweist.

Hinweis

Die Neuregelung soll erstmals für nach dem 31.12.2023 zufließende Einkünfte aus nichtselbständiger Arbeit greifen (§ 52 Abs. 45a Satz 4 EStG). Sie hat ihren Hintergrund laut Gesetzesbegründung in der zunehmenden Mobilisierung der Arbeit über Ländergrenzen (Homeoffice oder Remotearbeit) und dem damit einhergehenden Erfordernis der Abbildung von entsprechenden DBA-Regelungen (etwa Bagatellregelungen) im nationalen Recht. Neue DBA-Regelungen zu grenzüberschreitenden Homeoffice-Regelungen sind in den geänderten DBA Luxemburg, Schweiz und Österreich vorgesehen (s. Kapitel Ausblick Tz. 5).

7.7 Internationales Steuerrecht

7.7.1 Grenzüberschreitende Finanzierungsbeziehungen

Mit Wirkung ab dem VZ bzw. EZ 2024 soll mit § 1 Abs. 3d AStG eine Norm zur **außerbilanziellen Korrektur** von bei inländischen Steuerpflichtigen anfallenden Aufwendungen aus grenzüberschreitenden Finanzierungsbeziehungen eingeführt werden.

Eine außerbilanzielle Korrektur erfolgt danach,

- wenn der Steuerpflichtige nicht glaubhaft machen kann, dass er den aus der Finanzierungsbeziehung resultierenden Kapitaldienst, insbesondere in Form von Zins- und Tilgungsleistungen, von Anfang an hätte erbringen können (§ 1 Abs. 3d Nr. 1 Buchst. a AStG, **„Cash-Flow"-Test**) und die empfangene Finanzierung wirtschaftlich und für den Unternehmenszweck benötigt wird (§ 1 Abs. 3d Nr. 1 Buchst. b AStG, **„Business-Purpose"-Test**), oder
- soweit der vom Steuerpflichtigen zu entrichtende Zinssatz den **Refinanzierungszinssatz übersteigt**, zu dem sich das Unternehmen unter Zugrundelegung des Ratings für die Unternehmensgruppe gegenüber fremden Dritten finanzieren könnte. Wird im Einzelfall nachgewiesen, dass ein aus dem Unternehmensgruppenrating abgeleitetes Rating dem Fremdvergleichsgrundsatz entspricht, ist dieses bei der Bemessung des Zinssatzes zu berücksichtigen (§ 1 Abs. 3d Nr. 2 AStG).

Gegenbeweismöglichkeit: Liegt in Fällen des § 1 Abs. 3d Nr. 2 AStG ein höherer Zinssatz vor, kann auch dieser fremdüblich sein, wenn der Steuerpflichtige dies nachweisen kann. Bei Nichtgelingen des Nachweises, ist der den Refinanzierungssatz der Unternehmensgruppe übersteigende Teil des Zinsaufwandes steuerlich nicht abziehbar.

Hinweis
Ebenfalls mit Wirkung ab dem VZ bzw. EZ 2024 soll die Norm des § 1 Abs. 3e AStG zur Bestimmung der **Verrechnungspreise** bei Finanzierungsdienstleistungen eingeführt werden. Finanzierungsbeziehungen, die innerhalb der Unternehmensgruppe vermittelt oder weitergeleitet werden, stellen danach regelmäßig funktions- und risikoarme Dienstleistungen dar, es sei denn, es kann anhand einer Funktions- und Risikoanalyse nachgewiesen werden, dass es sich nicht um eine funktions- und risikoarme Dienstleistung handelt.

7.7.2 Quellensteuereinbehalt

Für nach dem 31.12.2023 zufließende Vergütungen für **Rechteüberlassungen** soll sich die Freigrenze für den Quellensteuereinbehalt von 5.000 EUR auf 10.000 EUR erhöhen (§ 50c Abs. 2 Satz 1 Nr. 2 EStG, § 52 Abs. 47a Satz 2 EStG).

Hinweis
In erster Linie erfasst diese Vorschrift in der Praxis Vergütungsschuldner mit wechselnden, gering vergüteten Gläubigern (z.B. Zahlungen von Verlagen oder von Rundfunksendern für Bildrechteüberlassung). § 50c EStG eröffnet dem Vergütungsschuldner die Möglichkeit, unter bestimmten Voraussetzungen vom Steuerabzug abzusehen. Eine dieser Voraussetzungen ist, dass der Betrag inkl. der abzuführenden Steuer nach § 50a EStG ab 2024 10.000 EUR (bisher: 5.000 EUR) nicht überschreitet. Die Erhöhung der Freigrenze soll für nach dem 31.12.2023 zugeflossene Vergütungen gelten (§ 52 Abs. 47a Satz 2 EStG).

7.7.3 Neuregelungen für Joint Audits

In einem neuen § 12a EU-Amtshilfegesetz (EUAHiG) sollen die Vorgaben der DAC7-Richtlinie (Änderung der EU-Amtshilferichtlinie) zu sog. Joint Audits („gemeinsame Prüfungen") umgesetzt werden. Die bereits in § 12 EUAHiG bestehende Regelung über die gleichzeitige Prüfung wurde neugefasst. Im Verhältnis zu Drittstaaten wurde für die Finanzbehörden ein Rechtsrahmen zur Inanspruchnahme und Leistung besonderer Formen der Amtshilfe (u.a. gleichzeitige und gemeinsame Prüfungen) geschaffen (§ 117e AO).

Hinweis

Diese verfahrensrechtlichen Neuerungen sollen am Tag nach der Verkündung in Kraft treten (Art. 53 Abs. 1 WtChancenG).

7.7.4 Internationales Risikobewertungsverfahren

Mit dem neuen § 89b AO soll erstmals eine Regelung für ein internationales Risikobewertungsverfahren gesetzlich normiert werden. Weist der im Rahmen eines internationalen Risikobewertungsverfahrens untersuchte Sachverhalt eines Steuerpflichtigen ein geringes Risiko auf, soll die Ermittlung der steuerlichen Verhältnisse des Steuerpflichtigen im Rahmen einer Außenprüfung unterbleiben können (§ 89b Abs. 1 AO). Ein internationales Risikobewertungsverfahren (definiert in § 89b Abs. 2 AO) soll auf schriftlichen oder elektronischen Antrag des Steuerpflichtigen beim zuständigen Finanzamt oder auf Anregung eines anderen Staates oder Hoheitsgebietes geführt werden (§ 89b Abs. 3 Satz 1 AO). Im Fall des Steuerpflichtigen als Antragsteller ist dann nur antragsbefugt (§ 89b Abs. 3 Satz 2 AO):

- Eine **CbCR-pflichtige inländische Konzernobergesellschaft** (vgl. § 138a Abs. 1 Satz 1 AO; d.h. Unternehmen mit **mind. 750 Mio. EUR Umsatz** (konsolidiert) im vorangegangenen WJ) oder
- eine beherrschende inländische **Gesellschaft einer multinationalen Unternehmensgruppe**, für die eine Stammdokumentation zu erstellen ist (vgl. § 90 Abs. 3 Satz 3 AO; d.h. Unternehmen mit **mind. 100 Mio. EUR Umsatz** im vorangegangenen WJ).

Hinweis

Die Norm des § 89b AO soll am Tag nach Verkündung des Wachstumschancengesetzes in Kraft treten (Art. 53 Abs. 1 WtChancenG).

7.8 Verfahrensrecht

7.8.1 Mitteilungspflicht für innerstaatliche Steuergestaltungen

Neben der bereits bestehenden, auf Basis der Vorgaben der EU-Amtshilferichtlinie („DAC6") eingeführten, Mitteilungspflicht für grenzüberschreitende Steuergestaltungen (§§ 138d bis 138k AO) soll mit dem Wachstumschancengesetz auch eine Mitteilungspflicht für bestimmte rein innerstaatliche Gestaltungen eingeführt werden (§§ 138l, 138m und 138n AO). Als **innerstaatlich** gelten gem. § 138l Abs. 2 AO nur solche Gestaltungen, die **keine grenzüberschreitende Steuergestaltung im Sinne der DAC6** (§ 138d Abs. 2 i.V.m. § 138e AO) sind. Erfasst werden lediglich Gestaltungen, die eine Steuer vom Einkommen oder Vermögen, die Gewerbesteuer, die Erbschaft- oder Schenkungsteuer, die Grundsteuer oder die Grunderwerbsteuer zum Gegenstand haben. Wie bei DAC6 muss zusätzlich mindestens ein sog. Kennzeichen auf die Gestaltung zutreffen.

Dagegen anders als bei DAC6 muss außerdem für sämtliche Kennzeichen zusätzlich ein **Relevanztest** („Main Benefit Test") erfüllt sein. D.h., der oder ein Hauptvorteil der Gestaltung muss in der Erlangung eines steuerlichen Vorteils i.S.d. § 138d Abs. 3 Satz 1 AO bestehen, der zudem im Geltungsbereich der Abgabenordnung (in Deutschland) entstehen muss. Auch für innerstaatliche Gestaltungen erhält die Finanzverwaltung ausdrücklich die Befugnis, per BMF-Schreiben Gestaltungen zu bestimmen (sog. „Whitelist"), bei denen ein steuerlicher Vorteil i.S.d. Mitteilungspflicht besteht, weil dieser gesetzlich vorgesehen ist (§ 138l Abs. 2 Satz 3 AO). Die auf dieser noch zu veröffentlichenden Whitelist genannten Gestaltungen wären nicht mitteilungspflichtig.

Im Unterschied zu den grenzüberschreitenden Steuergestaltungen sollen **innerstaatliche Gestaltungen** nur dann einer Mitteilungspflicht unterliegen, wenn der Nutzer der Gestaltung mindestens eines der sog. **nutzerbezogenen Kriterien** erfüllt (§ 138l Abs. 5 Satz 1 Nr. 1 AO), u.a. Umsatz-, Einkünfte oder Einkommensschwelle.

Hinweis

Prioritär soll auch bei der Mitteilungspflicht für innerstaatliche Gestaltungen ein eingebundener **Intermediär** (z.B. Steuerberater, Rechtsanwalt oder Bank) für die Mitteilung verantwortlich sein, wenn er über einen **Inlands-Nexus** verfügt (§ 138m Abs. 1 Satz 1 AO).

Die unter die Mitteilungspflicht fallenden innerstaatlichen Gestaltungen sind in der **Steuererklärung** anzugeben (§ 138k Abs. 2 AO). Die fehelende oder nicht rechtzeitige Erfüllung der Mitteilungspflicht ist sanktionsbewehrt, vgl. § § 379 Abs. 2 Nr. 1 Buchst. j und k und Abs. 5 AO.

Hinweis
Die neue Mitteilungspflicht über innerstaatliche Steuergestaltungen soll am Tag nach der Verkündung des Wachstumschancengesetzes in Kraft treten. Das BMF hat die Möglichkeit, den Stichtag festzulegen und im Bundesgesetzblatt bekannt zu machen, ab dem ein maßgebendes Ereignis die Mitteilungspflicht auslöst. Das BMF muss den Stichtag mindestens ein Jahr zuvor bestimmen, als spätester Stichtag gilt der 31.12.2027 (Art. 97 § 33 Abs. 7 EGAO).

Bezüglich der bestehenden Mitteilungspflicht für grenzüberschreitende Steuergestaltungen sollen ebenfalls einige Änderungen erfolgen. So wird künftig in § 138e Abs. 2 Nr. 3 Buchst. b AO (Kennzeichen D2) auf den „wirtschaftlich Berechtigten" (bisher wirtschaftlicher Eigentümers) abgestellt. Hinsichtlich der Mitteilung durch Intermediäre (§ 138f AO) wird u.a. aufgenommen, dass ein Intermediär Angaben zu anderen Intermediären nur mit deren Einwilligung an das BZSt melden kann (Abs. 3 Satz 2). Ebenfalls erfolgt (u.a.) eine Ergänzung in § 138f Abs. 6 Satz 3 AO (Verlangen einer Mitteilung vom zur Verschwiegenheit verpflichteten Intermediär sowie Anpassungen der Sanktionsvorschrift des § 379 AO).

7.8.2 Schwellenwerte für Buchführungspflichten

Für nach dem 31.12.2023 beginnende Geschäftsjahre sollen die Schwellenwerte in § 141 AO (Buchführungspflicht bestimmter Steuerpflichtiger, entsprechend in § 241a HGB) von 600.000 EUR auf **800.000 EUR** (Gesamtumsatz) und von 60.000 EUR auf **80.000 EUR** (Gewinn aus Gewerbebetrieb bzw. Gewinn auf LuF) angehoben werden.

Hinweis
Unterhalb dieser Schwellenwerte dürfen steuerpflichtige Einzelkaufleute statt einer handelsrechtlichen Buchführung mit Jahresabschlusserstellung (und ent-

sprechender steuerlicher Gewinnermittlung) nur eine Gewinnermittlung mittels Einnahmen-Überschuss-Rechnung mit vereinfachter Buchführung durchführen.

7.8.3 Schwellenwerte für Aufbewahrungspflichten

Steuerpflichtige, die **Überschusseinkünfte** von mehr als 500.000 EUR im Kalenderjahr erzielen, haben die Aufzeichnungen und Unterlagen über die den Überschusseinkünften zu Grunde liegenden Einnahmen und Werbungskosten 6 Jahre aufzubewahren. In § 147a Abs. 1 AO soll der für die Aufbewahrungspflicht für Überschusseinkünfte maßgebliche Schwellenwert von derzeit 500.000 EUR auf **750.000 EUR** angehoben werden.

Der erhöhte Schwellenwert soll grundsätzlich mit Wirkung ab dem VZ 2024 greifen, besondere Übergangsregelungen bis 1.1.2027 sind in Art. 97 § 39 EGAO vorgesehen.

Hinweis

§ 40 EGAO stellt darüber hinaus klar, dass bestehende Aufbewahrungsfristen, die bereits bis einschließlich Veranlagungszeitraum 2026 entstanden sind, weiterhin fortgelten, auch wenn die Einkunftsgrenze ab dem Veranlagungszeitraum 2027 nicht mehr überschritten wird.

7.9 Klimaschutzprämie

Durch das Wachstumschancengesetz soll eine steuerliche Investitionsförderung für Umwelt- und Klimaschutzmaßnahmen in Unternehmen unabhängig von Größe, Rechtsform und wirtschaftlicher Tätigkeit eingeführt werden. Die Voraussetzungen und ihre Umsetzung werden im Klimaschutz-Investitionsprämiengesetz (KlimaInvPG) geregelt. Die Investitionsprämie soll grundsätzlich Investitionen erfassen, die nach dem 29.2.2024 begonnen und vor dem 1.1.2030 abgeschlossen werden (§ 3 KlimaInvPG).

Hinweis

Bei einer vorgesehenen Investitionsprämie von 15 % der Bemessungsgrundlage von max. 200 Mio. EUR (grundsätzlich die nachgewiesenen Anschaffungs- und Herstellungskosten) ergibt sich eine maximal zulässige Investitionsprämie von 30 Mio. EUR für einen Anspruchsberechtigten im gesamten Förderzeitraum (§ 4 KlimaInvPG).

Anspruchsberechtigt sollen unbeschränkt und beschränkt Steuerpflichtige sein, die steuerpflichtige Einkünfte i. S. d. § 2 Abs. 1 Satz 1 Nr. 1 bis 3 EStG (Einkünfte aus Land- und Forstwirtschaft, Gewerbebetrieb oder selbständiger Arbeit) erzielen und nicht von der Besteuerung befreit sind (§ 1 KlimaInvPG). Auch Mitunternehmerschaften i. S. d. § 15 Abs. 1 Satz 1 Nr. 2 EStG sind originär anspruchsberechtigt (nach § 1a KStG optierende Gesellschaften sind laut Gesetzesbegründung als Steuerpflichtige i. S. d. KStG anzusehen).

Hinweis
Im Rahmen einer **ertragsteuerlichen Organschaft** sind laut Gesetzesbegründung bei der Forschungszulage die Organgesellschaften eigenständig anspruchsberechtigt.

Sachlich begünstigt sollen Investitionen in neue abnutzbare bewegliche Wirtschaftsgüter des Anlagevermögens sein (§ 2 KlimaInvPG). Auch Investitionen, die zu nachträglichen Anschaffungs- oder Herstellungskosten eines im Unternehmen vorhandenen beweglichen abnutzbaren Wirtschaftsguts des Anlagevermögens führen, sollen begünstigt sein. Weitere **Voraussetzungen** sind u. a.:

- ausschließliche oder fast ausschließliche **betriebliche Nutzung** in einer Betriebstätte des Betriebs des Anspruchsberechtigten, die in einem Mitgliedstaat der Europäischen Union oder einem Vertragsstaat des Abkommens über den Europäischen Wirtschaftsraum (EWR-Abkommen) oder in der Schweizerischen Eidgenossenschaft belegen ist (§ 2 Abs. 1 Nr. 3 KlimaInvPG)
- **förderfähige Aufwendungen** in Höhe von mindestens **5.000 EUR.**
- **Zertifizierung** von einem zugelassenen Energieberater als besonders energieeffizient
- enthalten in einem **Energie- oder Umweltmanagementsystem** oder einem Energie-Audit, Möglichkeit der Erstellung des Energiesparkonzeptes durch einen eigenen Energiemanager, wenn Anspruchsberechtigter über ein zertifiziertes Energie- oder Umweltmanagementsystem verfügt.

Antragsverfahren

Die Investitionsprämie wird nur auf **elektronischen Antrag** des Anspruchsberechtigten gewährt (§ 5 Abs. 1 i. V. m. Abs. 3 KlimaInvPG). Die Antragstellung soll erst nach dem 31.12.2024 möglich sein. Bis vor dem 1.1.2032 können pro Steuerpflichtigem

maximal vier Anträge auf Investitionsprämie gestellt werden. Der Antrag kann jeweils gestellt werden, nachdem der **Anspruch auf die Investitionsprämie** entstanden ist (§ 5 Abs. 1 KlimaInvPG). Der Anspruch auf die Investitionsprämie entsteht im Zeitpunkt der Anschaffung oder Herstellung der begünstigten Investitionen bzw. im Fall von vor dem 1.1.2030 entstandenen Teilherstellungskosten oder geleisteten Anzahlungen auf Anschaffungskosten einer nach § 2 Abs. 1 begünstigten Investition am 31.12.2029 (§ 5 Abs. 2 KlimaInvPG). Die Investitionsprämie wird in einem gesonderten Festsetzungsbescheid festgesetzt (§ 8 KlimaInvPG). Die Auszahlung der Investitionsprämie erfolgt innerhalb eines Monats nach Bekanntgabe des Investitionsprämienbescheids direkt an den Anspruchsberechtigten.

Ertragsteuerliche Behandlung

Der nachträglich festgesetzte und ausgezahlte Prämienbetrag soll nachträglich von den gebuchten oder den nachträglichen Anschaffungs- oder Herstellungskosten des Wirtschaftsguts abgezogen werden (§ 9 KlimaInvPG). Die AfA erfolgt ab dem Zeitpunkt der Festsetzung der Prämie mit dem um die Prämie geminderten Bewertungsansatz; diese kann nach allen geltenden steuerlichen Abschreibungsmethoden erfolgen. Dadurch verringert sich der **Abschreibungsbetrag** über die Nutzungsdauer um den Betrag der gewährten Investitionsprämie. Bei Überschreitung des Restbuchwerts ist die Investitionsprämie insoweit gewinnerhöhend zu erfassen.

Hinweis

Von der Investitionsprämie **ausgeschlossen** werden sollen u.a. **Unternehmen in Schwierigkeiten** i.S.v. Art. 1 Abs. 4 Buchst. c und Art. 2 Nr. 18 der EU-Verordnung Nr. 651/2014 (AGVO) und Unternehmen, die einer Rückforderungsanordnung aufgrund eines früheren Beschlusses der Kommission zur Feststellung der Unzulässigkeit oder Unvereinbarkeit einer gewährten Beihilfe noch nicht nachgekommen sind (§ 7 KlimaInvPG).

7.10 Forschungszulage

Mit dem Wachstumschancengesetz sollen Anpassungen im Forschungszulagengesetz (FZulG) erfolgen. Änderungen betreffen dabei im Wesentlichen die

- unbefristete Erhöhung der maximalen Bemessungsgrundlage auf 12 Mio. EUR (§ 3 Abs. 5 Nr. 3 FZulG).

- Ausweitung der Förderung auf Sachkosten bzw. abnutzbare bewegliche Wirtschaftsgüter des Anlagevermögens in nach dem 31.12.2023 beginnenden Wirtschaftsjahren (§ 3 Abs. 3a FZulG).

Hinweis

Bisher waren Anschaffungs- und Herstellungskosten von abnutzbaren beweglichen Wirtschaftsgütern des Anlagevermögens nicht berücksichtigungsfähig. Durch die Aufnahme des § 3 Abs. 3a FZulG können sie künftig in den nach dem 31.12.2023 beginnenden Wirtschaftsjahren grundsätzlich förderfähig sein. Damit sollen künftig (bei Erfüllen von bestimmten neu gefassten Voraussetzungen) auch die auf die **tatsächliche Nutzung** eines abnutzbaren beweglichen Wirtschaftsguts im begünstigten Forschungs- und Entwicklungsvorhaben entfallene **Wertminderung** des jeweiligen Wirtschaftsjahres zu den förderfähigen Aufwendungen gehören.

- Anhebung des Anteils der förderfähigen Kosten für Auftragsforschung von 60 % auf 70 % (§ 3 Abs. 4 FZulG).
- Anhebung des pauschalen Stundensatzes bei Einzelunternehmern von 40 auf 70 EUR (§ 3 Abs. 3 FZulG).
- Erhöhung der Forschungszulage um 10 Prozentpunkte auf 35 % für Kleine und Mittlere Unternehmen (§ 4 Abs. 1 Satz 2 FZulG), auf Antrag.
- Frühere Auszahlung der Forschungszulage durch Integration in das Steuervorauszahlungsverfahren (§ 10 Abs. 2a FZulG).

Hinweis

Die Änderungen im FZulG sollen grundsätzlich am 1.1.2024 in Kraft treten (Art. 53 Abs. 5 WtChancenG), wobei die einzelnen materiellen Vorschriften teilweise selbst zu beachtende Anwendungszeitpunkte enthalten.

Stichwortverzeichnis